民法研究系列

民法学说与判例研究

第七册

王泽鉴 著

北京市版权局著作权合同登记号　图字：01-2009-3928

图书在版编目(CIP)数据

民法学说与判例研究·第七册/王泽鉴著. —北京：北京大学出版社，2009.12

（民法研究系列）

ISBN 978-7-301-15798-5

Ⅰ. 民… Ⅱ. 王… Ⅲ. ①民法-法的理论-研究 ②民法-审判-案例-研究 Ⅳ. D913.04

中国版本图书馆 CIP 数据核字（2009）第 167433 号

简体中文版由元照出版有限公司（Taiwan）授权出版发行
民法学说与判例研究·第七册，王泽鉴著
2005 年 1 月版

书　　　名	民法学说与判例研究·第七册 MINFA XUESHUO YU PANLI YANJIU·DI-QI CE
著作责任者	王泽鉴　著
责任编辑	陈　康
标准书号	ISBN 978-7-301-15798-5
出版发行	北京大学出版社
地　　　址	北京市海淀区成府路 205 号　100871
网　　　址	http://www.pup.cn　http://www.yandayuanzhao.com
电子邮箱	编辑部 yandayuanzhao@pup.cn　总编室 zpup@pup.cn
新浪微博	@北京大学出版社　@北大出版社燕大元照法律图书
电　　　话	邮购部 010-62752015　发行部 010-62750672 编辑部 010-62117788
印 刷 者	三河市北燕印装有限公司
经 销 者	新华书店
	965 毫米×1300 毫米　16 开本　17 印张　317 千字 2009 年 12 月第 1 版　2025 年 10 月第 12 次印刷
定　　　价	38.00 元

未经许可，不得以任何方式复制或抄袭本书之部分或全部内容。
版权所有，侵权必究
举报电话：010-62752024　电子邮箱：fd@pup.cn
图书如有印装质量问题，请与出版部联系，电话：010-62756370

总　　序

　　拙著民法研究系列丛书包括《民法学说与判例研究》(八册)、《民法思维：请求权基础理论体系》、《民法概要》、《民法总则》、《债法原理》、《不当得利》、《侵权行为》及《民法物权》，自2004年起曾在大陆发行简体字版，兹再配合法律发展增补资料，刊行新版，谨对读者的鼓励和支持，表示诚挚的谢意。

　　《民法学说与判例研究》的写作期间长达二十年，旨在论述1945年以来台湾民法实务及理论的演变，并在一定程度上参与、促进台湾民法的发展。《民法思维：请求权基础理论体系》乃在建构请求权基础体系，作为学习、研究民法，处理案例的思考及论证方法。其他各书系运用法释义学、案例研究及比较法阐述民法各编(尤其是总则、债权及物权)的基本原理、体系构造及解释适用的问题。现行台湾"民法"系于1929年制定于大陆，自1945年起适用于台湾，长达六十四年，乃传统民法的延续与发展，超过半个世纪的运作及多次的立法修正，累积了相当丰富的实务案例、学说见解及规范模式，对大陆民法的制定、解释适用，应有一定的参考价值，希望拙著的出版能有助于增进两岸法学交流，共为民法学的繁荣与进步而努力。

　　作者多年来致力于民法的教学研究，得到两岸许多法学界同仁的指教和勉励，元照出版公司与北京大学出版社协助、出版发行新版，认真负责，谨再致衷心的敬意。最要感谢的是，蒙　神的恩典，得在喜乐平安中从事卑微的工作，愿民法所体现的自由、平等、人格尊严的价值理念得获更大的实践与发展。

王泽鉴

二〇〇九年八月一日

目 录

台湾现行"民法"与市场经济 …………………………………（1）
定型化旅行契约的司法控制 …………………………………（26）
基于债之关系占有权的相对性及物权化 ……………………（40）
挖断电缆的民事责任:经济上损失的赔偿 …………………（57）
使用借贷关系终了后继续占用借用物的不当得利 …………（67）
误认他人为生父而扶养与不当得利请求权 …………………（74）
土地征收补偿金交付请求权与第225条第2项规定之适用或类推
  适用 ……………………………………………………………（81）
时间浪费与非财产上损害之金钱赔偿 ………………………（91）
第三人利益买卖契约之解除及其法律效果 …………………（105）
雇主对离职劳工发给服务证明书之义务 ……………………（121）
论移转不动产物权之书面契约 ………………………………（132）
时效取得地上权的要件、登记与效力 ………………………（147）
关于邻地通行权之法律漏洞与类推适用 ……………………（164）
附条件买卖中买受人之期待权 ………………………………（177）

台湾现行"民法"*与市场经济**

一、概　　说

承蒙中国社会科学院法学研究所的邀请,有机会前来访问,从事学术交流,深感荣幸。法学研究所对中国法学的建立和发展作出许多卓越的贡献,近年来,我们经常读到法学研究所出版的刊物,深获教益。此次来访,当面请教,亲自体会,更是受益良多。

1978 年以来,中国积极推动改革、开放,致力于建设具有中国特色的社会主义法制。十几年来,陆续公布施行了数以百计的重要法规,卓著绩效。1986 年公布,1987 年施行的《民法通则》是中国法制建设的里程碑。这部历经 30 余年完成的民法,虽然不是一部体系完整的法典,但固定了若干指导中国社会经济发展的基本原则,规定民法调整的对象包括法人之间的财产关系和人身关系,发展横向经济关系,扩大权利主体的范围,确立民事法律行为理论,明定国家所有权和企业经营权,明确违反合同和侵权行为的民事责任。我们很清楚地看到一个以《民法通则》为基础的民事法体系正在快速地形成,对于保护和推动中国社会主义以公有制为基础的计划商品经济的发展,已经发挥巨大且深远的规范作用。①

市场经济在法律的反映主要是民法,民法是规律市场经济的基本法。关于民法和商品经济的关系是法学界共同关切的重大问题,并作出许多

---

* 本书中法律条文如无特别注明,皆为台湾地区现行"民法"之规定。——编者注

** 本文是 1992 年 8 月 9 日、11 日作者在中国社会科学院法学研究所的报告,刊登于《法学研究》1993 年第 2 期(总第 85 期),第 63 页。在此谨向王家福、王保树、梁慧星、谢怀栻等先生的指教和协助,表示谢意。

① 参见王家福:《一部具有中国特色的民法通则》,载《法学研究》1987 年第 3 期,第 7—11 页。

有价值的研究。① 关于台湾地区现行"民法"和市场经济,我预定分为三个部分,提出报告。第一部分是关于台湾地区的市场经济发展的法制基础。第二部分是关于私有制的"物权法"。第三部分是关于市场经济的"契约法"("合同法")。② "侵权行为法"和"不当得利法"与市场经济也有相当密切的关系。前者在保护民事权利,后者在调整无法律上原因的财产变动。《民法通则》对侵权的民事责任设有详细规定(第 117 条以下)。③ 但对不当得利则仅设一个条文,即:"没有合法根据,取得不当利益,造成他人损失的,应当将取得的不当利益返还受损失的人。"在此报告中,侵权行为和不当得利将在"物权法"和"契约法"中作简要的说明。④

二、市场经济的法制基础

(一) 概说

市场经济反映一定的法律制度,法律制度也相应地规范市场经济。为便于观察台湾地区市场经济与法律制度的发展,兹将重要立法依照年代列表如下:

1895 年:台湾被割让给日本,1896 年日本制定《民法典》。

1930 年前后:国民党政府制定民法典、商事法和其他法律。

---

① 参见佟柔、方流芳:《商品经济与民法》,载《法律学习与研究》1986 年第 1 期,第 1—6 页,略谓:"无论从各国立法的历史沿革,还是现实状况来看,民法在一个国家法律体系中始终处于举足轻重的位置。一个社会的商品经济越是活跃,民法的作用越是突出。民法是把一个社会赖以存在的,每日每时大量发生的商品经济关系作为它的主要调整对象,所以,它直接影响着国计民生。一个社会的长治久安,兴旺发达,不能没有民法。"

② 关于"契约"与"合同"的概念,参见贺卫方:《契约与合同的辨析》,载《法学研究》1992 年第 2 期,第 36—40 页。本书讨论中,使用契约的概念。

③ 参见拙著:《〈中华人民共和国民法通则〉之侵权责任:比较法的分析》,载《民法学说与判例研究》(第六册),北京大学出版社 2009 年版,第 216 页;段匡:《中国的不法行为法に关する若干の考察(一)》,载《东京都立大学法学会杂志》第 32 卷第 2 号(1991 年),第 211—252 页。

④ 最高人民法院印发《关于贯彻执行〈中华人民共和国民法通则〉若干问题的意见(试行)》的通知,对不当得利作有一则意见(第 131 条):"返还的不当得利,应当包括原物和原物所生的孳息。利用不当得利所取得的其他利益,扣除劳务管理费用后,应当予以收缴。"《中华人民共和国最高人民法院公报》1988 年合订本总 65(78)。台湾现行"民法"关于不当得利设有 5 个条文(第 179 条至第 183 条),其基本规定为:"无法律上之原因而受利益,致他人受损害时,应返还其利益。虽有法律上之原因,而其后已不存在者,亦同。"(第 179 条)。

1945年:台湾回归中国,适用中国法律。

1949年:台湾实施"戒严"。

1951—1954年:台湾实行"土地改革":制定"耕地三七五减租条例",实施"耕者有其田条例"、"平均地权条例"。

1950—1962年:台湾实行引进外资:制定"奖励投资条例"、"外人投资条例"、"华侨回国投资条例"、"技术合作条例"。

1963年:台湾制定"动产担保交易法"。

1968年:台湾制定"证券交易法"。

1980年:台湾制定"国家赔偿法"。

1984年:台湾制定"劳动基准法"。

1987年:台湾解除"戒严"。

1991年:台湾制定"公平交易法"。

1992年以后:台湾预定制定"消费者保护法"、"劳动契约法"、"信托法";修正"民法"债编和物权编、"劳动基准法";实施第二次"土地改革"等。

关于以上规范市场经济的法律制度,归纳为三点加以说明:

(1) 100年的民法。

(2) 公法与私法。

(3) 竞争秩序和社会公道。

(二) 100年的民法

1895年台湾割让给日本,日本在1896年公布《民法典》,以《德国民法(第一草案)》及《法国民法》为蓝本,立法目的之一就在于适应日本经济的资本主义化,确立资本制的法秩序。[①] 日本统治台湾,实施殖民地政策,适用日本继受西欧的民法和其他法律,建立了司法、户政和地政制度。

在中国,1929年以后陆续制定民法典、公司法、票据法、海商法、保险法、民事诉讼法、强制执行法、破产法等,基本上也是继受德国法,与日本法同其渊源。1945年台湾回归中国,政权虽有变动,私法秩序并未因此而受影响,仍在既有的基础上稳定继续地成长。1950年以后,台湾深受美国影响,尤其是在金融保险、国际贸易、证券交易方面,并继受美国法制

---

① 参见川村泰启:《商品交换法の体系》(上),劲革书房,1967年,第6页。

(如"动产担保交易法"),引进新的交易类型(如 leasing, franchising 等),使台湾现行"民法"适应社会经济发展的需要。①

(三) 公法与私法

台湾于1949年宣布"戒严",于1987年解除"戒严"。在这长达30多年的"戒严"时期,公法的发展,甚受限制。但必须指出的是,"政府"对经济则采取开放的政策,市场经济并未因政治的专权而受影响,反而在安定的环境里快速发展,私法益见精致和完善。公法与私法的区别不仅是法学上的分类,而且体现不同的原则,私法因与公法分开,使私法能够不受政治的影响,有效率地保护和促进市场经济的发展。

(四) 竞争秩序与社会公道

由于土地改革、奖励投资、拓展外销,台湾地区的经济发展迅速,导致大企业的兴起,造成垄断,贫富差距日趋严重,劳动者和消费者的保护成为重要的问题。由于公权力的扩张,如何保护人民合法正当权益亦备受重视。经过相当期间的辩论、抗争和不同利益的妥协,终于在1980年以后,施行一些重要制度,以保障人民权益,维护私有制市场经济的竞争秩序和社会公道。

1980年制定"国家赔偿法",规定公务员于执行职务行使公权力时,因故意或过失不法侵害人民自由或权利者,"国家"应负损害赔偿责任。公务员怠于执行职务,致人民自由或权利遭受损害时,亦同。公有公共设施因设置或管理有欠缺,致人民生命身体或财产受损害者,"国家"应负损害赔偿责任。损害赔偿,除依本法规定外,适用"民法"规定。

1984年制定"劳动基准法",目的在于规定劳动条件最低标准,保障劳工权益,加强劳雇关系,促进社会与经济发展,就劳动契约、工资、工作时间、休息、休假、童工、女工、退休、职业灾害补偿、技术生产、工作规则、监督与检查等问题,设有详细的规定。

1991年制定"公平交易法",目的在于维护交易秩序与消费者利益,确保公平竞争,促进经济的安定繁荣,就独占、结合、联合行为、不公平竞

---

① 参见 Tze-Chien Wang, Rezeption und Fortbildung des amerikanischen Mobiliarsicherungsrechts in Taiwan, in: Wege zum japanischen Recht, Festschrift für Zentaro Kitagawa, 1992, S. 601f.

争、公平交易委员会和损害赔偿等问题详设规定。

1992年以后预定制定"消费者保护法"、"劳动契约法"、"信托法";修正"民法"债编和物权编、"劳动基准法";尤其是修改土地法规,实施第二次土地改革,遏止土地投机。目前主要的争论在于如何课征土地增值税,以贯彻涨价归公的政策。

三、私有制的物权法

(一) 私有制、"国有"财产和"国营"事业

1. 私有制

台湾地区采私有制的市场经济。私有制是现行法律秩序的前提。"宪法"虽未明白宣示此项原则,但规定人民的财产权应予保障(第15条),除为防止妨碍他人自由、避免紧急危难、维持社会秩序或增进公共利益所必要者外,不得以法律限制之(第23条)。所有权或其他财产权得依法律加以限制,但废除私有制应属违反"宪法"。经人民依法取得所有权之土地,为私有土地,应受法律之保护和限制("宪法"第143条第1项,"土地法"第10条)。依"土地法"的规定,若干土地不得为私有,已成为私有者,得依法征收之,归于"国有"。①

私有制具有普遍性,除物权(所有权和其他物权)外,尚包括债权、知识产权等财产权。在私有制下,物权、债权、知识产权等财产权,原则上均得自由处分、设定负担和继承,其目的在于有效地使用资源,促进市场经济活动。

2. "国有财产"

"国有财产"指"国家"依"法律"基于权力行使,由于预算支出或由于接受捐赠所得的财产。"国有财产"的范围包括不动产、动产、有价证券及其他财产上的权利。"国有财产"分为公用财产与非公用财产。非公用财产可以出租、让售或设定负担。最近几年来地价高涨,为避免土地投

---

① "土地法"第14条规定:"下列土地不得为私有:(1)海岸一定限度内之土地。(2)天然形成之湖泽而为公共需用者,及其沿岸一定限度内土地。(3)可通运之水道及其沿岸一定限度内土地。(4)城镇区域内水道湖泽及其沿岸一定限度内土地。(5)公共交通道路。(6)矿泉地。(7)瀑布地。(8)公用需用之水源地。(9)名胜古迹。(10)其他法律禁止私有之土地。"

机,"政府"决定减少土地的让售,改采地上权的设定。须注意的是,关于"国有财产"之取得、保管、使用处分,除"国有财产法"有特别规定外,适用民法等其他法律之规定。

3. "国营事业"

为规范"国营"事业,1949年制定"国营事业管理法";1953年制定"公营事业移转民营条例"。依"国营事业管理法"第2条规定,所谓"国营"事业指:①"政府"独资经营的事业。② 依"事业组织特别法"之规定,由"政府"与人民合资经营的事业。③ 依"公司法"之规定,由"政府"与人民合资经营,"政府"资本超过50%的事业。实际上主要的"国营事业"多依"公司法"的规定设立股份有限公司,为社团法人,对其支配的财产(包括土地)享有所有权。"国营事业"之间,与其他法人或自然人间的财产关系或利用关系,均属私法关系,适用"民法"的规定,并未专为法人之间的交易,另订特别法。须说明的是,"国营事业"的经营产生许多问题,欠缺效率,具有不合理的独占性,甚受批评,将陆续移转为民营。例如银行已开放民营,公有银行亦将移转民营,以提高其竞争能力,强化其在市场经济融通资金的功能。

众所周知,中华人民共和国系采生产资料的社会主义公有制,即全民所有制和劳动群众集体所有制。全民所有制系采国家所有制的形式,国家对全民所有制企业占有的固定资产和流动资金等客体享有以国家为主体的国家所有权,以占有、使用、收益和处分四项权能为其内容。如何使全民所有制的国营企业摆脱行政的束缚,真正成为相对独立的经济实体,自负盈亏的社会主义商品生产者和经营者,具有自我改造和自我发展能力,是经济体制改革的关键。为达此目的,一方面使国营企业成为享有一定权利和义务的法人;另一方面使其对国家授予它经营的财产依法享有经营权,使国家所有权与经营权分离(即两权分离)。关于此种经营权的法律性质,争论甚多,通说倾向于认为是一种新类型的物权。目前的发展趋向是经由试点的普及逐渐推行股份制企业,承认法人所有权。关于此种法人所有权与国家所有权的关系,争论亦多。在台湾地区,采股份有限公司形式的"国营企业"系属法人,对其土地、资金等资产享有所有权,原则上得依"民法"的规定使用、收益、处分。"国家"所持有的是公司的股份,构成"国有财产","国家"对法人所有的资产并无所有权,不发生所谓的双重所有权的问题,唯有如此,才能使法人成为真正权利义务的主体。此种理论似不因采私有制或公有制而有不同,而实际上亦有必要。①

(二) 物权法的功能和体系

市场经济,简单说之,就是所有权的相互承认和交换。要使某物(或权利)成为商品,作为交易客体,必须权利主体者有直接支配的权利,得为处分。此种对物直接支配的权利就是物权,调整物权关系的法律规范,称为物权法。要促进市场经济,首先必须要对物权(产权)的归属、物权变动的基本原则、物权的种类、物权的保护等设明确的规定,以建立完善的物权法体系。

台湾地区的物权法有形式及实质两种意义。形式的指"民法"物权编而言,规定基本原则和物权种类。实质的指规范物权关系的一切法律,除形式物权法外,尚包括"民法"其他各编,尤其是特别法,例如"土地法"、"土地登记规则"、"耕地三七五减租条例"、"实施耕者有其田条例"、"平均地权条例"、"区域计划法"、"森林法"、"农业发展条例"、"农地重划条例"、"大众捷运法"等,种类甚多,构成一个相当庞大的复杂的体系。②

《民法通则》(及其他法律)并未使用物权的概念,未设物权的章节,第 5 章第 1 节系规定财产所有权和与财产所有权有关的财产权,但就体系构成而言,仍有使用物权概念的必要。③ 近年来制定了若干重要的单行法,例如《森林法》(1984 年)、《草原法》(1985 年)、《土地管理法》(1986 年),四川省、黑龙江省等《土地管理实施办法》、《深圳特区土地管理条例》(1987 年),《乡镇国有土地使用权出让和转让暂行条例》(1990 年)等,正逐渐形成社会主义公有制的物权法体系。

---

① 此为法学界最具争论的重大问题,参见佟柔主编:《论国家所有权》,中国政法大学出版社 1987 年版;王利明:《国家所有权研究》,中国人民大学出版社 1991 年版;赖泱桦:《中国社会主义公有制之研究》,1992 年(中兴大学法律学研究所硕士论文)。

② 参见拙著:《民法物权》,北京大学出版社 2009 年版,第 8 页;谢在全:《民法物权论》(上)(台北,1989),第 4 页。

③ 参见佟柔主编:《中国民法》,法律出版社 1990 年版,第 219 页;江平、张佩霖编著:《民法教程》,中国政法大学出版社 1986 年版,第 123 页;王利明、郭明瑞、方流芳:《民法新论》下册,中国政法大学出版社 1988 年版,第 1 页;李由义主编:《民法学》,北京大学出版社 1989 年版,第 171 页、第 248 页。

(三) 物权法的基本原则

台湾地区现行物权制度是建立在四个基本原则之上，即：物权法定主义、一物一权主义、物权优先效力和物权变动的公示原则与物权行为理论。简要说明如下：

1. 物权法定主义

物权除"民法"或另有规定外，不得创设（第 757 条），学说上称为物权法定主义。采取物权法定主义的主要理由系鉴于物权与社会经济具有密切关系，任意创设物权种类，对所有权设种种的限制和负担，影响物的利用。以法律明定物权的种类和内容，建立物权类型体系，有助于发挥物尽其用的经济效率。物权具有对世的效力，物权的得丧变更，应力求透明。物权种类和内容的法定化，便于公示（尤其是土地登记），以确保交易安全的便捷。

2. 物权客体特定主义

物权在于支配某物，享受其利益，为使法律关系明确，便于交易安全，现行民法采取物权客体特定主义，即一个物权的客体，应以一物为原则，故又称一物一权主义，一个所有权或他物权不能存在于数个物之上。

3. 物权的优先效力

物权系对物的直接支配，产生排他和优先的效力。所谓排他的效力，系指在同一客体之上，不容许性质不两立的两种以上的物权同时并存。所谓优先效力，指物权在效力原则上优先于债权。关于物权相互间的优先效力，分三种情形加以说明：① 所有权与其他物权间，其他物权得在一定范围内支配其物，性质上当然具有优先于所有权的效力，例如典权人得优先于土地所有人使用土地。② 数个担保物权并存于同一客体之上时，成立在先的，位序在前，有优先于后成立物权的效力，其次序依登记的先后定之。③ 用益物权与担保物权并存时，成立在先的，亦具有优先效力，例如不动产所有人设定抵押权后，于同一不动产上再设定地上权或其他权利时，其抵押权不因此而受影响。上面②及③的优先效力涉及物权间的次序，系适用"成立时间在先，权利在先"的原则。

4. 物权变动的公示原则和物权行为

关于不动产物权的变动，依第 758 条规定："不动产物权，依法律行为而取得、设定、丧失或变更者，非经登记，不生效力。"本条所称法律行为，通说认为系指物权行为而言,包括物权契约及单独行为(如抛弃)。所谓物权契约系指当事人以物权变动为内容而订立的契约,为不动产物权变动最主要的原因,例如所有权的移转、地上权的设定、典权的让与,或分割共有物等。登记是不动产物权变动的生效要件和公示方法。此外,不动产物权的移转或设定,应以书面为之(第760条)。关于动产物权的变动,依第761条第1项规定:"动产物权的让与,非将动产交付,不生效力。但受让人已占有动产者,于让与合意时,即生效力。"所谓让与合意,系指以动产物权的让与为内容的物权合意,系属物权契约,不以订立书面为必要。

应补充说明的是物权行为的理论。物权行为系与负担行为相对称的概念。所谓负担行为,系指因法律行为的作成,使当事人负有债之关系上的给付义务的法律行为,例如买卖、互易、赠与等,又称为债权(或债务)行为。物权行为则指因此法律行为的作成而使物权发生变动的法律行为,独立于负担行为之外,具有无因性,不受负担行为存否的影响。例如甲售某地给乙,是为负担行为(买卖契约),为移转该地所有权则须作成物权行为。物权行为及无因性的理论产自德国,继受《德国民法》的国家和地区多采之,其优点在使法律关系明确、概念化,其缺点为违背交易常情,一般人不易了解。①

在此必须指出的是,上开四项原则系物权法的结构原则,与私有制或公有制并无关系。公有制的物权法是否要采取此等原则,纯属法律技术的考虑。就《民法通则》和其他单行法规及实务加以分析,是否采取物权法定主义,未尽明确,但似承认一物一权主义,肯定物权优先效力,物权变动亦须有表征,在动产须交付,在不动产须登记。至于是否采取物权行为理论,尚有争论。②《民法通则》第72条第2款规定:"按照合同或者其他合法方式取得财产的,财产所有权从财产交付时起移转,法律另有规定或当事人另有约定的除外。"所谓合同,系指买卖、互易或赠与,而非指物权行为(合同)而言。再就法律政策言,是否要承认物权行为,亦有斟酌的余地。

---

① 参见拙著:《物权行为无因性理论之检讨》,载《民法学说与判例研究》(第一册),北京大学出版社2009年版,第112页。
② 参见牛振业:《物权行为初探》,载《法学研究》1989年第6期,第53—55页;梁慧星:《我国民法是否承认物权行为》,载《法学研究》1989年第6期,第56—62页。

(四) 物权的种类

私有制的物权(尤其是土地所有权)具有处分性,得自由让与。为适应市场经济活动的需要更可经由所有权的分裂而产生各种类型的物权。物权分为完全物权与定限物权。完全物权系指所有权而言;定限物权指于一定范围内对物为支配的物权,可分为用益物权和担保物权。"民法"规定8种物权,即所有权、地上权、永佃权、地役权、抵押权、质权、典权和留置权。另设占有,系属一种对物管领的事实状态,称为类似物权。特别法上的物权主要有三类:①"动产担保交易法"规定的动产抵押、附条件买卖、信托占有;"民用航空法"规定的民用航空器抵押(第18条);"海商法"规定的船舶抵押(第31条)。②"大众捷运法"规定的空间地上权(第19条)。③"土地法"规定的耕作权(第113条)、优先承买权(第104条、第107条)。

所有权是完全的物权,所有人于法定限制之范围内,得自由使用、收益、处分其所有物,并排除他人干涉(第765条)。限制所有权的法令,有为私法规定,有为公法规定,种类繁多,在此不拟详述。应该强调的是,就有关规定而言,法令对所有权的限制,虽为例外,实际上已成原则。所有权负有义务,业已社会化。

用益物权因社会经济变迁而发生变动。永佃权因实施耕者有其田政策而消失。固有法上的典权已趋式微。设定地役权甚为少见。地上权最属常见,较为重要。最近对"国有土地"采不出售原则,改为设定地上权,具有"土地政策"上的意义。

担保物权在于担保债权,融通资金,适合市场经济的要求,特为发达。任何财产权皆得为担保物权的客权:就不动产,得设定抵押权;就动产,得发生质权、留置权;就债权及其他可让与的权利,得设定权利质权(法定);就地上权、典权、永佃权得设定权利抵押权。值得特别提出的是为适应工商业及农业资金融通及动产用益的需要,于1963年制定"动产担保交易法",创设了动产抵押、附条件买卖(保留所有权)和信托占有3种不占有标的物的动产担保制度,使担保物权体系更臻完备。

兹举一例说明在私有制市场经济下物权自由处分性和登记制度的功能。甲公司有土地一笔,向乙、丙等银行贷款,得设定多数抵押权,其次序依登记的先后。甲于设定抵押权后,得就同一土地再设定地上权与丁建设公司,先设定的抵押权不因此而受影响。丁得将该地上权让与、出租,或设定抵押于他人。其后甲公司将该地出售于庚时,乙丙的抵押权、丁的地上权及其他的权利仍继续存在,不受影响。物的交换价值和利用价值发挥得淋漓尽致。

拟附带提出的是,在中华人民共和国实行社会主义公有制,土地属于国家所有或者集体所有,不得买卖、出租、抵押或者以其他方式非法转让(《宪法》第10条第4款、《民法通则》第80条第3款)。使用权或经营权(用益物权)较为发达,《民法通则》规定了土地的承包经营权(第80条第2款),采矿权(第81条第2款),企业经营权(第82条),但对担保物权未设规定,担保物权未受到应有的重视。① 但是随着商品经济的发展,担保制度将日益重要,制定担保物权法实有必要。② 1988年《中华人民共和国宪法修正案》第2条规定,《宪法》第10条第4款增设"土地的使用权可以依照法律的规定转让"。1990年制定的《中华人民共和国城镇国有土地使用权出让和转让暂行条例》,确认国家所有权与使用权分离原则,明定土地使用权可以出让、转让、出租、抵押和继承。在公有的土地上存在着"私有"的用益物权,具有处分性,实在是一项突破。抽象概括的国家所有权正在陆续派生各种较为明确具体的财产权,建立物权制度,对市场经济的发展,将产生重大的作用。③

(五) 物权的保护

物权(尤其是所有权)是重要的民事权利,受到宪法、刑法和民法的保护。民法上的保护手段有三种:

1. 物上请求权

所有人对于无权占有或侵夺其所有物者,得请求返还之。对于妨害其所有权者,得请求除去之,有妨害其所有权之虞者,得请求除去之(第

---

① 参见江平、张佩霖编著:《民法教程》,第170页。
② 参见 Christopher G. Oecheli: The Development of Law of Mortgages and Secured Transactions in the People's Republic of China, China Law Reporter(中国法律季刊),1988, Vol. V. Number I, p.1.
③ 参见王家福、黄明川:《论土地使用权转让制度》,载《法学研究》1988年第3期,第54—61页;郭明瑞:《论土地使用权的几个法律问题》,载《中国民法经济法理论问题探讨》(中国法学杂志社丛书),第184页;周岩、金心:《土地转让法》,北京农业大学出版社1992年版。

676条)。物上请求权的成立不以侵害人有故意或过失为要件,其请求权因15年不行使而消灭(第125条)。不动产物权已登记时,不适用消灭时效(诉讼时效)的规定("大法官会议"第107号、第164号解释)。

2. 侵权行为

故意或过失不法侵害他人所有权或其他物权时,应负损害赔偿责任,或恢复原状,或赔偿其物因毁损所减少的价额(第184条第1项前段、第213条、第196条)。

3. 不当得利

无法律上之原因而受利益,致他人受损害者,应返还其利益(第179条)。物权系属对物直接支配的权利,法律将物的支配内容,归于权利人享有,例如所有人对于所有物得为使用、收益和处分。违反此项权益归属而取得利益,当然致他人受损害,应返还其所受利益,学说上称为侵害他人权益不当得利。① 其主要案例类型有三:① 出卖他人之物:例如甲将乙寄托的名画,让售于丙。在此情形,丙为恶意时,不能取得该画的所有权,乙得向丙主张所有物返还请求权。丙为善意而取得该画所有权时,乙得依不当得利规定向甲请求返还出售该画所得的利益(价金)。② 出租他人之物:出租他人之物,而获得租金,亦构成不当得利。租赁关系消灭后,承租人未交还租赁物,擅自出租他人,收取租金时,亦同。③ 使用他人之物:例如擅自在他人墙壁悬挂广告、占住他人房屋、使用他人汽车或租赁关系消灭后承租人未交还租赁物,仍继续使用时,均系无法律上的原因,受有应归属他人的利益,须偿还使用该物交易上通常应支付的对价。至于物的所有人(或其他权利人)是否有使用该物的计划,是否因不能使用而受有损害,在所不问。

(六) 物权法的发展

物权因与社会经济具有密切的关系,亦随着社会经济的发达而发展。促成物权法变迁发展的因素,有为立法,有为司法实务,有为学说理论。就变动的内容言,有为立法原则的修正,有为体系的调整,有为理论的再

---

① 参见拙著:《不当得利》,载《民法债编总论》(二)(1992年),第126页。

构成,有为法律解释适用方法的反省。① 最重要的是,物权社会化将继续进行,强化财产权的社会义务。物权种类的增加,尤其是"动产担保交易法"增设了动产抵押、附条件买卖、及信托占有3种不占有标的物的动产担保制度②,实务上创设最高限额抵押,增强了担保物权的机能。为合理规范相邻关系和公寓大厦社区生活,正逐渐形成私法和公法(尤其是环保法规)并重的双轨体系。

四、市场经济的契约法

(一) 市场经济与契约制度

1. 概说

市场经济是所有的互相承认和交换。交换的进行是基于双方当事人间的合意,也就是契约。契约是市场经济的产物,是商品交换关系的表现。诚如马克思所说:"先有交易,后来才由交易发展为法制,这种通过交换和在交换中才产生的实际关系,后来获得契约这样的法的形式。"随着市场经济的发达,契约成为民法上最重要的制度,物品、劳务或其他给付,不论是否具有财产价值,皆得为契约的内容。

市场经济的契约制度是建立在若干基本原则之上,最重要的是主体的平等、当事人的自愿、等价、有偿。传统民法是以此等原则为前提,具体化于个别条文。《民法通则》第3条明定:"当事人在民事活动中的地位平等。"第4条规定:"民事活动应当遵循自愿、公平、等价、诚实信用的原则。"

2. 契约法的体系

台湾地区现行"民法"对契约的相关问题并未归纳一起加以规定。总则规定的法律行为主要指契约而言。关于契约的成立、标的、履行和不履行、契约上权利(债权)或义务(债务)的移转等问题,系在债编通则设其规定。债编各论则规定各种类型的契约。

在中华人民共和国,因为采有计划的商品经济,《合同法》更为复杂。

---

① 较详细的说明,参见谢在全:《民法物权论》(上),第9页以后;拙著:《民法物权》,北京大学出版社2009年版,第20页。

② 参见刘春堂:《动产担保交易法研究》,1990年。

《民法通则》第4章规定民事法律行为和代理,主要适用于合同;第5章第2节规定债权亦以合同为对象;第6章第1节、第2节和第4节规定违反合同的民事责任。此外尚有《经济合同法》(1981年)、《涉外经济合同法》(1985年)、《技术合同法》(1987年)①及其他单行法规定。此种庞大、内容上相当重复、复杂的合同法体系固有其事实上的需要,但亦产生若干解释适用的问题,影响交易安全,将来应有重新调整的必要。② 兹列举一例加以说明。《民法通则》第4条规定:"民事活动应当遵循自愿、公平、等价有偿、诚实信用原则。"《经济合同法》第5条规定:"订立经济合同,必须贯彻平等互利、协商一致,等价有偿的原则。任何一方不得把自己的意志强加给对方,任何单位和个人不得非法干预。"《涉外经济合同法》第3条规定:"订立合同,应当依据平等互利、协商一致的原则。"《技术合同法》第4条规定:"订立技术合同,应当遵循自愿、平等、互利有偿和诚实信用的原则。"合同的基本原则是否因其为一般合同、经济合同、涉外经济合同或者技术合同而异?上开规定的不同,究竟仅是文字上的差异,强调的不同,抑或具有实质的意义?经济合同是否不受诚实信用的规范?

3. 契约的类型

台湾地区现行"民法"系采契约自由原则,当事人原则上得约定各种内容的契约,不受限制,契约不适用类型或内容法定主义。但是为了交易上的方便,促进市场经济活动,债编规定了买卖、互易、交互计算、赠与、租赁、借贷、雇佣、承揽、出版、委任、经理人及代办商、居间、行纪、寄托、仓库、运送营业、承揽运送、合伙、隐名合伙、指示证券、无记名证券、终身定期金、和解、保证等24种契约。此等所谓有名或典型契约是由两种规定构成的,一为强行规定,违反者无效,此为例外;另一为任意规定,补契约条款的不备,期能合理规律当事人间的权利义务。

由于市场经济的发达,在交易上产生许多所谓无名或非典型契约,例如存款契约、签账卡契约,房屋合建委建契约、设计委托契约、广告契约、电脑契约、合资契约、工程契约、采购契约,尤其是从美国引进的 Leasing

---

① 现已被《中华人民共和国合同法》所取代。
② 较详细的说明,参见金天星、张庆嘉:《我国需要制定统一的合同法》,载《中国民法经济法理论问题探究》,法律出版社1990年版,第299—305页;崔建远:《货畅其流与完善经济合同法制》,同书,第254—265页。

(融资租赁契约)、Franchising(加盟店契约)。此等契约的性质如何认定,如何适用或类推适用有名契约的规定,如何纳入现行"民法"体系,如何控制其不合理的条款,是"契约法"重要的研究问题。①

须附带说明的是,因为台湾地区不采计划经济,无一般民事合同和经济合同,计划合同和非计划合同的区别②,所以上开各种契约,无论其主体为自然人或法人、"国营事业"或民营企业、本地企业或外资企业;其调整对象为货币关系或非货币关系;其客体为消费领域或生产领域、有偿或无偿,除当事人另有约定外,原则上统一适用"民法"的一般规定。

(二) 契约自由与契约正义

1. 私法自治与契约自由

在市场经济的社会,契约在于实现私法自治的理念,即当事人得自主决定其私法上的权利义务。契约因当事人互相表示意思一致而成立,一方当事人自己受其拘束,并同时因此而拘束他方当事人。此种互受拘束乃建立在契约自由原则之上。

契约自由包括5种自由:① 缔约自由,即得自由决定是否与他人缔结契约。② 相对人自由,即得自由决定究与何人缔结契约。③ 内容自由,即双方当事人得自由决定契约的内容。④ 变更或废弃的自由,即当事人得于缔约后变更契约的内容,甚至以后契约废弃前契约(例如合意解除)。⑤ 方式自由,即契约的订立不以践行一定方式为必要。此种广泛的契约自由,自19世纪以来,随着个人主义及市场经济的兴起,成为私法理念,使个人从身份的束缚获得解放,得发挥其聪明才智,从事各种经济活动,对于社会进步,具有重大贡献。依传统的理论,个人是自己利益最佳的维护者,契约既然是因当事人自由意思的合致而订立,其内容的妥当性亦可因此而获得保障。问题在于自由事实上是否存在,当事人是否确能立于平等的地位从事缔约行为。契约的概念只有在自由及平等两个基础上才能建立起来,如果一方当事人不能不屈服于他人意思之下,则自由其名,压榨其实,强者逞其所欲,弱者劳将无所措其手足,成为强者剥削弱

---

① 参见曾隆兴:《现代非典型契约论》(台北,1987年)。
② 关于此等概念,参见王家福、谢怀栻、余鑫如、王保树、梁慧星、余能斌等:《合同法》,中国社会科学出版社1986年版,第157页以后。并请参见张荫廉:《社会主义计划契约之研究》,1992年(文化大学法律学研究所硕士论文)。

者的工具。

契约自由应受限制,系事理之当然。无限制的自由,乃契约制度的自我扬弃。在某种意义上,一部契约自由的历史,就是契约如何受到限制,经由醇化,而促进实践正义的记录。

2. 契约正义

契约正义系属平均正义,以双务契约为其主要适用对象,强调一方给付与他方的对待给付之间,应具有等值性。给付与对待给付客观上是否相当,例如对特定劳务究应支付多少工资,对特定商品究应支付多少价金,始称公正合理,涉及因素甚多,欠缺明确的判断标准。因此,现行"民法"基本上系采取所谓的主观等值原则,即当事人主观上愿以此给付换取对待给付,即为已足,客观上是否相当,在所不问,法院不能扮演监护的角色,以自己的价值判断,变更契约的内容。就原则上而言,法律在例外情形,亦如干预。例如法律行为系乘他人之急迫、轻率或无经验,使其为财产上的给付或为给付的约定,依当时情形显失公平者,法院得因利害关系人的申请,撤销其法律行为或减轻其给付(第74条)。"民法"关于当事人行为能力、意思表示错误、被诈欺或胁迫的规定亦具有促进维护契约内容合理的机能。须注意的是,"民法"在若干情形亦重视客观的等值原则,例如买卖标的物具有瑕疵时,买受人得请求减少价金或解除契约(第359条)。至于因情事变更,致当事人的给付关系显失公平时,应适用诚实信用原则,加以调整,更不待言。

契约正义的另一重要内容,是契约上负担及危险的合理分配。为实现私法自治,契约法多属任意规定,就典型的情形衡量当事人的利益,设妥适合理的规定。惟当事人挟其经济上优势地位,以定型化契约条款排除法律的任意规定,或订定其他条款,作契约上负担或危险的不合理分配,日趋严重,与契约正义,殊有违背,应有规范的必要。

为保障契约正义,须使当事人能够立于平等自由的地位决定是否订约,磋商契约的内容。因此应经由租税或其他方法减少财富不均,提供消费者必要的资讯,"政府"适当地介入市场(如兴建居民住宅),平衡当事人力量(如组织工会或消费者团体),维持市场竞争秩序。在"民法"中,契约自由须受限制,不能违反强行规定(第71条),不能有悖于公序良俗(第72条)。以下拟就宪法对契约的规范效力,定型化契约的规律和劳动契约社会化三个在理论和实务上较受重视的基本问题,作简要的报告。

(三) 宪法对契约的规范与基本人权

依照法学理论,契约制度不仅是市场经济的枢纽,而且涉及个人的平等、自由和人格的发展,因此契约制度应受到宪法的保护和规范。问题的核心在于基本人权的规定对私法关系的效力。依照传统理论,之所以规定人民的基本权利,旨在保障人民免于遭受国家权力滥用的侵害。基本人权是一种对于国家侵害的防卫权,对象为国家,针对国家权力的行使,对于私人间的法律效果,无任何效力可言。近年来,在理论和实务上有一项重大的突破,认为基本人权的规定对于第三者应具有规范性,仍有争论的是其规范效力究为直接(直接适用说),抑或须通过民法的概括条款(间接适用说)。关于此点,有两则实务的见解可供参考。

在台湾地区,许多公私企业常与女性受雇者约定结婚时即须辞职。最近有一则案例,甲女受雇农会,预立于任职中结婚辞职的辞职书,对其效力,发生争议。第一庭研究意见认为:"其一,按甲女受雇农会之初,如因农会之要求,必须预立于任职中结婚即辞职之辞职书,则该辞职书之订立,可认为具有'附合契约'之性质,非当然具有其所约定之效力,仍应就约定之内容为具体衡量,以定其效力之有无。其二,次查人民无分男女,在法律上一律平等,为'宪法'第7条所明定。又人民之工作权及其他自由、权利亦受保障(第15条、第22条);雇主要求女性受雇人预立于任职中结婚即辞职之辞职书,不仅破坏男女平等之原则,并且限制人民之工作权及有关结婚之基本自由及权利,该结婚即辞职之约定,可认为违背公序良俗,依'民法'第72条之规定,应属无效。"①

此项研究意见系采宪法间接规范效力说,通过"民法"关于公序良俗的概念条款,实现了对基本人权的保障。公共秩序或善良风俗在于维护既有的秩序,"宪法"上关于基本人权的价值判断,应作为公序良俗具体化的重要因素。在此项具体过程中,除个别基本人权外,尚须就整个宪法秩序作全盘观察,并斟酌法律行为的性质、目的、动机等,以探求公序良俗的内容,判断私法自治的限界。

中华人民共和国最高人民法院有一则关于雇工合同应当严格执行劳

---

① "司法院公报"第31卷第9期,第74页。关于本件研究的评释,参见拙著:《劳动契约上之单身条款,基本人权与公序良俗》,载《万国法律》第55期,第3页。

动保护法规问题的批复。天津市高级人民法院请示一则案件应如何处理：天津市塘沽区张学珍、徐广秋开办的新村青年服务站，于1985年6月招雇张国胜(男，21岁)为临时工，招工登记表中注明"工伤概不负责任"的内容。次年11月17日，该站在天津碱厂拆除旧厂房时，因房梁断落，造成张国胜左踝关节挫伤。引起局部组织感染坏死，导致因脓毒性败血症而死亡。张国胜生前为治伤用去医疗费14151.15元。为此，张国胜的父母张连起、焦容兰向雇主张学珍等索赔。张学珍等则以"工伤概不负责任"为由拒绝承担民事责任。张连起、焦容兰遂向法院起诉。最高人民法院研究认为："对劳动者实行劳动保护，在我国宪法中已有明文规定，这是劳动者所享有的权利，受国家法律保护，任何个人和组织都不得任意侵犯。张学珍、徐广秋身为雇主，对雇员理应依法给予劳动保护，但他们却在招工登记表中注明'工伤概不负责任'，这是违反宪法和有关劳动保护法规的，也严重违反了社会主义公德，对这种行为应认定无效。"①

最高人民法院此则批复否认雇主劳动契约上免责条款的效力，究系采宪法直接规范效力说或间接效力说，未臻明确，但显然肯定了契约条款应受《宪法》的规范。

上面两则关于劳动契约研究意见或批复具有高度的启示性，一方面肯定市场经济契约制度的作用，但另一方面也强调契约内容应具合理性，必须维护人的自由、尊严和人身安全。

(四) 定型化契约和消费者的保护②

在台湾地区，银行、保险、电力瓦斯、旅游、家电用品、预售房屋、洗染等行业均使用定型化契约，成为商品经济的基本形态。交易条件的定型化，一方面可以促进企业合理经营，另一方面消费者亦可以不必耗费精神就交易条件讨价还价。企业经营合理化有助于改善商品的品质和降低价格，对消费者大众甚为有利。然而，所以发生问题的是，企业厂商于订立

---

① (88)民他字第1号，《中华人民共和国最高人民法院公报》1988年合订本(总140)。
② 关于定型化契约(附合契约、定式契约)，著作甚多，可供参考。参见黄越钦：《论附合契约》，载《政大法学评论》第16期；刘春堂：《一般契约条款之解释》，载《法学丛刊》第90期；刘宗荣：《定型化契约条款之研究》，载《台大法学论丛》第4卷第2期；蓝瀛芳：《法国法上的附合契约与定型化契约》，载《辅仁学报》第9期；张新宝：《定式合同基本问题研讨》，载《法学研究》1989年第6期，第44—53页。

契约条款,决定交易条件之际,经常利用其优越的经济地位,制定有利于己,而不利于消费者的条款,例如免责条款、失权条款、法院管辖地条款等,对契约上的危险及负担作不合理的分配。一般消费者对此类条款多未注意,不知其存在;或虽知其存在,但因此种契约条款甚为冗长,字体细小,不易阅读;或虽加阅读,因文义艰涩,难以理解其真义;纵能理解其真义,知悉对己不利条款的存在,亦多无讨价还价的余地,只能在接受与拒绝之间加以选择。然而,或由于某类企业具有独占性,或由于各企业使用类似的契约条款,消费者并无选择之机会。因此,如何在契约自由之体制下,维护契约正义,是法律所面临的艰巨任务。

关于不合理契约条款的规律有六种主要途径,可资采行:① 立法上增设强行规定。② 行政上加强主管机关的监督或采取事先核准制度。③ 由法院审查契约条款的效力。④ 强化消费者组织及舆论的压力。⑤ 企业厂商的自律。⑥ 推动由中立机构拟定模范契约。本文所要讨论的是司法控制。

法院究竟采取何种方法,规律不合理定型化契约条款,与其对契约自由所持的立场具有密切关系。法院坚持契约自由信念的,态度较为保守,采取的方法亦较间接、隐藏。就法院实务言,已渐趋开放、公开。分四个层次加以说明:

1. 定型化契约条款的认定

何谓定型化契约条款,法无明文,但其主要特征有二:一为契约条款,由一方当事人单方面所订立;二为目的在于以此条款与多数相对人缔结契约。

2. 定型化契约条款之订入契约

定型化契约条款系企业所自订,虽大量广泛使用,但并不因此而具有法律规范的性质,仍须经由双方当事人意思表示的合致,始能成为契约的内容。企业厂商于订约时,应依明示或其他合理适当方式,告知相对人欲以定型化契约条款订立契约,并使相对人有适当机会了解条款内容。唯有具备这两项要件,定型化契约条款始能因相对人的同意而成为契约内容。

3. 解释原则

定型化契约条款于订入契约后,应经由解释确定条款的内容及其适用范围。鉴于定型化契约条款的功能,及其对相对人(消费者)可能产生

的不利,除适用契约解释的一般理论外,有四项原则,应予注意:

(1) 客观解释原则。定型化契约条款适用于多数契约,为维持其合理化的功能,应采客观解释,个案的特殊情况原则上应不予考虑,而以通常一般人的了解可能性为其解释标准。

(2) 限制解释原则。定型化契约条款旨在排除任意规定,尤其是免责条款,应作限制解释,以保护相对人的利益。

(3) 不明确条款解释原则。即定型化契约条款经由解释后,尚有多种解释可能性存在时,应作较有利于相对人的解释,由使用人承担条款不明确的危险性。

(4) 最后尚须说明的是定型化契约条款用于多数契约,遍及各地,基于解释统一性需要,应认为定型化契约条款的解释,系属于法律问题,得上诉第三审。

4. 内容控制

定型化契约条款的内容经由解释而确定后,应进而审查条款内容的合理性,此为关键的问题。所应考虑的是定型化契约条款是否违反强行规定、悖于公序良俗:

(1) 违反强行规定:"法律行为,违反强制或禁止之规定者,无效。"(第71条)因此定型化契约条款预先免除故意或重大过失责任(第222条),或使分期付款买受人抛弃期限利益(第389条),或以揭示限制或免除旅店、饮食店、浴堂主人的责任(第609条),或于提单或其他文件免除或限制运送人的责任(第649条)等,均因违反强行规定而无效。

(2) 违反公序良俗:"法律行为,有悖于公共秩序或善良风俗者,无效。"(第72条),此于定型化契约条款,亦有适用余地。"最高法院"1984年度第10次及第11次民庭会议作成决议,控制银行的免责条款,认为金融机构如以定型化契约约定其不负善良管理人注意的义务,免除其抽象的轻过失责任,则应以此项特约违背公共秩序,而解为无效。值得提出的是,最近一则关于旅行契约免责条款的判决。某甲偕其妻参加乙旅行社举办的非洲旅行团,乙委托肯尼亚旅行社负责安排当地旅游活动,因发生车祸,甲身负重伤,其妻死亡,甲向乙请求损害赔偿。乙以其在旅行契约中订有不对债务履行辅助人的过失负责的条款,拒不赔偿。"最高法院"认为乙旅行社的免责条款无效,判决理由可供参考,摘录如下:"旅行契约系指旅行业者提供有关旅行给付之全部于旅客,而由旅客支付报酬之契约。故旅行中食宿之提供,若由旅行业者洽由他人给付者,除旅客已直接与他人发生契约行为外,该他人即为旅行业之履行辅助人,如有故意或过失不法侵害旅客之行为,旅行业者应负损害赔偿责任。纵旅行业者印就之定型化旅行契约附有旅行业者就其代理人或使用人之故意或过失不负责任之条款,但因旅客就旅行中之食宿交通工具之种类、内容、场所、品质等项,并无选择之权,此项条款与公共秩序有违,应不认其效力。"①

本件判例基本上可资赞同,但以违反"公共秩序"作为定型化契约条款无效的理由,是否妥适,尚值研究,学说上建议应以诚实信用原则为控制标准,"民法"债编修正草案采此见解,增设第246条之一规定:"依当事人一方以书面预定之条款而订立之契约,为下列各款之约定,按当时情形显失公平者,该部分约定无效:① 免除或减轻预定契约条款之当事人之责任者。② 使他方当事人抛弃权利或限制其行使权利者。③ 加重他方当事人之责任者。④ 其他于他方当事人有重大不利益者。"此项修正条文是否完善,仍有不同意见。一旦完成立法,付诸施行,必须就个案加以具体化,组成案例类型,有赖判例学说的协力,始能合理地规律定型化契约条款,保护消费者的利益。

(五)劳动契约的社会化和劳动者的保护

关于契约自由与契约正义的调和,尚须说明的是劳动契约的社会化和团体化。劳动关系的最基层法律结构是雇佣契约,受雇人于一定或不定的期限内,为雇用人提供劳务,而雇用人负担给付报酬的义务。"民法"关于雇佣契约仅设8个条文(第482条至第489条),颇为简略,充分表现个人自由主义的色彩。第489条第1项规定,当事人的任何一方,遇有重大事由,其雇佣契约,纵定有期限,仍得于期限届满前终止之,更直接影响劳工的工作权及生存权。诚然,当事人的一方,均得终止契约,但此纯属形式上的平等。居于从属地位的劳动者,如何与拥有生产工具的企业家立于平等地位,讨价还价,商谈工资、工时、休假、退休、资遣、解雇(终止契约)等条件? 在契约自由制度,劳动条件实际上殆由雇主片面决定。民法学说上个人自由主义的雇佣契约既然不足规范劳动关系,"劳动法"

---

① 1991年台上字第792号判决。关于本件判决的评释,参见拙著:《定型化旅行契约的司法控制》,载于本书第26页。

乃应运而生，发展成为独立的法律领域，而以劳动契约及团体协约为主要内容。

劳动契约是由雇佣契约发展而来，系指约定劳雇关系的契约。1984年制定的"劳动基准法"，系以劳动契约为骨干，对劳动契约的终止、工资、工作时间、退休等劳动条件，详设规定，前已提及。依该法第1条第2项规定："雇主与劳工所订劳动条件，不得低于本法所定之最低标准。"此为对契约自由的限制，具有强行性，惟所订立的劳动条件有利于劳工者，则依其订定（强行规定的相对性），以贯彻保护劳工的社会原则。此种以劳动契约为基础的劳动法，学说上称为个体劳动法。

劳工与雇主间缔约力量的不平等，虽经由劳动契约的社会化而缓和，但尚不能确实保障劳工权益，因为"劳动基准法"并未对所有的劳动条件设有规定，适用范围受有限制，所设的最低基准，亦非当然就是合理的劳动条件。为济其穷、补其不足，订立团体协约实有必要。

团体协约指雇主或有法人资格的雇主团体，与有法人资格的劳动者团体，以规定劳动关系为目的所缔结的书面契约。团体协约的特色在于其团体化，即双方当事人皆为团体（雇主虽非团体，但具有类似团体谈判力量），能立于较为平等的地位，订立契约。"工会法"赋予工会以法人资格，而"劳资争议处理法"则在处理因缔结团体协约所生的争议，与"团体协约法"配套，构成团体劳动法的法制基础。

团体协约系属私法上的契约，除当事人间发生一定权利义务（团体协约之债权效力）外，尚具有所谓的规范效力，即团体协约所定劳动条件的补充性及不可变更性。所谓补充性，是指团体协约所定劳动条件当然为该团体协约所属雇主及工人间所订劳动契约的内容（"团体协约法"第16条第1项）。所谓不可变更性，是指如劳动契约有异于该团体契约所定的劳动条件时，其相异的部分为无效；无效的部分以团体协约的规定代之，但异于团体协约的约定为该团体协约所容许，或为劳动者利益变更劳动条件而该团体协约并无明文禁止者为有效（同法第16条第2项）。团体协约所以具有如此效力，其主要理由系当事人立于平等地位而缔结，较能保障其内容的妥当性。

"个体劳动法"是目前"劳动法"的重心，因"劳动基准法"的施行而发挥其规范作用，于"劳动契约法"制定后，将更为完善。"团体劳动法"尚在发展中，最近发生若干重大罢工案件，显示劳资争议的法制仍有进一步改善的余地。

(六) 契约的保护

民法对契约的保护,主要有三种方法:

1. 契约责任

债务人未依契约的本旨提出给付的,应就给付不能、给付迟延或不完全给付负债务不履行责任。原则上债务人应就故意或过失的行为负责。故意或重大过失的责任,不得预先排除。债务人的代理人或使用人关于债的履行有故意或过失时,债务人应与自己的故意或过失,负同一责任。债务人应负债务不履行责任时,债权人得解除契约或请求损害赔偿。解除权的行使,不妨碍损害赔偿的请求(参照第 220 条以下规定)。[①]

2. 侵权行为

第三人伤害债务人或毁损契约的标的物,致债务人不能履行契约时,应否对债权人负侵权行为的损害赔偿责任,是一个甚有争论的问题。第 184 条第 1 项规定:"因故意或过失不法侵害他人权利者,应负损害赔偿责任。故意以悖于善良风俗之方法加损害于他人者,亦同。"通说倾向于认为本条第 1 项前段所称的权利不包括契约上的债权在内,债权人仅能依本条第 1 项后段请求损害赔偿,如第三人为不正当竞争的目的,故意伤害债务人、毁损买卖标的物或引诱债务人违约。此项解释不仅是因为债权是一种相对权,不具公开性,而且也是基于一种利益衡量和价值判断,在于维护市场经济的竞争秩序。例如,甲出卖某物给乙,其后甲再将该物出卖于丙,丙纵使知道甲与乙之间的买卖,其买卖契约仍属有效,因交付而取得该物的所有权。乙仅能依债务不履行规定向甲请求损害赔偿。

3. 不当得利

债权人因债务人履行契约,而受领给付,具有法律上的原因,不成立不当得利。给付目的不存在时,债权人受有利益,欠缺法律上的原因,应负返还的责任,学说上称为"给付不当得利"。[②] 此项不当得利请求权的主要功能在于调整契约给付目的不达而生的财货变动,有两个基本类型:

[①] 契约法未采所谓的实际履行原则。关于实际履行原则,参见王家福等:《合同法》,第 183 页;梁慧星:《关于实际履行原则的研究》,载《法学研究》1987 年第 2 期,第 38—39 页。

[②] 参见拙著:《不当得利》,载《民法债编总论》(二),第 23 页以后。

① 契约不成立、被撤销或无效：采物权行为无因性理论时，债权人（如买受人）取得给付标的物所有权，但应依不当得利规定负返还的义务；不采物权行为无因性理论时，债务人（如出卖人）得主张所有物返还请求权。在租赁或其他劳务契约，因不涉及物权行为问题，应适用不当得利的规定。② 非债清偿：例如出卖人不知债务业已清偿，再为履行；出卖 A 物，误交 B 物；误偿他人契约上的债务，均可成立不当得利请求权。

（七）契约法的发展

关于台湾地区现行"契约法"的发展，简要归纳为四点：

（1）调和契约自由和契约正义。强化规律定型化契约，促进劳动契约社会化，以保护消费者和劳动者的权益。

（2）新契约类型的有名化。债编修正考虑增列交易上重要新类型的契约。

（3）买卖契约的国际化。为适应国际贸易的需要，应参考《联合国国际货物销售合同公约》，修正债编关于买卖的规定。

（4）契约责任的加强。建立契约上附随义务的概念，创设缔约上过失、加害给付等制度，调整契约责任与侵权责任、民事责任体系。①

五、结 论

在此报告，我简要地说明台湾地区现行"民法"和市场经济有关的基本制度，我们看到，以"民法"为核心的私法体系确实为市场经济的发达提供了必要、不可欠缺的法制基础，而市场经济的发达也促进私法体系的调整。"物权法"规定以所有权为中心的多元化物权类型，明确界定其范围，对其得丧变更和保护详设规定。各种物权原则上均具有处分性，可以

---

① 关于此项问题的研究，参见尹鲁先：《缔约上过失责任初探》，载《法学研究》1990 年第 1 期，第 67 页以后；庄穆：《论契约规范与侵权规范竞合的理论及我国民法的突破》，载《法学与实践》1987 年第 4 期，第 46 页以后；崔建远：《民事责任三论》，载《吉林大学社会科学学报》1987 年第 4 期，第 18 页；王利明、董安生：《合同责任与侵权责任竞和的比较研究》，载《法学研究》1989 年第 1 期，第 74 页；浦增平、翟崇林：《民事法律关系中的侵权与违约责任竞合》，载《法学》（华东政法学报）1989 年第 11 期，第 40 页。关于台湾地区现况，参见拙著：《缔约上之过失》、《契约责任与侵权责任之竞合》，载《民法学说与判例研究》（第一册），北京大学出版社 2009 年版，第 70、204 页。

让与或设定担保,具有物尽其用的功能。"契约法"则在于实践私法自治,以契约自由为原则,对各种重要类型的契约,设合理、明确的任意规定,补当事人意思的不足,必要时并设强行规定,以维护社会正义。"契约法"使平等的主体得自由的参与交易活动,自负责任、自负风险,具有货畅其流的功能。完善的"物权法"和契约制度不但使市场经济具有效率,而且使个人能够自主,有选择可能性,有奋斗努力的意愿,这也是台湾地区经济发展的主要原因。又须强调的是,民法的终极目的乃在于维护、促进、保障个人的自由、平等、人格的发展和尊严。目前面临的问题是如何加强防止对所有权和契约自由的滥用,避免以强凌弱,以富欺贫,不使所有权和契约成为人剥削人的工具。市场经济的运作须要两双手,一双不可见的手,那就是追求利益;一双可见的手,那就是法制。一手抓建设,一手抓法制。两双手的协力,必能建立一个有效率、公平的市场经济社会。

定型化旅行契约的司法控制

一、概　　说

　　缔结契约在传统上是由当事人个别磋商,可以讨价还价,议定条款内容。为适应现代社会大量交易活动,目前保险、银行、运送、旅游、预售房屋等企业厂商为与不特定多数人订立契约,多事先拟订契约条款,由相对人决定是否接受,学说上称为定型化契约条款。[①]

　　契约条款的定型化,可以促进企业的合理经营,降低成本,对于消费者亦属有利。问题在于企业厂商经常利用其优越的经济地位,订定有利于己,不利于消费者的条款,例如免责条款、失权条款、法院管辖条款等,对契约上的危险及负担作不合理的分配。一般消费者对此种条款多未注意,不知其存在;或虽知其存在,但因条款内容多属复杂,字体细小,不易阅读;或虽加阅读,因文义艰涩,难以了解其真意;纵能了解其真意,知悉对己不利条款的存在,亦无从变更,只能在接受与拒绝之间加以选择。然而,或由于某种企业具有独占性,或由于各企业使用类似的契约条款,消费者实际上并无选择的余地。因此,如何在契约自由体制下,规范不合理的交易条款,维护契约正义,使经济上的强者,不能假契约自由之名,压榨弱者,是现代法律所应担负的任务。

[①]　此种定型化契约条款(或称定式契约),在日本称为普通条款,在德国称为一般交易条件(Allgemeine Geschäftsbedingung,简称 AGB),在英美多称为 Unfair Contract Terms,法国法上则称为附合契约。

关于如何规范定型化契约条款,学者提出许多具有建设性的见解①;行政机关亦加强行政监督,例如"财政部"曾多次要求金融机关确实检讨各种贷款、抵押契约;消费者团体曾积极推动拟定模范契约。然而最值得注意的是司法控制的机能。

各法院正担负起规范定型化契约条款的艰巨任务。"最高法院"1984年度第10次及第11次民庭会议曾就金融机关的免责条款作有决议。② 最近首次就旅行契约免责条款的控制,著有判决,具有创设性,涉及若干重要基本问题,实值作进一步的分析检讨。

二、1991年台上字第792号判决

(一) 案例事实及当事人的主张

本件上诉人主张:上诉人许丕樟及妻许梅英于1987年9月25日与被上诉人订约,参加其邀集之非洲旅行团旅游。约定沿途旅游之食宿、交通均由被上诉人负责。契约书责任问题栏第7条更载明:"本旅行社或雇佣人员不依本契约条款履行契约致旅客受损害者,应依法负赔偿责任。"讵该旅行团于同年10月10日在肯尼亚旅游时,被上诉人未尽善良管理人之注意,随便雇用不尽责之司机及于启动时即发现有故障之车辆。结果因司机赶路心急,行车速度过高而翻车,致许丕樟、许梅英身受重伤。随团领队又未尽心照顾即时送医,许梅英因而死亡。被上诉人显有重大过失,依债务不履行及侵权行为关系,自应负损害赔偿之责。上诉人许仁爱、许寿雄、许寿仁、许寿龙、许寿山、许寿福、许常娥、许月娥8人(简称许仁爱等8人)均为许梅英之子女,各为其支出殡葬费新台币(下同)37.5万元,各只请求赔偿20万元及精神慰藉金30万元。又许丕樟自身受创伤又丧偶,亦分别请求赔偿慰藉金10万元及30万元等,求为命被上诉人给付许丕樟40万元,许仁爱等8人各50万元,并各加给法定迟延利息之

---

① 参见刘宗荣:《定型化契约论文专辑》,1988年;《简要的讨论》;拙著:《民法债编总论》第1册,第76页。关于德国法,参见 Raiser, Das Recht der Allgemeinen Geschäftsbedingungen, 1935; Ulmer-Brandner-Hensen, AGB-Gesetz, Kommentar, 5. Aufl. 1987. 关于英国法,参见 D. Yates, Exclusion Clause in Contract, 1982.

② 参见拙著:《民法债编总论》第1册,第81页。

判决。

被上诉人则以：伊受托代许丕樟、许梅英安排外出旅游，系属行纪及委任性质。关于肯尼亚部分行程，伊代为委托之肯尼亚 THORN TREE SAFARTS 旅行社及 TRAVEL PROMOTORS 旅行社（简称肯尼亚旅行社），均系信誉卓越之旅行社。其派出之小型旅行车甚新，司机威廉亦系经慎选之合格驾驶人。该车因行驶碎石硬路翻覆，纯属意外，伊之领队并积极处理善后。伊已尽善良管理人之责任，无侵权行为及违背契约之可言等语，资为抗辩。

(二) 原审法院的判决

第一审法院判决上诉人败诉。原审维持第一审判决，驳回上诉人之上诉，其判决主要理由为："被上诉人与许丕樟、许梅英订立契约，为其代办旅游事宜，关于肯尼亚部分行程，被上诉人委由肯尼亚旅行社办理，肯尼亚旅行社因而雇用该国合格司机威廉驾驶小型旅行车翻覆，导致许梅英死亡，许丕樟受伤。惟被上诉人对于司机威廉尚无选任及监督之权，自无故意或过失可言，则司机威廉驾车载送许丕樟、许梅英肇事纵有过失，亦应由肯尼亚旅行社负赔偿责任，尚难令被上诉人依侵权行为之规定负损害赔偿责任。次按债务人就其故意或过失之行为，应负责任。债务人之代理人或使用人关于债之履行有故意或过失时，债务人应与自己之故意或过失负同一责任。但当事人另有订定者，不在此限。第 220 条第 1 项、第 224 条定有明文。本件肇祸司机威廉系肯尼亚旅行社为履行其与被上诉人之契约债务所雇用，故其为被上诉人之使用人即履行辅助人，了无疑义，司机威廉履行义务之过失，被上诉人即应与自己之过失负同一责任。但查被上诉人与许丕樟、许梅英订旅游要约及报价单责任问题栏第 2 条约定："旅行之安全及行李问题由各航空公司及其他有关旅运公司或大饭店直接对旅客负责，如遇交通延误、行李损坏遗失、意外事件诸情事，当根据各该承办机构所规定解决，并由随团领队负责协助处理。"是以依第 224 条但书所定之特约，而免除其履行债务之责任。况依双方所订旅游要约及报价单记载，被上诉人之债务为：代办手续费、交通工具、餐膳、住宿、游览、接送、行李、税捐、保险、随团服务，及台北往桃园机场及送机单程交通费 11 项，并不包括旅客游览时搭车之安全问题，故被上诉人并无债务不履行之可言，为其判断之基础。

(三)"最高法院"判决理由

"最高法院"废弃原审判决,其理由为:"旅行契约系指旅行业者提供有关旅行给付之全部于旅客,而由旅客支付报酬之契约。故旅行中食宿及交通之提供,若由于旅行业者洽由他人给付者,除旅客已直接与该他人发生契约行为外,该他人即为旅行业者之履行辅助人,如有故意或过失不法侵害旅客之行为,旅行业者应负损害赔偿责任。纵旅行业者印就之定型化旅行契约附有旅行业者就其代理人或使用人之故意或过失不负责任之条款,但因旅客旅行中之食宿交通工具之种类、内容、场所、品质等项,并无选择之权,此项条款殊与公共秩序有违,应不认其效力。本件上诉人许丕樟与许梅英参加被上诉人之非洲旅行团,一切行程、食宿、交通、游览等,全由被上诉人一手安排,许丕樟、许梅英毫无选择余地。同行旅客证人陈炳椿、张菽稻在原审证称:在肯尼亚行程,出发前雇用之汽车已有故障,致落后前三部车甚远,司机心急,在有两道车轮沟状之泥巴路开车追赶,以致翻车,许丕樟受伤,许梅英死亡等语(见原审更1卷46页反面149页正面),果非子虚,被上诉人能否以其免责契约条款,而推卸其履行债务之过失责任,即值推求。原审徒以上开情事,为不利上诉人之判断,殊有可议。上诉论旨,指摘原判决不当,求予废弃,非无理由。"

三、请求权基础

(一)"最高法院"的见解

关于本件判决,首先须加澄清的是请求权基础。[①] 上诉人偕同其妻参加被上诉人举办的非洲旅行团,被上诉人委托肯尼亚旅行社负责安排当地旅游活动,因司机的过失,发生车祸,上诉人身负重伤,其妻死亡。上诉人(和其子女)依债务不履行及侵权行为向被上诉人请求其妻死亡的殡葬费及赔偿慰抚金。

原审法院否认上诉人的请求权:就侵权行为言,其理由为被上诉人对于司机尚无选任及监督过失之权,自无故意或过失之可言;就债务不履行

[①] 关于请求权基础,参见拙著:《民法实例研习基本理论》。

言,其理由为被上诉人已依第 224 条但书所定特约,而免除其履行债务的责任。

"最高法院"的判决理由未论及侵权行为,仅对债务不履行表示见解,认为被上诉人不能以其免责特约,推卸其履行债务的过失责任。

(二) 分析讨论

1. 契约责任与侵权责任

侵权责任与契约责任(债务不履行)是两个独立的民事责任,其构成要件与法律效果各有不同,得发生竞合关系。① 在本件上诉人请求殡葬费及慰抚金,系以第 192 条第 1 项、第 194 条及第 195 条为依据,应属侵权责任的范围,上诉人得否依债务不履行规定请求殡葬费及慰抚金,尚有研究余地。原审及"最高法院"皆未对此请求权基础重要问题表示意见,理由构成似未臻周全。

2. 雇用人的侵权责任

被上诉人应否负侵权责任,涉及第 188 条第 1 项规定,即:"雇用人因执行职务,不法侵害他人之权利者,由雇用人与行为人连带负损害赔偿责任。但选任受雇人及监督其职务之执行,已尽相当注意,或纵加以相当之注意而仍不免发生损害者,雇用人不负赔偿责任。"本条所谓受雇人,系指受雇用人选任和监督从事一定职务之人,有无契约,何种契约,有无报酬,一时或长期,均所不问,但应受雇用人指示的拘束,惟此不应严格要求,受雇人仍得有某种程度的自主及活动自由。准此以言,企业的员工、公车的司机,固为受雇人,医院雇用的医生亦属之。至于承揽人或法定代理人则非受雇人。②

在本件驾车肇祸的司机为肯尼亚旅行社的受雇人,应无疑义。问题在于该司机是否为被上诉人的受雇人。原审法院认为:"被上诉人对于司机威廉尚无选任及监督之权,自无故意或过失之可言。"此项见解,似有疑问。选任及监督之权,与故意或过失,系不同层次的问题,前者在认定行为人是否为受雇人,后者在决定雇用人的主观责任要件。由被上诉人对

---

① 参见拙著:《契约责任与侵权责任之竞合》,载《民法学说与判例研究》(第一册),北京大学出版社 2009 年版,第 204 页。
② 参见孙森焱:《民法债编总论》,第 216 页。

司机无选任及监督之权,进而推论到无故意或过失,乃不同层次问题的混淆,应予注意。

真正的问题在于肯尼亚旅行社是否为被上诉人的受雇人。若予肯定,则肯尼亚旅行社为执行职务而选任及监督之人,亦为被上诉人的受雇人。原审及"最高法院"均认定肯尼亚旅行社为上诉人的使用人(履行辅助人)。第224条所谓使用人并不以受债务人监督或指示为必要,故非当然皆为第188条所谓的受雇人。肯尼亚旅行社是否受被上诉人的选任监督而为其受雇人,本判决未提供可资判断的资料,难以认定,暂置不论。惟须注意的是,纵认定肯尼亚旅行社非被上诉人的受雇人,若被上诉人于委托肯尼亚旅行社执行一定职务,具有故意或过失时,亦应依第184条第1项前段规定,负损害赔偿责任。①

四、旅行契约的定型化、行政规律及司法控制

(一) 旅行契约的意义、性质及重要性

本文的目的在于讨论定型化旅行契约的控制问题,首先须对旅行契约的意义、法律性质及功能略作说明。

1. 旅行契约的意义

关于旅行契约,"民法"未设规定。"最高法院"认为旅行契约系指旅行业者提供有关旅行给付之全部于旅客,而由旅客支付报酬的契约。《德国民法》第651条a.第1项规定:"依旅行契约,旅行承包者对于旅客负提出旅行给付之全部(旅行)之义务,旅客则负支付约定旅行价金之义务。"②这两个对旅行契约的定义基本上并无不同,分两点言之:

(1) 在当事人方面,一方为提供旅行给付之人,一方为旅客。提供旅行给付之人,在台湾地区称为旅行业,应专业经营,以公司组织为限,并应于公司名称上标明旅行社字样("发展观光条例"第2条,"旅行业管理规

---

① 参见 MünchKomm/Mertens, BGB, 1978, §831 Rdnr. 33.
② 其原文为:Durch den Reisevertrag wird der Reiseveranstalter verpflichtet, dem Reisenden eine Gesamtheit von Reiseleistungen(Reise)zu erbringen. Der Reisende ist verpflichtet, dem Reiseveranstalter den vereinbarten Reisepreis zu zahlen. 关于德国民法规定之旅行契约之中译,参见许惠祐:《旅行契约之研究》(政治大学法律学研究所博士论文)。

则"第2条、第3条)。《德国民法》称为 Reiseveranstalter,暂译为旅行承包者,不限于旅行业者,报社偶为其读者举办旅行活动,亦包括在内。①

(2) 旅行业者(或旅行承包者)须提供旅行给付的全部,即其给付至少须有两个与旅行有关,例如运送与住宿,住宿与参观。给付必须整体提出,通常事先于旅游计划书或行程加以确定。例如西安之旅,包括运送、住宿及参观秦始皇陵墓、华清池等。旅行业者除提供旅行的给付义务外,尚负有告知、说明、保护、交付文件等附随义务。旅客的给付义务为支付报酬(价金)。旅行的参加,不是旅客的义务。旅客参加旅行时,发生协力、守时、守法、守分等附随义务,例如应提交办理外出的必要文件、准时集合、不得携带违禁物品、不得骚扰同团旅客等。

2. 旅行契约的法律性质

关于旅行契约的法律性质,"最高法院"在本件判决并未表示意见。德国法上的见解,可供参考。早期德国法院将旅行契约定性为承揽。其后发现此项在法律生活上重要的契约类型有其特色,乃于1979年在"民法"债编各论第7节承揽契约之后增设旅行契约(第761条 a-k),并将该节改称为"承揽及类似契约"(der Werkvertrag und ähnliche Verträge),即以旅行契约为类似于承揽的契约,得类推适用承揽的规定。② 参照德国法上的经验,并鉴于旅行给付具有包括运送、住宿、餐饮、导游、参观节目等内容,在台湾地区现行法上似可将旅行契约定性为类型结合的混合契约,分别适用有关承揽、委任、居间等规定。③

3. 旅行契约的重要性

旅行契约在台湾地区社会经济活动中,居于重要地位,无论在境内旅游或出境观光,人数快速增加。就出境观光人数言,1980年为48.5万人,1985年增加到84.7万人,至1991年,境内外旅游更达数千万人次,旅游已成为人民日常生活的一部分,契约上的权利义务,直接影响当事人权益,1991年台上字第792号判决,就是一个显著的案例。

---

① Palandt/Thomas, BGB, 48 Aufl. 1989, §651a.
② 参见 Larenz, Schuldrecht Ⅱ, Halbband Ⅰ, Besonderer Teil, 13. Aufl. 1986, S.379.
③ 参见曾隆兴:《现代非典型契约论》,1986年,第241页;刘孔中:《旅行契约——兼介德国旅行契约法》,载《军法专刊》第31卷第2期,第9页。

(二) 旅行契约的定型化及行政规律

旅行业者面对为数众多的旅客,个别磋商,缔结契约,异其内容,事实上殆不可能,且无必要,契约条款的定型化,势所必然。为合理规范旅行业者及旅客的权利义务,依"发展观光条例"第 47 条规定所订定旅行业者管理规则,明定旅行业者须与旅客订立旅游文件(第 27 条),并以附表规定旅游文件格式。目前旅行业多以此项旅游文件格式与旅客订立契约。

旅游文件格式是行政规律的一种手段,具有模范契约的性质。旅行业者不依旅行文件格式订立旅行契约时,其契约仍属有效。依此项旅游文件格式而订立的旅行契约,必须经旅客同意签章,其契约始告成立("旅行业管理规则"第 28 条)。旅游文件记载的事项,观光局认为有损害旅客权益之虞者,得责令其改正("旅行业管理规则"第 27 条第 2 项),惟旅行业者纵不改正,旅行契约的效力不因此而受影响。

(三) 司法控制

1. 行政规律与司法控制

行政上对定型化契约条款的规律,除规定文件格式以供采用外,尚有审查制度。例如"保险业管理条例"第 28 条规定:"各种保险费率及保险单条款,除情形特殊有国际性质之保险外,均应先报经'财政部'核准始得出单。'财政部'审核各项费率及保险单条款时,得交由有关公会或其他机构研议。"

须注意的是,旅游文件格式或保险条款须先经核准,系属行政上的规范,其成为契约的内容乃基于当事人的合意,性质上仍属私法上的契约,故此等契约条款是否背于公序良俗或不符合诚实信用原则,法院仍得加以审查。

2. 定型化契约之司法控制与诚实信用原则

定型化契约的司法控制,系由法院认定定型化条款是否经由当事人的合意纳入契约;由法院解释定型化契约条款,有疑义时,应作有利于相对人的解释;由法院审查定型化契约是否违反强行规定,或悖于公共秩序或善良风俗而无效(第 71 条、第 72 条)。[①]

---

① 参见刘春堂:《一般契约条款之解释》,载《民商法论集》(一),第 185 页。

在本件判决,"最高法院"认为,旅行契约的免责条款,与公共秩序有违,应不认其效力。1984年度第10次及第11次民庭会议亦以"公共秩序"为控制方法,认为:"金融机关执业人员有未尽善良管理人之注意义务,应就个案认定。至金融机关如以定型化契约约定其不负善良管理人之注意义务,免其抽象的轻过失责任,则应认此项特约违背公共秩序,而解为无效。"

公共秩序得作为规律定型化契约条款的标准,定型化契约条款违反公共秩序,应属无效,固无疑问。惟定型化契约条款虽不违反公共秩序,但其内容不合理者,亦属有之。因此发生一项值得研究的问题,即可否以"诚实信用"作为审查的标准,认为定型化契约条款违反诚实信用而不合理时,亦不认其效力。

关于诚实信用,第219条规定:"行使债权,履行债务,应依诚实及信用方法","最高法院"曾据此规定认为诚信原则仅适用于债之关系,甚受批评。①"民法"总则修正时,将诚信原则移至第148条第2项,规定:"行使权利,履行债务,应依诚实及信用方法。"此项修正扩大诚信原则的适用范围,实值赞同,具有重大意义,惟实务上迄今尚未进一步强化其规范功能,以之规范不合理的定型化契约条款。

在德国,实务上早期多以《德国民法》第138条规定作为控制一般交易条件的依据,一般交易条件违反善良风俗者无效。其后逐渐以诚信原则作为判断标准。1976年《一般交易条件规制法》(Gesetz zur Regelung des Rechts der Allgemeinen Geschäftsbedingungen,简称AGB-Gesetz)第9条规定:"Ⅰ.一般交易条件中的约款违背诚实及信用原则,不合理地不利于使用该条款人之契约相对人者,不生效力。Ⅱ.于下列情形,于有疑义时,应认定其条款具有不合理的不利:a.该条款不符合其所欲规避法律的基本思想;b.该条款限制基于契约本质所生之重要权利或义务,致危害契约目的之达成。"②"民法研究修正委员会"于1983年提出之债编通则修正草案第247条之一规定:"依当事人一方以书面预定之条款而订定之契约,为下列各款之约定,按当时情形显失公平者,该部分约定无效:

---

① 参见拙著:《诚信原则仅适用于债之关系?》,载《民法学说与判例研究》(第一册),北京大学出版社2009年版,第149页。
② MünchKomm/Kötz, AGBG §9.

① 免除或减轻预定契约条款之当事人之责任者。② 使他方当事人抛弃权利或限制其行使权利者。③ 加重他方当事人之责任者。④ 其他于他方当事人有重大不利益者。"查其内容亦系以诚实信用为规范原则。

五、居间条款

(一) 居间条款的意义及控制

在旅行契约,旅行业者应提供旅行的给付,此项给付,除自行提出外,得委由他人为之,例如:由某游览公司提供运送,某旅馆提供住宿,某旅行社安排参观节目等。旅客与此等给付提供人间并无契约关系。至于旅行业者与各给付提供业者的权利义务,应视其内部关系而定。给付提供人系旅行业者为履行对旅客所负给付义务而使用之人(参照第224条)。旅行业者如与有关的给付提供人,以旅客为受益人而缔结利他契约时,旅客对给付提供人有直接请求给付的权利(第268条)。

值得注意的是,旅行业者为避免责任,常于契约中订入所谓的居间条款(或中间条款),表示与旅行有关的给付,其仅系居间代办,并不自己负责。① 居间条款对于旅客,诚属不利。德国联邦法院曾在一项广受注意的判决认为此种居间条款无效②,旅行承包人须自行负责。《德国民法》第651条a.第2项采取此项判决的见解,规定:"表示仅为关于旅行给付个别提供人之媒介,若依其他客观情事,其应以自己之责任,负责提出约定之旅行给付时,其表示仍不予斟酌。"③

(二) 旅游文件格式的规定

在本件,被上诉人主张伊受托代上诉人安排外出旅游,系属行纪及委任性质,关于肯尼亚部分行程,伊代为委托肯尼亚旅行社。就其文义观之,被上诉人似主张其仅于居间代办的地位。"最高法院"对此主张未表示意见,惟在结论上系否认居间条款的存在,肯定被上诉人须自负给付及

---

① 关于居间条款,参见 Klaus Tonner, Der Reisevertrag, Kommentar zu §§651a BGB, 2. Aufl. 1986, §651a, Rdnr. 31f.
② BGHZ 61, 281.
③ MünchKomm/Löwe, §651a.

债务不履行的责任。

值得注意的是,被上诉人与上诉人所定旅游要约暨报价单责任问题栏第2条约定:"旅行之安全及行李问题由各航空公司及其他有关旅运公司或大饭店直接对旅客负责,如遇交通延误、行李损坏遗失、意外事件诸情事,当根据各该承办机构所规定解决,并由随团领队负责协助处理。"本项条款系参照"旅行业管理规则附表旅游格式"第9条之2而订定。此一责任条款的性质未臻明确,学说上有认为相当于居间条款。"最高法院"虽未直接就此条款表示意见,惟认为当事人所订者为旅行契约,应由旅行业者提供有关旅行给付之全部,故旅行中食宿及交通之提供,若由旅行业者洽由他人给付时,除旅客已直接与该他人发生契约行为,该他人即为旅行业者之履行辅助人。实际上"最高法院"系认为上面条款为免责条款,而非居间条款,系经由解释而为控制,以保护旅客的权益。

六、免责条款

(一) 一项具有创设性的判决

在本件,原审及"最高法院"均认定肯尼亚旅行社系被上诉人的债务履行使用人,肇祸司机系肯尼亚旅行社为履行其与被上诉人的契约债务所雇用,故其为被上诉人之使用人即履行辅助人。此项认定,可资赞同,自不待言。①

第224条规定:"债务人之代理人或使用人关于债之履行有故意或过失时,债务人应与自己之故意或过失负同一责任。但当事人另有订定者,不在此限。"所谓"当事人另有订定时,不在此限",指当事人得约定债务人就履行辅助人之故意或过失不负同一责任。由此可知第224条系任意规定,当事人得依特约排除其适用。须特别注意的是,"最高法院"认为:"纵旅行业者印就之定型化旅行契约附有旅行业者就其代理人或使用人之故意或过失不负责任之条款,但因旅客就旅行中之食宿交通工具之种类、内容、场所、品质等项,并无选择之权,此项条款殊与公共秩序有违,应

---

① 参见拙著:《为债务履行辅助人而负责》,载《民法学说与判例研究》(第六册),北京大学出版社2009年版,第50页。

不认其效力。"

第224条规定债务人应就债务履行辅助人的故意或过失负同一责任,实务上至为重要。"最高法院"第一次提出得否以定型化契约条款排除此项规定,免除债务人责任的问题,关系当事人利益至巨,应值重视。

(二) 对旅游文件格式的司法审查

本件旅行契约的免责条款系依"旅行业管理规则中之旅游文件格式"(第9条之2)而订定。"最高法院"首先认为该条款非属居间条款,而为免责条款,已如上述。其后又认为此项免责条款不生效力,尽其审查之职责,实值赞佩。

(三) 控制的标准

"最高法院"系以此项定型化免责条款,"殊与公共秩序有违",而否定其效力。所应考虑的是,非洲旅行团之一切行程、食宿、交通、游览全由被上诉人(债务人)安排,上诉人(债权人)毫无选择余地,是否当然违背公共秩序。本文认为在此情形以诚实信用原则作为审查标准,似较妥适。被上诉人以定型化契约,免除履行辅助人责任,排除契约上的基本义务,对契约上的危险作不当的分配,归由相对人负担,确非合理,与诚信原则显有违背,应不认其效力。关于此点,将另撰文再行详论。

(四) 免责的范围

本件判决认为,旅行业者排除履行辅助人之故意或过失责任者,其免责条款均无效。本文认为似应加以限制,即债务人不得排除履行辅助人"故意或重大过失"的责任,以与第220条"故意或重大过失之责任,不得预先免除"规定的价值判断,保持平衡。

(五) 免责条款控制的一般化

值得进一步研究的是,不得以定型化的契约条款排除第224条规定的债务履行辅助人责任,是否仅限于旅行契约,抑或应扩张及于其他契约,加以一般化,作为一项基本原则。对此问题,本文采肯定的见解。"德国一般交易条件规制法"第11条第7款明定不得排除债务人应就履行辅助人之故意或重大过失负同一责任,不限于契约之种类,可供参考。①

(六) 第 224 条的修正

1983 年 9 月公布的债编通则修正草案将第 224 条但书改为:"但当事人另有订定者,不在此限。"并增设第 2 项规定:"第 222 条之规定,于前项约定准用之。"立法说明书略谓:"第 224 条立法意旨,原在保护交易安全,关于代理人或使用人之故意或过失,亦应使债务人负同一责任。惟依同条但书规定,似可解为债务人对其代理人或使用人之故意或重大过失之责任,亦非不可以特约预先排除。其结果将与第 222 条债务人故意或重大过失之责任不得免除之原则不符,爰增设本条第 2 项,以期一致。"此项修正规定性质系属强行规定,对有名契约或无名契约,不论是个别磋商的契约或定型化契约,均有适用余地,经由立法加强对免责条款的控制,应值赞同。

七、结　　论

1991 年台上字第 792 号判决在理论上及实务上均具意义,归纳五点,作为结论:

(1) 为因应大量交易的需要,旅行契约业已定型化,立法上的规律有"发展观光条例"、"旅行业管理规则",可资适用。"旅行业管理规则"规定的旅游文件,系属供旅行业者采用的模范契约,因当事人合意而成立旅行契约。契约条款,"交通部"认为有损害旅客权益之虞者,得责令旅行业者改正,具有行政规范的作用。

(2) "旅行业管理规则"所附旅游文件第 9 条之 2 规定:"旅行之安全及行李问题由各航空公司及其他有关旅运公司或大饭店直接对旅客负责。如遇交通延误、行李损坏遗失、意外事件诸情事,当根据各该承办机构所订规定解决,并由随团领队负责协助处理。"此一条款是否足以保障旅客权益,及如何解释适用,不无疑问。本件涉及车祸意外情事,原审及"最高法院"似皆认为其属排除第 224 条所定债务履行辅助人责任的特约。

---

① MünchKomm/Lötz, AGBG §11 Rdnr. 53f.

（3）第 224 条但书规定当事人得以特约排除债务履行辅助人的责任。"最高法院"认为旅客就旅行中之给付的提出并无选择之权,故此项定型化条款违背公共秩序,无效。就结论言,此项见解,可资赞同,但此涉及契约上危险的合理分配,若能依诚信原则加以规律,更为妥适,此点仍待突破。

（4）若能依诚实信用判断定型化契约条款合理性,而认定其效力,则上面见解似可予一般化,即在任何契约,以定型化条款排除债务人就债务履行辅助人的故意或过失(尤其是重大过失)应负同一责任者,应不认其效力。

（5）旅行契约的重要性与日俱增,应受重视。"旅行业管理规则"及其附表之旅游文件格式,应予检讨,使其日臻完善。如何在"民法"增设旅游契约,使其有名化、典型化,亦值研究。

基于债之关系占有权的相对性及物权化

一、问题的说明

近年来,实务上发生若干具有争议性的案例,值得提出讨论。首先是关于买卖契约,例如甲出售某地给乙,已办理所有权移转登记,但未交付时,乙得否对甲主张所有物返还请求权?在甲已交付该地,但未办理所有权移转登记,而乙之移转登记请求权罹于时效时,甲得否对乙请求返还其物?又例如甲售某地给乙,乙转售与丙,丙转售与丁,皆先交付其地,但未移转所有权,甲得否向乙请求返还其地,是否因甲解除与乙的买卖契约而有不同?甲售某屋予乙,已为交付,其后甲将该屋出售予丙,办理所有权移转登记时,丙得否对乙请求返还其屋?

此类问题,亦发生在租赁契约,例如甲出租某屋给乙,乙违法转租予丙,甲得否对丙主张返还该屋?在使用借贷,亦有一则案例:甲借某屋予乙使用,其后甲将该屋所有权移转予丙时,丙得否向乙请求返还其物?

关于上开问题,"最高法院"著有判例判决,作有决议,法律座谈会再三提出讨论,第一厅最近亦表示研究意见,足见其在实务上的重要性。其所涉及的是债的关系的相对性,为民法基本理论,特撰本文加以综合研究,并简要论述债权物权化的若干问题,希望有助于处理上面争议问题,并了解民法的发展趋势。

二、基于债之关系的占有权

债的关系,指一方当事人得向他方当事人请求一定给付的法律关系,具有所谓的相对性。此种相对性亦表现在基于债的关系上的占有,即债之关系的当事人得主张其占有,系以债之关系为本权,不构成无权占有,从而亦无第767条规定的适用。兹分买卖契约上所有与占有的分离,及债的关系占有的连锁两种情形说明之。

(一) 买卖关系上所有与占有的分离与结合

物的出卖人负交付其物,并移转其所有权于买受人的义务(第348条)。在动产买卖,所有权的移转以动产的交付为要件(第761条),故动产所有权的移转与占有通常系同时为之(其最重要的例外,系附条件买卖,参阅"动产担保交易法"第26条);在不动产买卖,所有权的移转以登记为已足(第758条),不以交付其物为必要,故容易造成所有与占有的分离,发生所有物返还请求权及占有权源的问题。

1. 出卖人已办理所有权移转登记,但未交付其物

(1) 买受人的请求权及出卖人之占有权源。出卖人已将不动产所有权移转登记与买受人,但未交付其物时,买受人得向出卖人请求履行给付义务。有疑问的是,买受人得否以已取得不动产所有权为理由,依第767条规定向出卖人请求返还其物。问题的关键在于出卖人是否为无权占有。关于此点,"最高法院"1981年度两则判决均采否定说。台上字第114号判决谓:"出卖人依买卖契约固应履行出卖人义务而交付房屋,但不因出卖房屋而成为无权占有,况被上诉人尚主张未经收清价款暂不交屋为对抗,则买受人认出卖人无权占有,而本于物上请求权,诉请出卖人交屋,即非有据。"台上字第212号判决谓:"物之出卖人固负有交付物于买受人之义务,但在未交付前继续占有买卖标的物,尚难指为无权占有,亦不因移转登记已完成而有异。"

上开两则判决的见解,实值赞同。买卖当事人间的权利义务,应依买卖契约加以处理。出卖人已办理所有权移转登记,迄未交付其物,系属债务履行问题,其在交付前继续占有标的物,非属无权占有。惟出卖人在交付其物后,借故再行占有时,应构成无权占有,自不待言。

出卖人已办理所有权移转登记,但未交付其物时,买受人对于出卖人仅有请求交付其物的债权,而无物上请求权,其主要的法律效果在于消灭时效。即买受人的债权请求权因15年间不行使而消灭(第125条)。买受人既无所有物返还请求权,则大法官会议释字第107号解释:"已登记

不动产所有人之恢复请求权,无第125条消灭时效规定之适用。"自无适用余地。

(2)所有与占有之分离与结合。买受人对出卖人请求交付其物之权利罹于消灭时效时,造成所有与占有之分离,即买受人已取得所有权,但未占有其物,而出卖人仍占有其物,但无所有权。但此种分离并非永久,于下列两种情形,所有与占有得再结合,同归一人:① 出卖人将标的物再行出卖于第三人,而为交付:在此情形,第三人对于出卖人固得以买卖契约作为其占有的本权,但不得以之对抗其物之所有人,故前买受人(所有人)得向第三人主张所有物返还请求权。② 买受人将标的物所有权移转于第三人:该第三人(所有人)与出卖人无债之关系,故得向出卖人主张所有物返还请求权。第三人受让所有权究系基于买卖、赠与或互易,在所不问。①

2. 买受人占有其物,但未办理所有权移转登记

(1)出卖人的请求权及买受人之占有权源。出卖人已交付不动产于买受人,但未办理所有权移转登记时,买受人得请求出卖人履行移转其物所有权之给付义务。买受人此项请求权因15年间不行使而消灭者,出卖人得拒绝办理所有权移转登记(第144条第1项)。在此情形,出卖人得否依第767条规定请求买受人返还其占有的不动产,甚有争论。问题的关键在于买受人是否为无权占有。应检讨的有两点:其一,买卖契约是否足以作为买受人占有买卖标的物的权源。其二,此项占有权源是否因买受人登记请求权罹于时效而受影响。

1980年2月23日第四次民庭庭推总会决议曾深入讨论此两个问题。议案的内容为:甲向乙购买土地并已付清价款,乙亦将土地交付甲管有,惟未办理所有权移转登记,嗣乙死亡,由其继承人丙、丁办妥继承登记。甲之所有权移转登记请求权,消灭时效完成后,丙、丁能否诉请甲交还占有之土地?有甲乙两说。甲说认为,按第767条前段规定:"所有人对于无权占有其所有物者,得请求返还之。"甲占有之土地,系乙本于买卖之法律关系所交付,具有正当权源,所有人丙、丁(乙之继承人)不得请求返还土地。何况时效完成后,债务人仅得拒绝给付,而甲乙间之买卖关系依然

---

① 较详细之讨论,参见刘承武:《论买卖关系上占有权之相对性——出卖人未交付其物,买受人转卖第三人》,载《华冈法科学报》第9期,第73页。

存在，基于公平法则，丙、丁亦不得请求返还土地。乙说认为，占有之具有排他性，系因占有人于占有物上，行使之权利，推定其适法有此权利，倘占有物已证明系他人所有，则占有人即无再对物之所有人行使排他权之余地。此就第943条与第767条对照观之自明。如丙、丁不得请求返还土地，则土地所有权与土地占有二者分离，丧失土地所有权之效能，故丙、丁得请求返还土地。以上二说，究应以何说为当？敬请公决。决议：采甲说。

"最高法院"采甲说，系根据一项研究报告，其内容具有参考价值，摘录如下："本件问题为：甲向乙购买土地，并已付清价金，乙亦将土地交付甲管有，惟未办理所有权移转登记，嗣乙死亡，由其继承人丙、丁办妥继承登记，甲之所有权移转登记请求权消灭时效完成后，丙、丁能否诉请甲交还占有之土地？有甲、乙二说，二说所持见解相反，究以何说为是，经详尽讨论研究之结果，一致认为乙说采肯定之见解，无非以：'占有之具有排他性，系因占有人于占有物上行使之权利，推定其适法有此权利。倘占有物已证明系他人所有，则占有人即无再对物之所有人行使排他权之余地。此就第943条及第767条对照观之自明。如丙、丁不得请求返还土地，则土地所有权与土地占有二者分离，丧失土地所有权之效能，故丙、丁得请求交还土地'为论据。惟占有之原因有二：① 基于本权之占有；② 无权占有。虽占有物已证明系他人所有，若占有人对于该他人（所有人）享有占有其物之权利，即不能认所有人对于占有人得行使所有物返还请求权；且土地所有权与土地占有并非不能分离，如所有人将土地出租与他人或与他人设定地上权是，均为占有人合法占有他人所有土地之适例。占有人基于本权之占有，所有人对之自有容忍其占有之义务。

就本件案例言，甲之占有土地，系本于其与乙间之买卖关系，乙将土地交付甲占有使用，在尽其出卖人交付买卖标的物之义务。丙、丁为乙之继承人，于乙死亡后，办妥继承登记，依法仍应继承乙之义务，不能指买受人甲为无权占有。至甲之所有权移转登记请求权罹于时效，仅生乙或其继承人得对之行使时效完成抗辩权而已，非谓甲本于买卖契约占用土地为无权占有也。况本件系研究所有人是否得对于占有人行使所有物返还请求权，不生乙说所谓'占有人即无再对物之所有人行使排他权之余地'之问题。然丙、丁如将土地之所有权移转登记与第三人，该第三人本于物权之无因性，是否得对甲行使所有物返还请求权，事属另一法律问题，与本件案例无涉。综上所述,应以甲说为是。"

"最高法院"的决议及研究报告认为买受人基于债之关系而占有,对买受人言,具有占有之权源,不因其移转其物所有权之请求权罹于时效而受影响①,见解正确,可资赞成。② 所谓基于公平原则,旨在强调其结论之正确,不具实质意义。须注意的是,研究结论提到出卖人之继承人(丙、丁)将其所有权移转于第三人时,"该第三人本于物权之无因性,得否得对甲行使所有物返还请求权,系另一问题,与本件案例无涉。"应说明的是,第三人得否对甲行使所有物返还请求权与所谓之"物权之无因性"或"物权行为之无因性"无关。民法理论上并无所谓之"物权之无因性"。所谓物权行为之无因性,系指物权行为本身不因债权行为之不成立、无效或被撤销而受影响,不足作为受让所有权之第三人得否向甲(买受人)主张所有物返还请求权之依据。

(2) 所有与占有之分离与结合

① 出卖人将标的物所有权移转于第三人。高等法院 1990 年度法律座谈会曾提出一则法律问题:"甲向乙买受土地一笔,并已交清价款,乙亦已将土地交付甲占有,惟迄未办理移转登记,逾 15 年后,乙将该笔土地又出卖给丙,并已办毕所有权移转登记,则丙可否向甲主张无权占有,请求返还土地?"讨论意见有甲乙两说。甲说认为,甲占有之土地系乙本于买卖之法律关系所交付,具有正当权源(参阅 1980 年 2 月 23 日第四次民事庭会议决议),原所有人乙不得请求甲返还土地,丙为土地之买受人仍应继受甲乙间之买卖权利义务关系,亦即不得请求甲返还土地。乙说认为,甲不得以其与原所有人乙间之买卖权利义务关系对抗丙,因丙已因登记取得土地之所有权,具有物权之效力,甲之占有土地仅具有债权之关系,依物权效力优于债权效力之原则,丙自得请求甲交付土地(1981 年台上字第 19 号判决)。

第一厅研究意见认为:"本题甲因买卖而占有、使用该土地,既未办理所有权移转登记,自难谓其已取得该土地之所有权。丙虽购买在后,但既已办毕所有权移转登记,自已取得该土地所有权,应受保护。甲虽可主张

---

① 参见《民刑事会议决议录类编》(1928 年至 1982 年),1983 年,第 61 页;《法令月刊》第 31 卷第 10 期,第 175 页。
② 德国判例及学说均同此见解,RGZ 138, 296; Dietrich Reinicke/Klaus Tiedtke, Kaufrecht, 1982, S. 55。

其占有之土地系基于买卖关系由乙所交付,具有正当权源,但此项理由仅得对抗乙,而不得对抗已因登记取得土地所有权之丙,丙自得本于所有权,请求甲返还土地。研讨结果采乙说,尚无不合。"

此件案例涉及双重买卖,即占有买卖标的物之前买受人,不得以其与出卖人间之买卖,对已取得买卖标的物所有权之后买受人主张有权占有。第一厅之研究意见,可资赞同。此件案例亦在说明出卖人得将标的物所有权让与第三人,而"终结"所有与占有的分离。所有权让与之原因关系,不限于买卖,赠与或互易亦包括在内。

② 买受人将标的物之占有移转于第三人。应特别提出讨论的是,买受人将买卖标的物出卖于第三人并交付其物时,出卖人得否向该第三人主张所有物返还请求权?问题在于第三人是否无权占有?此涉及学说上所谓占有连锁之理论,于下文加以说明。

(二) 债之关系上的占有连锁

1. 基本理论

基于债之关系而为占有的一方当事人,得向他方当事人主张有占有的正当权源,已如上述。占有人将其占有移转于第三人时,该第三人得否主张有权占有,涉及三人关系,殊值研究。在实务方面,1982年台上字第3556号判决谓:"使用借贷为无偿契约,原属贷与人与使用人间之特定关系,除当事人另有特约外,自无移转其权利与第三人之可言,矧上诉人之未经贷与人同意,竟允许第三人使用,第三人自不得执以对抗贷与人,贷与人即得径行请求第三人返还借用物。"例如甲将所有的汽车出借与乙,乙转借与丙。若此项转借未经甲的同意,则丙为无权占有。反之,若乙得甲的同意,则丙为有权占有。易言之,第三人(丙)固不能径以其前手(乙)的债之关系,作为自己占有的正当权源,但倘其前手得将占有移转于第三人时,则该第三人亦得对甲主张其亦有占有的权利,学说上称为占有连锁(Besitzkette)。[①] 抽象言之,须具备三个要件:① 中间人乙对所有人(甲)须有合法占有权源。② 第三人(丙)须自中间人基于一定法律关系(尤其是债之关系),取得占有的权利。③ 须中间人得将其直接占有移转与第三人。

---

① 参见 Schapp, Sachenrecht, 1989, S.47.

2. 买卖契约

（1）买受人移转占有与第三人。甲售 A 地与乙，业已交付，但未办理所有权移转登记，乙将该地转售于丙，并为交付。在此情形，丙占有该地对甲（所有人）而言，应认为具有正当权源。因为：① 乙对甲有合法占有的权利。② 丙系基于买卖关系自乙取得占有的权利。③ 乙系该地买受人，得将其占有移转与第三人。准此而言，买受人乙将该地出租与丁时，丁对甲亦有合法占有权源。①

实务上曾发生一则法律问题："甲将土地卖与乙，业已点交，尚未办理移转登记，乙将之转卖与丙，丙又转卖与丁，建造房屋，嗣因乙未按期交付价款，经甲解除买卖契约后，以丁为无权占有，提起拆屋还地之诉，是否有理由？"讨论意见有甲乙两说。甲说认为，甲将土地卖与乙，但未办理所有权移转登记，且又合法解除买卖契约，该土地所有权仍属于甲，甲自得本于所有权之作用，请求占有土地之丁交还土地；乙说认为，丁之占有土地，系基于丙、丁间买卖关系，此项关系，并不因甲、乙间买卖契约之解除而当然消灭，故丁之占有土地，并非无权占有，甲之请求不应准许。研讨结果：采甲说。②

上开法律问题具有启示性，研讨结果采甲说，实值赞同，因为在此情形，中间人（乙）的买卖契约因被解除而消灭，对于买受人失其占有的权利，不得将其占有移转于第三人，故此买受人不能主张其系有权占有。反之，若买卖契约未被解除，则丁有占有的权源。

（2）出卖人移转占有于第三人。甲出卖某地与乙，业已办理所有权移转登记，但未交付。在此情形，乙不能以甲系无权占有而主张所有物返还请求权，前已论及。设甲其后将该地出卖（或出租）与丙，并为交付时，丙占有该地，对乙而言，应无正当权源，因为甲既已将该土地出售于乙，并由乙取得其所有权，甲不得再将该地之占有移转于第三人。

3. 租赁关系

（1）合法转租。承租人经出租人承诺时，得将租赁物转租他人。租赁物为房屋者，除有反对之约定外，承租人得将一部分转租于他人（第43条第1项）。在此两种情形，次承租人占有租赁物，对于出租人有正当

---

① 德国通说亦采此见解，参见 Baur, Sachenrecht, 11. Aufl. 1981, S.92; RGZ 105, 20.
② 参见1973年度法律座谈会民事类第11号提案。

权源。

(2) 违法转租

① 原租约及转租契约均属无效。承租人违法转租时,其法律效果如何,1954年台上字第868号判例略谓:"承租人非经出租人承诺,不得将租赁物转租于他人,如系租用耕地,则承租人纵经出租人承诺,仍不得将耕地全部或一部转租于他人。又承租人应自任耕作,并不得将耕地全部或一部转租于他人,承租人违反前项规定时,原定租约无效。此在第443条第1项前段、'土地法'第108条、'耕地三七五减租条例'第16条分别设有规定,违反此项禁止规定所订立之转租契约当然无效,其基于无效之转租契约而占有租赁物,即非正当权源。"

"土地法"第108条规定:"承租人纵经出租人承诺,仍不得将耕地全部或一部转租。"此为禁止规定,转租契约无效,但原租约是否无效,未臻明确。"耕地三七五减租条例"第16条规定:"Ⅰ.承租人应自任耕作,并不得将耕地全部或一部转租于他人。Ⅱ.承租人违反前项规定时,原订租约无效,得由出租人收回自行耕种或另行出租。"在此情形,原租约及转租契约均属无效。次承租人占有耕地,对出租人言,应构成无权占有,故出租人得收回自行耕种或另行出租。

特别指出的是,上面判例亦列有第443条第1项,但此非禁止规定,其转租契约仍属有效,仅承租人得终止契约而已,应予注意(第443条第2项)。

② 原租约及转租契约均属有效。出租之标的物非属耕地(例如房屋),承租人未经出租人承诺而为转租时,其转租契约仍为有效,在此情形,次承租人之占有租赁物,对出租人是否有正当权源,颇有争论,实值研究。

1955年7月26日民、刑庭总会会议,民一庭提案:承租人未得出租人承诺,擅将其所租出租人所有之基地,转租于第三人,现该基地系由第三人占有使用,出租人在未终止租赁契约以前,得否径向第三人请求返还该基地?决议认为:"承租人未得出租人承诺,擅将其所租出租人所有之基地,转租于第三人,现该基地系由第三人占有使用,出租人未终止租赁契约以前,不能径向第三人请求返还。"在此情形,为何出租人不能向次承租人(第三人)请求返还,其理由何在,上开决议未作进一步说明。值得注意的是,史尚宽先生认为,"民法"系以违法之转租为出租人终止契约之原因,次承租人因转租取得之占有,对于出租人不径为违法。在主租赁契约终止前,次承租人之占有,应认为适法,次承租人对于出租人之关系,居于承租人履行辅助人之地位,从而出租人在终止主租赁契约前,不得直接对次承租人请求占有使用收益之停止。不终止契约,亦不得请求返还租赁物于己。①

上开决议及学者见解具有相当理由,自不待言,但仍有探究余地,分三点加以说明:第一,承租人违法转租时,在出租人终止租约前,原租约及转租契约虽均有效存在,但似不能因此而认为第三人(次承租人)对出租人(所有人)有占有的权源。承租人未得出租人允许,而将租赁物转租他人,移转其占有,既为法所不许,应不能认为次承租人对出租人有正当占有之权源。债之关系具相对性,两个租赁契约(债之关系)的存在,尚不足使次承租人对出租人取得占有的权利,尚须以承租人有转租的权利,得将其占有移转于第三人为要件。第二,以次承租人为承租人之履行辅助人,作为出租人不得向次承租人请求返还其物之理由,似值商榷。次承租人不是承租人之履行辅助人(参阅第224条),也不是占有辅助人(参阅第942条),而是直接占有人,承租人为间接占有人。次承租人基于承租人与出租人间之债之关系,主张对出租人(所有人)有占有权,须以承租人有转租之权利为必要。第三,据上所述,次承租人对出租人无占有之权利。出租人如何主张其权利,应视其是否终止原租赁契约而定。出租人终止原租赁契约时,得向次承租人请求返还租赁物于自己;出租人未终止原租赁契约时,仅得请求次承租人将租赁物返还于承租人。②

三、物权的绝对性及债权的相对性

(一) 物权的绝对性

为进一步了解债之关系的相对性,拟先说明物权之绝对性,俾资对照。物权系直接支配物,直接享受其利益,并排除他人之干涉。物权之本质在于将特定物归属于特定之主体,具有排他的保护绝对性。兹举两例

---

① 参见史尚宽:《债法各论》,第178页;参见郑玉波:《民法债编各论》,第25页。
② 德国通说同此见解,参见 Wieling, Sachenrecht I, S.521f.

加以说明。甲有某地,设定典权与乙,典权为物权,关于其保护之绝对性分四点言之:

（1）甲（出典人）将该地所有权（典物）让与于丙时,乙对于丙仍有同一之权利（第918条）,并享有占有之本权,丙对乙不得主张所有物返还请求权。

（2）甲的债权人对典物为强制执行时,乙得依"强制执行法"第15条规定提起异议之诉。①

（3）甲破产时,乙之典权不因此而受影响。

（4）甲就该地再设定物权（例如抵押权）时,典权不因此而受影响。

（5）第三人侵害典物时,典权人因权利受侵害,得依第184条第1项前段规定请求损害赔偿。

(二) 债权之相对性

兹以买卖契约为例说明买受人占有权的相对性。

1. 二重买卖

一物数卖,最足显示债之关系之相对性,前已再三论及,兹再补充言之。甲先卖某地给乙,并为交付,其后甲再将该地出卖与丙,并即办理所有权移转登记。在此情形,丙得对乙主张所有物返还请求权,乙得依其与甲的买卖契约占有该地,但不能以此债之关系对丙主张有合法占有权源,应负返还其物之义务。前买受人乙仅能依债务不履行规定向甲请求损害赔偿。1982年台上字第1584号判决谓:"物之出卖人固有使买受人取得该物所有权之义务。惟买卖契约成立后,出卖人为二重买卖,并已将该物所有权移转于后之买受人者,移转该物所有权于原买受人之义务,即属给付不能,原买受人对于出卖人仅得请求赔偿损害,不得请求移转该物所有权之行为。"可资参照。②

2. 出卖人的债权人为强制执行

甲出卖某地与乙,业已交付,但未办理所有权登记,设有丙误以该地

---

① 参见1955年台上字第721号判例。
② 参见1970年台上字第1543号判例:"不动产所有权之移转,不以交付该不动产为其效力发生要件,不动产之买受人虽未受交付,而依物权法之规定,出卖人移转所有权于买受人之法律行为已生效力者,自不能因买受人未交付即谓其所有权未曾取得。又不动产之重复买卖,以先办妥所有权移转登记者,应受法律之保护。"

为其债务人所有,而为强制执行时,乙得以占有受侵害为理由,提起第三人异议之诉。出卖人的债权人对该地为强制执行时,买受人得否本其基于债之关系之占有权,而提起异议之诉? 对此问题,实务上采否定说。1955年台上字第721号判例谓:"'强制执行法'第15条所谓执行标的物有足以排除强执之权利系指对于执行标的物有所有权、典权、留置权、质权存在之一者而言,占有,依第940条之规定,不过对于物有事实上管领之力,自不包括在内。"又依1981年台上字第19号判决:"系争房屋既经法院标卖,由被上诉人标到,并办毕所有权移转登记,上诉人自不得以其与原所有人间之买卖义务关系,对抗被上诉人,上诉人继续占用系争房屋,对于被上诉人而言,不认有合法之权源。"① 由此可知,基于债之关系的占有,不足以排除出卖人的债权人对标的物为强制执行,拍定人于取得所有权后,得依第767条规定向占有其物的买受人请求返还其物。

3. 出卖人破产

出卖人将不动产交付于买受人后,于办理所有权移转登记前,出卖人破产时,因该物所有权尚属于出卖人,破产管理人得将之归属为破产财产。买受人虽基于买卖契约占有不动产,仍不得对抗破产财团而主张取回权,仅得以债权人地位加入破产程序,参与分配。②

4. 设定物权

出卖人将不动产交付于买受人,于办理所有权移转登记前,仍得就该不动产设定抵押权或地上权等。其后买受人取得该物的所有权时,抵押权不因此而受影响。

5. "侵权行为法"之保护

买受人占有买卖标的物,而受不法侵害者,得依第962条规定行使占有人之物上请求权,即其占有被侵夺者,得请求返还占有物,占有被妨害者,得请求除去其妨害,占有有被妨害之虞者,得请求防止其妨害。有争论的是,买受人因其占有被侵害而受有损害时,得否依第184条第1项前

---

① 1983年台上字第938号判决谓:"买卖契约仅有债之效力,不能对抗契约以外之第三人,本件上诉人虽向诉外人林黄兰买受系争土地,在林黄兰将系争土地之所有权移转登记与上诉人以前,既经执行法院查封该土地并予拍卖,旋由被上诉人标买而取得所有权。被上诉人基于所有权请求上诉人返还所有物,上诉人即不得以其与林黄兰间之买卖关系对抗被上诉人。"(《法令月刊》第35卷第2期,第3页。)参见陈荣宗:《强制执行法》,第219页以下。

② 参见陈荣宗:《破产法》,第187页。

段规定请求损害赔偿。占有系对于物之事实上管领力(第940条),而非权利,但若系基于一定法律关系而享有占有的权利时,则应受第184条第1项前段规定之保护,例如甲向乙购屋,已受让其占有,从事营业,丙因故意或过失侵害甲的占有时,甲得以权利受侵害请求损害赔偿。[①]

四、债之关系的物权化

(一) 概说

据上所述,不动产之买受人对出卖人固得主张其基于买卖契约上的占有为本权的占有,但对于受让买卖标的物所有权的第三人,则不得主张之。出卖人的债权人为强制执行时,买受人不得提起异议之诉,拍定人并得行使所有物返还请求权。出卖人得就标的物设定抵押权或地上权,此等物权不因买受人其后取得标的物所有权而受影响。此种法律状态乃债之关系(债权)相对性的本质所使然。应注意的是,法律为保护债权人之利益,亦设有特别规定,使债权物权化。易言之,即使相对性之债权具有若干程度之物权绝对性,以对抗第三人。以下拟先说明租赁权之物权化,以了解其特色,再论述买卖契约上不动产请求权如何经由预告登记,而享有物权的效力。

(二) 租赁权之物权化

1. 物权化的要件

第425条规定:"出租人于租赁物交付后,纵将其所有权让与第三人,其租赁契约,对于受让人仍继续存在。"依第426条规定:"出租人就租赁物设定物权,致妨碍承租人之使用收益者,准用前条之规定。"由此可知,租赁权于具备一定要件时,具有对抗第三人之效力,法律赋予物权的效力,以资保护承租人。所以以租赁物交付为要件,其主要理由有二:一为在租赁物交付前,承租人尚无保护的必要;二为在租赁物交付前,受让人

[①] 参见拙著:《侵害占有之侵权责任与损害赔偿》,载《民法学说与判例研究》(第三册),北京大学出版社2009年版,第172页。

原则上尚无从知悉租赁权存在的事实,租赁物的占有具有公示功能。①

2. 物权化的程度

(1)租赁物所有权的让与。出租人于租赁物交付后,将其所有权让与第三人时,其租赁契约既对于受让人继续存在,受让人即当然继承出租人行使或负担由租赁契约所生之权利或义务。原出租人自不得更行终止租约,请求承租人返还租赁物。②

(2)设定物权。出租人(所有人)就租赁物设定抵押权时,租赁权不受其影响。设定地上权时,由地上权人继受出租人之地位,而为新出租人。③

(3)对租赁物之强制执行。出租人的债权人拍卖出租人所有的不动产时,该不动产之承租人不得提起第三人异议之诉,但租赁契约对于取得租赁物所有权的拍定人仍继续存在。

(4)"侵权行为法"之保护。租赁权虽在若干方面具有物权之效力,但租赁权本身仍属债权,非属第184条第1项前段所称的权利。承租人的占有被侵害者,因其占有具有正当权源,则得依第184条第1项前段规定请求损害赔偿。

3. 类推适用性

第425条规定于买卖契约不能类推适用,虽甚显然,但于使用借贷得否类推适用,曾有争议。1970年台上字第2490号判例谓:"使用借贷,非如租赁之有第425条之规定,纵令上诉人之前手将房屋及空地,概括允许被上诉人等使用,被上诉人等要不得以上诉人之前手,与其订有使用借贷契约,主张对现在之房地所有人即上诉人有使用该房地之权利。"系采否定说。"最高法院"此项见解,可资赞同。盖使用借贷系属无偿,且不涉及社会保护问题,与租赁不同,自不能同等待之。

据上所述,可知第425条为保护承租人,特明定出租人让与租赁物所有权时,其租赁关系应移转予受让人。承租人之租赁权犹如存在于租赁物上的物权,受让人应受其拘束,故称为租赁权之物权化。租赁权不能在土地登记簿上为登记,故受让人善意信赖登记簿不受保护。出卖人未能

---

① 参见拙著:《买卖不破租赁:第425条规定之适用、准用及类推适用》,载《民法学说与判例研究》(第六册),北京大学出版社2009年版,第145页。

② 参见1937年上字第365号判例。

③ 参见郑玉波:《民法债编各论》(上),第241页。

除去租赁权者,就此权利瑕疵,应对买受人依债务不履行之规定负责(第348条、第349条、第353条)。

(三) 预告登记

1. 意义及功能

关于不动产买受人之请求权,虽无类如第425条之规定,但"土地法"另创设土地预告登记,提供保全之途径。依"土地法"第79条之一之规定:"Ⅰ.申请保全左列请求权之预告登记,应由请求权人检附登记名义人之同意书为之:① 关于土地权利移转或使其消灭之请求权。② 土地权利内容或次序变更之请求权。Ⅱ.前项预告登记未涂销前,登记名义人就其土地所为之处分,对于所登记之请求权有妨碍者无效。Ⅲ.预告登记对于因征收、法院判决或强制执行而为新登记,无排除之效力。"(并请参阅"土地登记规则"第123条以下、第132条)。由是可知预告登记系以物权之设定、移转为目的之请求权所为之准备登记。按"民法"严格区别债权行为及物权行为,二者在时间上多存有距离,土地权利人的其他处分足以危害债权人请求权的实现,故特设预告登记制度,以资保护。①

预告登记后,登记名义人就其土地所为的处分,得否登记,"土地法"本身未设明文,解释上应加以肯定之,因为预告登记仅在使其处分对于所登记的请求权有妨碍者无效,并非在排除此项处分的登记。再就概念而言,惟有在登记之后,始发生其处分对于所登记之请求权有妨碍者无效之问题。甲就其土地设定抵押权予乙,乙为预告登记后,再将该地出售于丙时,得为所有权移转登记,应不待言。甲出卖其土地于乙,乙为预告登记后,甲再将该地出卖予丙时,亦得为所有权移转登记。所谓登记名义人对于土地所为之处分对于登记请求权人妨碍者无效,非属绝对无效,乃指相对无效而言,并具双重性:就当事人言,仅对登记请求权人无效,对其他之人仍为有效;就内容言,仅在其妨碍之范围内无效。

2. 物权化之程度

(1) 标的物所有权之让与。甲向乙购地,为所有权移转请求权之预告登记。其后乙将该地出售于丙,并办毕所有权移转登记。在此情形,甲于得向乙请求办理所有权移转登记时,得主张乙之处分(移转土地所有权

---

① 参见郑玉波:《民法债编各论》,第241页。

之物权行为),对其而言系属无效,而向丙请求涂销所有权移转登记。若该地由丙占有时,甲于办理所有权登记后,得向丙请求返还其物。

(2) 设定物权。甲向乙购地,为所有权移转请求权之预告登记。其后乙就该地为丙设定抵押权。在此情形,甲向乙请求办理所有权移转登记后,得主张乙之处分(抵押权之设定),对其而言系属无效,对丙请求涂销抵押权登记。

(3) 土地所有人的债权人为强制执行。土地所有人之债权人对经预告登记之土地为强制执行时,其效力如何,各民法规定不同。《德国民法》第883条第2项规定:"1. 在预告登记后,就土地或权利所为之处分,致使请求权罹于无效或妨害者,于此限度内,其处分不生效力。依强制执行、或假扣押之实施、或由破产管理人所为之处分亦同。"依"土地法"第79条之1第3项规定,预告登记对于因征收、法院判决、或强制执行而为新登记,无排除之效力。有疑问的是,二重买卖之后买受人就其移转请求权,取得法院确定判决或其他执行名义,而对不动产为强制执行时,应如何处理? 就第79条之1第3项规定文义观之,为预告登记之前买受人似亦不得排除之,惟此违反预告登记之目的,故应对"土地法"第79条之1第3项预告登记不排除强制执行之规定做"目的性限缩"(teleogische Reduktion),认为后买受人请求移转买卖标的物所有权而为强制执行者,不在该条第3项限制之内。

(4) 买卖预告登记与租赁权。甲出卖某地与乙,为预告登记后,甲将该屋出租与丙并交付之。乙于办理登记取得该屋所有权后,丙得否主张其租赁关系对乙仍继续存在? 此项问题在德国法上曾引起争议,学说上有认为应适用《德国民法》第883条第2项规定,使租赁关系对乙不生效力。① 但德国联邦法院强调保护承租人之原则,认为《德国民法》第571条买卖不破租赁之规定(相当于第425条)应优先预告登记②,台湾地区判例学说迄少论及此项问题。在解释上似宜认为租赁关系仍继续存在,以贯彻第425条保护承租人之"立法目的"。

---

① 参见 Baur, Sachenrecht, S. 182.
② BGHZ 13, 1.

五、结　　论

（1）债之关系，系特定人间得请求特定给付之法律关系。债之关系可作为占有之本权，但因债之关系仅具相对性，基于债之关系之占有权，仅得对他方当事人主张之，不得对抗第三人。

（2）基于买卖契约的占有，最足显现债之关系的占有的相对性，分三种情形加以说明：

① 买受人于办理所有权移转登记前，占有出卖人所交付之标的物（不动产），对于出卖人具有占有的权源。此项占有权不因买受人移转标的物所有权之请求权，因15年间不行使罹于时效，而受影响。

② 买受人将其先行占有之不动产再出卖于第三人，并为交付时，因买受人对出卖人有占有之本权，第三人系基于买卖关系而自买受人取得占有的权利，而买受人又得将其直接占有移转于第三人，故该第三人对出卖人亦有合法之占有权源。

③ 买受人的占有权不得对抗第三人，故第三人因让与或强制执行的拍卖而取得标的物之所有权时，对该第三人言，买受人即失其占有的本权，应构成无权占有，负返还其物之义务。

（3）为保护承租人，第425条规定租赁权的物权化，使租赁权具有对抗第三人的效力，为便于与买卖契约对照，亦分三种情形加以说明之：

① 承租人占有租赁物对于出租人具有正当权源。

② 承租人合法转租时，次承租人对于出租人亦有占有的权源。承租人违法转租时，其法律关系，尚有争论。在原租约及转租契约均属无效时（如耕地之转租），出租人得请求次承租人返还租赁物。在违反第443条规定而为转租的情形，其转租契约仍为有效，但次承租人对于出租人应构成无权占有。出租人未终止租赁契约时，原则上仅能请求次承租人将租赁物返还于承租人。

③ 租赁物所有权由第三人取得者，无论系因让与或强制执行之拍卖，其租赁关系仍继续存在，承租人的占有权不因此而受影响。

（4）关于土地权利之请求权，"土地法"第79条之一设有预告登记制度。登记名义人就其土地所为之处分，对于所登记之请求权有妨碍者无效，亦使债之请求权具有物权之效力。例如：甲出卖某地给乙，乙就其请求移转土地所有权之请求权为预告登记时,甲将该地出售于丙,其买卖契约固属有效,但其让与所有权之处分行为,因妨害乙所登记之请求权而无效,乙得请求涂销登记。

(5)债之关系之相对性,一方面系基于债之本质;另一方面亦顾及交易安全,因债之关系缺少公示性,从而基于债之关系之占有权亦不能对抗第三人。现行法上设有两个制度以资突破:① 第425条规定买卖不破租赁;②"土地法"规定预告登记。前者以交付租赁物为前提,其公示性较弱,但出于保护承租人之社会政策;后者以登记为要件,土地权利请求权人是否占有其物,在所不问。此两项制度赋予债之关系对抗第三人效力范围,虽有不同,但均享有某种程度之保护绝对性,故学说上称为债权之物权化。① 此种物权化之债权,其本身仍为债权,惟具有若干物权之效力。债权之物权化,使债权与物权的区别趋于相对化,对民法理论的发展,深具意义,实值注意。

---

① 关于第425条规定租赁物权化之理论,参见史尚宽:《债法各论》,第210页;郑玉波:《民法债编各论》,第200页。关于预告登记之法律性质,系德国法上最具有争论之问题之一,Baur, Sachenrecht, S. 185; Schwab, Sachenrecht, 21. Aufl. 1986, S. 70. 关于债权物权化之基本理论,参见 Canaris, Die Verdinglichung obligatorischer Rechte, Festschrift für Flume, 1978, I, S. 381.

挖断电缆的民事责任：
经济上损失的赔偿

一、问题的说明

最近台北正在兴建捷运系统，积极从事各种工程建设，因施工疏误，挖断电力、瓦斯、自来水等管线，时有所闻。此外，驾车撞毁电杆，修剪树枝不慎切断电话线路，亦属常见。此类案件学说上统称为电缆案件(Cable Cases)。① 兹举一例加以说明：甲营造厂承包工程，开掘道路，因工人的过失挖断乙电力公司的电缆，停电数小时，致用户丙等的冰箱里的食物腐败，证券公司、KTV或餐厅不能营业，工厂被迫停工。在此等情形，就被害人言，除电缆的所有人（如电力公司）外，主要为与电力公司等订有契约的用户；就受侵害的权益言，有为人身侵害或物的毁损灭失②，有为纯粹经济上损失。所谓纯粹经济上损失，系指被害人直接遭受财产上不利益，而非因人身或物被侵害而发生，例如证券公司、KTV或餐厅不能营业，工厂停工。③

电缆所有人得以所有权被侵害为理由，依"侵权行为法"的规定向加害人请求损害赔偿，自不待言。有疑问的是，用户就其所受的损害，尤其

---

① 参见 B. S. Markesinis, A Comparative Introduction to the German Law of Torts, 2nd Editon, 1991, p.112f.
② 电缆电力中断，造成用户人身伤害，较为少见，但亦属可能，如抽痰机不能使用，致病人遭受损害。
③ 台湾地区判例学说迄未使用纯粹经济上损失的用语，在英国称为 pure economic loss，在德国称为 reines Vermögensschäden，此项概念在比较法上使用甚为普遍，参见 F. H. Lawson and B. S. Markesinis, Tortious Liability for unintentional harm in the Common law and the Civil Law, Vol. 1. p.80; Herrman, Zum Nachteil des Vermögens, 1978.

是纯粹经济上损失,在何种情形得向加害人请求损害赔偿。此一问题在世界各国和地区备受注意①,在台湾地区论著尚少,试撰本文作简要的说明。

二、请求权基础②

(一) 概说

用户因电缆被挖断而遭受损失,基本上仅能依关于侵权行为的规定向加害人请求损害赔偿。在营造厂开掘地道的案例类型,其请求权基础为第188条第1项规定:"受雇人因执行职务,不法侵害他人之权利者,由雇用人与行为人连带负损害赔偿责任。但选任受雇人及监督其职务之执行已尽相当之注意,或纵加以相当之注意而仍不免发生损害者,雇用人不负赔偿责任。"雇用人责任的成立要件有三:① 须有受雇人执行职务的行为。② 受雇人的行为须具备第184条所定一般侵权行为的构成要件。③ 雇用人选任受雇人及监督其职务之执行未尽相当的注意。关键的问题在于第184条的解释适用。

第184条规定:"Ⅰ.因故意或过失不法侵害他人之权利者,负损害赔偿责任。故意以悖于善良风俗之方法加损害于他人者亦同。Ⅱ.违反保护他人之法律者,推定其有过失。"关于本条规定,应先说明的有两点③:

(1) 本条第1项规定是以权益的保护作为出发点,即"权利"被侵害时,须加害人有"故意或过失",被害人始得请求损害赔偿。在故意以悖于善良风俗的方法加损害于他人的情形,无论其被侵害的为权利或其他权益,被害人均得请求损害赔偿。

(2) 本条第2项规定是否为独立侵权行为类型,尚有争论,本文采肯定说,其保护的客体包括权利和其他权益。

---

① Hilgenfeldt, Der Ersatz von Vermögensschaden bei der Unterbrechung von Versorgungsleitungen, 1981; Taupitz, Haftung für Energieleiterstörungen durch Dritte, 1981. 此两本著作曾就德国、英美等国关于电缆案件的法律关系作颇为深入的比较研究,可供参见。

② 关于请求权基础(Anspruchsgrundlage),参见拙著:《民法实例研习基本理论》。

③ 参见王伯琦:《民法债篇总论》,第75页;郑玉波:《民法债编总论》,第143页以下;孙森焱:《民法债编总论》,第182页。

(二) 第 184 条第 1 项前段规定的适用:权利的侵害

1. 人格权或所有权被侵害与经济上损失

因故意或过失挖断电缆,系侵害他人所有权,应负损害赔偿之责,前已论及。用户因电力供应中断,致其人身或物的所有权遭受侵害,亦得依第 184 条第 1 项前段规定请求损害赔偿。有两个问题应提出说明:

(1) 侵权行为损害赔偿请求权的成立,须侵害行为与权益受侵害之间具有相当因果关系。甲挖断乙的电缆,与丙冰箱里的食物腐败(或饲养的金鱼死亡),是否具有相当因果关系?

所谓相当因果关系,简言之,系指无此事实,虽必不发生此结果,但有此事实,通常足生此结果而言。[①] 准此以言,挖断电缆,电力中断,致冰箱食物腐败(或金鱼死亡),具有相当因果关系,实堪认定。或有认为甲挖断乙的电缆,因电力供应中断,导致丙的冰箱食物腐败,乙受直接侵害,固有相当因果关系,丙所受者为间接侵害,应不具相当因果关系。此项论点,似难赞同。相当因果关系的成立,与权利受侵害是否具有直接性,并无关连。甲医生误输含有病毒的血液予妇女某乙,乙其后怀孕,胎儿丙遭受感染时,与甲医生的行为,亦具有相当因果关系。[②] 甲驾车撞到乙车,乙追撞到丙车,丙受伤,与甲的行为具有相当因果关系,更不待言。

(2) 人身或所有权被侵害时,得产生各种经济上损失,在侵害人身的情形,如支出的医药费、减少的收入;在侵害所有权的情形,如另租他物、减少收益、丧失出售利益等。此等因人身或所有权被侵害而发生的财产上不利益,被害人得请求损害赔偿。

2. 纯粹经济上损失

在电缆案件,用户所遭受的多属纯粹经济上损失,以不能营业最为常见。于此情形,有无第 184 条第 1 项前段规定的适用,实值研究,此涉及

---

① 较详细的讨论,参见史尚宽:《债法总论》,第 160 页;1991 年台上字第 1733 号判决曾提出一般原则,可供参考:"按损害赔偿之债,以有损害之发生及有责任原因之事实,并二者之间,有相当因果关系为成立要件。所谓相当因果关系,谓无此行为,虽必不生此种损害,有此行为,通常即足生此种损害者,为有相当因果关系;如无此行为,必不生此种损害,有此行为,通常亦不生此种损害者,即为无相当因果关系。"关于相当因果关系说的检讨,参见曾世雄:《论相当因果关系说之衰微》,载《法学丛刊》第 40 期。

② 此项问题在德国法上讨论甚多,参见 BGHZ 58, 48 = JZ 1972, 363 mit Anmerkung Stoll. 简要说明,Kötz, Deliktsrecht, 4. Aufl. 1988, S. 23。

所称"他人之权利"是否包括债权和营业权在内。易言之,即纯粹经济上损失可否具体化于债权或营业权?

(1) 债权。用户与电力公司之间订有电力供应契约,用户得请求电力公司依约供应电力,电缆被挖断不能供电时,造成电力公司的给付不能,用户得否以营造厂侵害其对电力公司的债权为理由请求损害赔偿?

债权是否为第 184 条第 1 项前段所称的权利,原则上应采否定说,主要理由有二:① 债权不具公开性,无从由外部知悉其存在,不应使加害人负不可预估、漫无边际的责任。② 债权人得依第 184 条第 1 项后段请求损害赔偿,尚有救济之道。债权不因其为"相对权"而不受保护,亦不因其为"权利"而当然应与人格权或所有权受同样的保护。债权如何加以保护,不是法律概念的推演,而是基于利益衡量的考虑。① 电缆案件最足以说明此点,电力公司的用户(债权人)为数众多,使不慎挖断电缆的人必须对所有用户因断电而受的财产上不利益负损害赔偿责任,显非合理,适当限制加害人的责任,应有必要。

(2) 营业权。在电缆案件,用户多因不能营业而受有经济上损失,从而产生一个重要问题,即用户可否主张第 184 条第 1 项前段的权利包括"营业权",而请求损害赔偿?

营业权(或称企业权,Recht am eingerichteten und ausgeübten Gewerbebetrieb,简称为 Recht am Gewerbebetrieb)是德国法上的概念。② 《德国民法》关于侵权行为设有三个类型:① 故意或过失不法侵害他人之生命、身体、健康、自由、所有权或其他权利(第 823 条第 1 项)。② 违反以保护他人之法律(第 823 条第 2 项)。③ 故意以悖于善良风俗方法损害于他人(第 826 条)。德国判例学说认为此种侵权行为法的结构体系,未尽概括,因此对《德国民法》第 823 条第 1 项所称的"其他权利"作扩大的解释,包括一般人格权和营业权,以促进《德国侵权行为法》的发展。

营业权是由德国帝国法院所创设③,历经 90 余年的发展,关于其法律性质和保护范围,仍多争议,尚无定论。通说认为营业权系属《德国民

---

① 参见拙著:《侵害他人债权之侵权责任》,载《民法学说与判例研究》(第五册),北京大学出版社 2009 年版,第 134 页。
② 关于德国法上营业权的基本问题,参见 Brüggemeier, Deliktsrecht, 1986, S. 217; Esser/Weyers, Schuldrecht Ⅱ, Besonderer Teil, 7. Aufl. 1991, S. 551。
③ RGZ 58, 24(1904).

法》第823条第1项所称的其他权利,具有绝对权的性质,受其保护的,须与企业经营具有关联(betriebsbezogen),其主要类型:主张实际上不存在的专利权或商标权,要求企业不得制造一定产品或使用商标;物理上妨害企业经营,如堆放物料于商店门口,阻止顾客出入;采取不合法的罢工、杯葛等。①

关于挖断电缆,致企业停工,是否构成侵害营业权,德国学说上有采肯定说,但实务上一向采否定的见解,在BGHZ 29,65一案,德国联邦法院(Bundesgerichtshof)谓:"营业权被侵害之得请求损害赔偿,须以受侵害者与企业经营具有内在关联,不易分离的关系为要件。对企业的侵害须具直接性。伤害企业的员工,毁损企业的车辆,尚未足构成对企业的侵害,因员工或车辆与企业并无内在关联。因挖断电缆,致不能营业,亦属如此。因停电而遭受不利益的,不限于企业,亦包括家庭用户等消费者。供电关系非属企业所特有。挖断电缆,导致电力中断,不能认为是对企业权的侵害。企业纵因此受有经济上的损失,亦不能以企业权受侵害为理由,请求赔偿。"②

第184条第1项前段所称权利,是否包括营业权在内,实务上未著判决,学说有采肯定说,认为营业权的成立应注重其财产的独立价值,而认为其为一独立的无体财产权。直接妨害营业,或因有效的处分,事实上缩减或丧失其权利时,构成对营业权的侵害,依第184条第1项前段规定,成立侵权行为。③依此见解,因能源供应中断致不能营业时,尚不构成对营业权的侵害。

(三) 第184条第1项后段的适用:悖于善良风俗

故意以悖于善良风俗的方法加损害于他人者,应负损害赔偿责任。其保护客体包括权利和其他权益,故用户就其不能营业而受的纯粹经济上损失,得依此规定,请求损害赔偿。例如:甲与乙个别经营搬家服务业,靠电话接洽生意,甲为恶性竞争之目的,剪断乙的电话线,致乙不能营业

---

① Fikentscher, Schuldrecht, 7. Aufl. S.729.
② 关于电缆案件,德国法实务上有三则判决供参考:BGHZ 29,65;66,338;NJW 1977,2208.
③ 参见史尚宽:《债法总论》,第134页;廖义男:《企业与经济法》1980年,第79页以下论述较详,足供参考。

(四) 第184条第2项的适用:违反保护他人之法律

第184条第2项规定:"违反保护他人之法律者,推定其有过失",初视之下,似为举证责任的规定,但宜解为系独立的侵权行为类型,以完善"侵权行为法"的体系。所谓保护他人之法律,系指保护一定范围之人,不受一定侵害的法规而言。① 就"民法"言,如关于邻地侵害防止的规定(第774条等);就"刑法"言,如不得伤害他人的规定(第277条);就"劳工保险条例"言,如雇主有为受雇人加入劳工保险的义务。其保护的客体兼括权利及其他权益。应提出检讨的是,现行法上有无保护用户不因挖断电缆遭受损害的法规。

1972年10月9日订定发布的"电信线路设置维护迁移及租杆挂线规则"第21条规定:"因修建房屋、道路、沟渠、埋设管线等工程或其他事故损坏电信线路设施,应负责偿还修理所需工料费用,但行为人自动将损坏情形通知电信机构或当地警察及其他有关机关者,其偿还费用得减二成计收。"又依同规则第48条规定:"租用杆挂线路,因租用人施工或维护不善致损坏电信设备或致人于伤亡者,应负赔偿责任。"此两条规定,查其内容,均非属于保护用户不因挖断电缆而受损害的法规。

"台北市重要地段挖掘道路加强管理要点"规定:"台北市重要地段管线挖掘施工,由工务局与警察局密切配合加强管理、查核,期在便民及安全之原则下实施,以确保安全。"其所谓安全,主要系指工地的安全,非以避免挖断电缆致用户遭受损害为目的。"台北市申请挖掘道路埋设管线须知"规定:"挖掘损坏公共设施或其他管线,应负赔偿责任。"其所谓应负赔偿责任,系对被损害的管线而言,似不包括用户因管线遭受损坏,电力、瓦斯供应中断而受的损害。

综据上述,上开规定均非属于保护电力、瓦斯等用户为目的之法律,被害人不得以之作为请求损害赔偿的依据。

---

① 参见拙著:《违反保护他人法律之侵权责任》,载《民法学说与判例研究》(第二册),北京大学出版社2009年版,第130页。

三、政策的考量

在电缆案件,用户的人身或物品因供电中断而受侵害者,得请求损害赔偿,其范围包括因此而发生的经济上损失。至于用户因不能营业而受有纯粹经济上损失,除加害人系故意以悖于善良风俗之方法致用户受损害的特殊情形外,不在赔偿之列。在德国法上,基本上亦获致同样结论,例如:甲挖断乙的电缆,致丙养鸡场所孵的蛋不能孵出小鸡时,系侵害丙的所有权,应负赔偿责任,但对养鸡场停业的纯粹经济上损失,则不必赔偿。① 此乃基于立法政策上的考量,即侵权行为法不能对一切的权益作同样的保护,必须有所区别,即"人"的保护,最为优先;"所有权"的保护次之;"财富"(经济上利益)又次之,仅在严格的要件下,始受保护。

此种侵权行为法上的政策考量在英国判例法上最为显著,具有参考价值。② 兹就 Spartan Steel and Alloys Ltd. v. Martin and Co.(Contractors) Ltd.③一案加以说明。此为典型的电缆案件,Lord Denning 的判决理由,文情并茂,具有高度的可读性和说服力,在比较法上,备受重视。

在本案,原告 Spartan Steel and Alloys Ltd. 在伯明瀚经营一家不锈钢工厂,由 Midland Electricity Board 供应电力。1960 年被告 Martin and Co. Ltd. 在原告工厂附近挖掘道路,虽事先取得埋设电缆地图,工人仍疏于注意,损坏电缆,电力公司于修复期间切断供电长达 14 个小时。原告工厂系 24 小时作业,因停电受有如下损害,请求被告赔偿:① 锅炉中的铁块受损,减少价值 368 磅。② 此等铁块若顺利炼成,可以获利 400 磅。③ 工厂因停电不能营业,损失收入 1767 磅。

须略加说明的是原告的请求权基础。《英国侵权行为法》是由多数不同的侵权行为或不法行为(Torts)所构成,迄未建立一般原则。④ 每一个侵权行为(Tort)有其历史渊源、构成要件和抗辩,通常分为 Trespass(直接侵害)和 Trespass on the case(简称 Case,非直接侵害)两个类型,前者

---

① BGHZ 41,123;Kötz, Deliktsrecht, S.25.
② 最近资料,参见 John Bell, Policy Arguments in Judicial Decisions, 1983.
③ [1973]IQB27.
④ 关于英国侵权行为简要说明参见 R. W. M Dias and B. S. Markesinis, Tort Law, 1984; Street, The Law of Torts, eighth Edition by Margaret Brazier, 1988.

如 Assault and Battery（对人身的暴行）；后者如 Defamation（名誉毁损）。值得注意的是在 18、19 世纪发展出一种称为 Negligence（过失）的侵权行为，其构成要件有三：① Duty of care（注意义务）；② Breach of duty（义务的违反）；③ Damage（损害）。Negligence 此项侵权行为所保护的客体，并无限制，人身、所有权或财富均包括在内。就电缆案件言，其主要的争点在于用户得否请求经济上的损失。英国法院向来皆以加害人有无注意义务，或侵害是否具有因果关系为判决理由。

Lord Denning 在其判决理由中开宗明义明白表示，被害人得否请求经济上损失的损害赔偿，根本言之，是政策的问题；以注意义务的有无，损害是否具有因果关系来决定被告的责任，实在是基于政策的考量，旨在适当限制被告的责任。Lord Denning 强调经济上损失应否赔偿，在政策上应考虑的有五点：

（1）电力、瓦斯、自来水的企业是法定的供应者（Statutory undertaker），因过失致不能提供电力、瓦斯或自来水时，英国立法上一向皆认为无须对消费者所受的经济上损失负赔偿之责。此项立法政策在普通法（common law）上，亦应援用，营造承揽者就其过失行为肇致电力供应中断，对因此所生的经济上损失，原则上亦无须负责。

（2）电力中断，事所常有，或由于线路意外故障，或由于电击，或由于树木压倒电线，甚或由于人为过失。此等事故发生时，受影响之人不少，人身或物品通常并未遭受损害，有时造成不便，有时产生经济上损失。电力供应短期即告恢复，纵有经济上损失，亦属轻微。一般人多认为此属必须忍受之事。有人自备供电设备，以防意外。有人投保，避免损失。不是遇到断电，就跑去找律师，看谁有过失，要其负责。今日遭受损失，明日加班努力，即可弥补。此为健康的态度，法律应予鼓励。

（3）被害人对于此等意外事故，若皆得请求经济上损失的赔偿，则其请求权将漫无边际。真实者固属有之，但难免伪造、灌水、膨胀，不易查证。与其让主张损害赔偿者受此引诱，被告遭此劳累，不如认为非因人身或所有权受侵害而发生的经济上损失，不得请求赔偿，较为妥适。

（4）电力中断等意外事故所生的经济上损失，其危险性应由大家共同承担。此种损失通常不大，众人负担，轻而易举，加诸肇事者个人身上，不堪负荷。

（5）经济上损失的赔偿宜限于人身或所有权遭受侵害的情形。此等情形不多,较易查证,应予准许。

  Lord Denning 基于上面五点政策上的考量,认为原告得请求损害赔偿的,系锅炉中铁块受损减少的价值 367 磅和丧失的利益 400 磅。至于工厂停工不能营业所失的利益,系独立发生,非基于铁块所有权之受侵害,不得请求赔偿。此项判决的理由和结论显然受到有名"水闸"(Floodgate)理论的影响,深恐不加限制,责任泛滥,增加法院负担。①

四、结　　论

  挖断电缆,造成电力中断,致用户遭受经济上损失,举世皆有,不论其为大陆法系(如德国、台湾地区)、英美法系。法律体系或技术,虽有不同,但基本上采相同的结论,即除经济损失系因用户的人身或所有权遭受侵害而发生者外,原则上均不予赔偿。此乃基于适当限制加害人赔偿责任的政策考量。

  关于经济上损失,电缆案例仅属其中一个类型。兹再举英国法一则案例加以说明。在 Weller and Co. v. Foot and Mouth Diease Research Institute 乙案②,被告系口蹄病研究所,因过失致病毒从研究所的实验室逃逸,牛只受感染,拍卖市场被迫关闭 6 天,牛只的拍卖者(原告)就其不能营业而受的损失向被告请求损害赔偿。英国法院判决原告败诉,其主要理由为此种不能营业的经济上损失,非属得请求赔偿的损害。就此案件而言,在台湾地区现行法上的结论应无不同。

  经济上损失的主要案例类型尚有不实陈述(misrepresentation)③,即专门职业者(例如会计师、银行等)对他人为不合事实的说明,例如银行对其顾客提供不正确的征信。商品具有瑕疵,致买受人(或第三人)受有经济上损失,例如甲向乙购买丙制造的机器,具有瑕疵,不能使用,造成营

---

① 本件判决由 3 位法官审判,赞成 Lord Denning 的有 Lawton L. J.,采不同意见者为 Edmund Davies L. J.,认为自法律逻辑及保护被害人的立场言,纯粹经济上损失与侵害行为具有因果关系的,均应赔偿。
② [1966] I. Q. B. 569.
③ 参见邱琦:《过失不实陈述之研究》(1991 年度台大硕士论文);Bruce Feldthusen, Economic Negligence, 1984,并参照美国法上 Glanzer v. Shepand(1922), 233 N. Y 236, 135 N. E 275;英国法上 Hedley Byrne v. Heller and Partners Ltd [1964] A. C. 465.

业损失时,甲得否向丙请求赔偿。① 经济上损失在何种情形,何种程度应予赔偿,涉及政策上的考虑,包括法院的负担、加害人责任的适当限制、被害人的保护、民事责任体系(契约责任和侵权责任)、保险制度等因素,在日益富裕的社会,已成为"侵权行为法"面临的重要课题。②

---

① Peter Cane, Economic Loss and Products Liability, in: Comparative Product Liability, edited by C. J. Miller, United Kingdom Comparative Law Series, Vol. 6, 1986, p. 45-72; Hager, Zum Schutzbereich der Produzentenhaftung, AcP 184, 413; Lang, Zur Haftung des Warenherstellers bei "weiterfressenden" Mangeln im deutschen und angloamerikanischen Recht, 1981.

② 参见 Peter Cane, Tort Law and Economic Interests, 1991; John Dwyer, Negligence and Economic Loss, in: Essays for Patrick Atiyah, 1991. p. 309-322.

使用借贷关系终了后
继续占用借用物的不当得利

一、问题的说明

无权使用他人之物而生的不当得利,系实务上常见的案例,查其情形,可分为两类:一为自始无法律关系而使用他人之物,例如在他人土地上开辟停车场,在他人屋顶悬挂广告;二为某种使用关系终了后,拒不返还标的物,仍继续使用,此多发生于租赁关系,"最高法院"著有若干判例及判决。最近有一则案例涉及借用人于使用借贷关系终了后,无权占用其物时,应如何负不当得利返还责任。此项判决有助于进一步探讨不当得利的基本问题,特再撰本文加以说明。[①]

二、1986年台上字第2374号判决

本件上诉人主张:系争坐落台北市金山南路二段222号房屋一栋系属公产,由伊为管理机关,被上诉人曾任伊之副局长,经配住系争房屋为宿舍,嗣被上诉人于1978年6月1日因调任而离职,依"行政院颁订事务管理规则"第20条规定,调职人员应在3个月内迁出宿舍,是被上诉人自1978年9月以后即属无权占用。而系争房屋坐落基地系他人之土地,于被上诉人占用系争房屋期间内,伊支付基地租金自1978年10月起至1984年6月底止,计新台币(以下同)909205.2元,自1984年7月起至返

[①] 关于使用他人之物之不当得利,笔者曾著有专文讨论,参见《债之关系的结构分析》,载《民法学说与判例研究》(第四册),北京大学出版社2009年版。

还房屋之日止,尚应按月以13129.2元计算之租金支付与地主,此项给付均属被上诉人之不当得利,自应返还等情,求为命被上诉人自1978年10月1日起至交还系争房屋之日止,按月以13129.2元给付伊之判决(关于请求被上诉人交还系争房屋及1984年12月16日起至交还系争房屋之日给付不当得利部分,上诉人已获胜诉判决,被上诉人对之未提起第三审上诉)。

被上诉人则以:伊被调台湾土地开发公司总经理后,上诉人与公司因伊居住系争房屋基本租金之争议,曾经协调,可见伊居住系争房屋有法律上原因,况伊任职上诉人机构31年,依规定退休后尚可再借住31个月,自无不当得利可言。至基地租金乃上诉人基于与地主间之租赁关系而负给付义务,无由其负担之理,亦不得因此对伊请求不当得利等语,资为抗辩。

原审将第一审所为上诉人胜诉部分之判决,一部废弃,改判驳回上诉人自1978年10月1日起至1984年12月15日止按月求偿13129.2元计算之不当得利之诉,系以:系争房屋系属公产,由上诉人为管理机关,有建物附表在卷可稽,被上诉人于上诉人处任职时,配住系争房屋,嗣于1978年6月1日奉调为台湾土地开发公司总经理而离职,迄仍居住于系争房屋内,此为两造所不争之事实。查被上诉人因任职上诉人机关而获准配住系争房屋,属使用借贷之性质,被上诉人于离职他调后,依借贷之目的,应视为使用业已完毕,自应交还房屋。至上诉人与台湾土地开发公司系争房屋基地租金负担所生之争议,与被上诉人应返还系争房屋之义务无涉。惟上诉人直至1984年11月始以三公总字第43914号函催告被上诉人应于1984年12月15日搬迁,在此之前,从无要求被上诉人迁让房屋之意思表示,可见于1984年12月16日之前,上诉人系容忍被上诉人居住系争房屋,既允居住,自不得请求不当得利,故第一审判决命被上诉人按月返还上诉人之不当得利,在1984年12月16日以前部分,应予废弃改判等词,为其判断之基础。

惟查使用借贷未定期限者,借用人应于依借贷之目的使用完毕时返还借用物,此第470条第1项之规定等自明,此际,于依借贷之目的使用完毕之时,使用借贷关系终了,斯时起,使用借贷关系归于消灭,此与借用人是否已受返还之请求无关,盖此种情形,与同条第1项但书以同条第2项所定情形,需经贷与人请求返还时,借贷关系始终了者不同。故借用人于依借贷之目的使用完毕时,倘未返还借用物,仍继续占用时,即属无法律上原因而受有利益,贷与人如因此受有损害者,非不得请求返还其利益。本件被上诉人使用上诉人管理之系争房屋系属使用借贷,于被上诉人离职他调时(按系1978年6月1日),依借贷之目的,应视为使用完毕,既为原审所认定之事实,则被上诉人就系争房屋之使用借贷关系自此时起归于消灭,如别无其他原因,被上诉人嗣后仍继续使用房屋,已无法律上之原因,上诉人据此请求被上诉人返还自1978年10月1日起至1984年12月15日止之不当得利(其余部分已获胜诉判决),是否毫无可取,自有推求余地。原审未加深究,徒依前开理由而为不利于上诉人之判断,自有未合。

上述论旨,指摘原判决对其不利部分为当,求予废弃,为有理由。

三、分析讨论

(一) 争点的说明

公房作为宿舍,多属无偿,应成立使用借贷。借用人离职他调时,依借贷之目的,应推定使用业已完毕,使用借贷关系消灭(第470条)。使用借贷关系终了后,借用人继续占用时,应成立无权占有。在此情形,贷与人通常得主张契约上之返还请求权(第470条)、所有物返还请求权(第767条)、侵权行为损害赔偿请求权(第184条第1项)。在本件判决,争论的问题在于不当得利请求权。

在不当得利类型上,"无权使用他人之物"系属于侵害他人权益不当得利(Eingriffskondiktion),其构成要件和法律效果具有若干特色,上开判决可作为讨论的基础。①

(二) 不当得利请求权的成立

1. 受利益

第179条规定:"无法律上之原因,而受利益,致他人受损害者,应返

---

① 关于"侵害他人权益不当得利"的基本理论,参见拙著:《不当得利》,载《民法债编总论》(二),第126页。

还其利益。虽有法律上之原因，而其后已不存在者，亦同。"首先应检讨的是借用人于使用借贷关系消灭后拒不返还宿舍，继续使用时所受的利益。贷与人主张借用人所受的不当得利为其给付与地主之基地租金。原审法院判决上诉人部分胜诉，肯定贷与人得请求1984年12月16日以后"以基地租金计算之不当得利"。"最高法院"认为此项"不当得利"应自1978年10月1日起算，似赞同原审"以基地租金计算之不当得利"的基本见解。

必须说明的是，贷与人给付与第三人的"基地租金"本身非属借用人所受的利益，事理至明，毋庸赘述。问题在于得否认为借用人无权继续使用借用物所受的利益，系"相当于基地租金"（以基地租金计算的利益）。关于此点，应采否定说。基地租金系发生于贷与人与第三人之间，不能以之作为借用人无权占用贷与人宿舍所受的利益，采取此项所受利益系"相当于基地租金"之见解，适用上势必面临一项难以解决之问题：若基地系第三人无偿提供时，如何认定借用人所受的利益？

如所周知，"最高法院"在无权占用他人之物的情形，多认为其所受的利益为"相当于租金"。1972年台上字第1695号判例谓："依不当得利之法则请求返还不当得利，以无法律上之原因而受利益，致他人受有损害为其要件，故其得请求返还之范围，应以他人所受之利益为度，非以请求所受损害若干为准，无权占有他人之土地，可能获得相当于租金之利益为社会通常之观念，是上诉人抗辩其占有系争土地所得之利益，仅相当于法定最高限额租金之数额，尚属可采。"在使用借贷的情形，可否认为其所受之利益系使用他人之物通常所须支付之租金，而非贷与人支付第三人的基地租金？在上述判决，贷与人未为如此的主张，"最高法院"亦未对此表示见解。

依本文见解，在本件判决借用人所受的利益，不是"相当之租金"，更不是所谓的"相当于基地租金"。第179条所称"受利益"，系指因某项事由（给付或非给付）而受的个别具体利益，而非以受益人整个财产作为判断标准，不宜采"节省费用"的论点，认定无权占用他人之物所受利益系"相当于租金"。无权使用他人之物，其所受的利益为"使用"本身，此项利益依其性质，不能原物返还，应偿还其价额。"相当于租金"，不是无权使用他人之物所受的利益，而是所受利益依其性质不能原物返还时所计算的价额。

2. 致他人受损害

本件判决认为,借用人于依借贷之目的使用完毕时,倘未返还借用物,仍继续占用时,即属无法律上之原因而受有利益,"贷与人如因此受有损害者",非不得请求返还其利益。由此可知,认为无权占用他人之物,而受利益,并非当然致他人受损害。"最高法院"未特别指明所称损害究指何而言,或许认为贷与人所受的损害,系其给付于第三人的基地租金。若采此项论点,是否妥适,有待商榷。所谓"致"他人受损害,通说系采所谓的"同一原因事实直接因果关系"。准此见解,借用人无权占用宿舍而受益,与贷与人对第三人之给付基地租金,乃两个不同的法律关系,不能认为一方之受益即致他方受损害。

"最高法院"在其他判决曾一再强调,使用他人之物之构成不当得利须以受损人对土地有利用计划为前提。1957年台上字第1081号判决谓:"惟关于返还不当得利部分,第179条载'无法律上之原因而受利益致他人受损害者,应返还其利益',是利益返还必须具备此方受利益而他方受损害之条件,若谓此方受利益,即应视为致他方受损害,则条文即无双方并举之必要,被上诉人被他人占用土地而不知,显无利用土地之计划,则上诉人为之耕犁施肥何损于被上诉人。"可资参照。此项见解拘泥损害的文义,与"侵权行为法"上损害概念,似有混淆,难以赞同。第179条所谓致他人受"损害",在《日本民法》第703条称为"损失",在《德国民法》第812条称为"Auf Kosten……"其功能均在适当限制不当得利请求权的当事人范围,使受利益者返还其无法律上原因而受的利益,并非在于赔偿受损人所受的损害,因此第179条所称的"损害",与"损害赔偿法"上的"损害",意义不同,不能作同一的解释。在给付不当得利的情形,就买卖契约言,买受人所受的利益为"物之交付及所有权之取得",出卖人所受的损害为"物之占有及所有权之丧失",在买卖契约当事人间发生财产的移动(Vermögensverschiebung)。但在侵害他人权益的案例类型,取得应归属于他人的权益,即构成受利益致他人受损害,并不以所有人有使用计划为要件。例如在他人土地开辟停车场,无论所有人有无出租计划,均足构成不当得利,倘所有人有出租计划,因被占用无法出租时,因受有损害,尚可成立侵权行为损害赔偿责任。又例如甲在乙的屋顶放置广告招牌,倘乙未因此受有损害时,虽不能依侵权行为规定请求损害赔偿,但甲仍应依不当得利规定返还其使用他人屋顶的利益。准此以言,在使用借贷关系消灭后,继续占用借用物,其受利益,当然致他人受损害,似不发生"最高法院"所谓"贷与人如因此受有损害"的问题。

3. 无法律上之原因

无权占用他人之物,欠缺债权(使用借贷契约)、物权或其他使用收益的权利,而取得法律上应归属他人的权益,系无法律上之原因而受利益。值得注意的是,1972年台上字第174号判例认为:"再审被告失去合伙经营戏院权利后,继续使用被告之土地,系其后已无法律上之原因。""最高法院"对第179条后段所谓"虽有法律上之原因,而其后不存在者,亦同"的规范意义,似有误会。于占有使用他人之物的权利消灭后(例如合伙解散、租赁终止、使用借贷期间届满),仍继续占有使用者,从无权占有使用时起自始欠缺法律上之原因,而非原有法律上之原因,而其后不存在。结论上虽无不同,概念上仍有澄清的必要。

(三) 不当得利请求权的效力

1. 返还的客体

在本件判决,借用人在使用借贷关系消灭后,继续使用借用物,其无法律上之原因而受的利益,系"使用他人之物"。此项利益,依其性质不能返还,应偿还其价额。此项价额应依客观交易价值计算之。在租赁关系消灭后,仍继续占用租赁物,其价额应依相当之租金计算之,向无疑问。根本无法律关系而占用他人之物时,亦应依相当之租金计算之,系实务上的基本见解。在使用借贷关系终了后,继续使用借用物,亦应依相当的租金计算之,此为使用他人之物通常应支付的对价,不因原来的法律关系有偿与否而异。本件判决,采原审见解,以基地租金计算不当得利,纵使解释为不是"所受之利益",而是"价额偿还",亦难赞同,贷与人对第三人的给付,显非使用他人宿舍交易上通常应支付的对价。

2. 不当得利返还的范围

在本件判决,其案例事实有一项特色,即贷与人宿舍的基地系第三人所有,由贷与人承租之。因此发生一项疑问,即不当得利受领人(借用人)的返还义务,应否以此项基地租金为其范围?

关于不当得利返还责任之范围,通说认为:损害大于利益,应依利益为准;利益大于损害,则应以损害为准。① 例如:甲寄托价值10万元之某画于乙处,乙擅以12万元让售与善意之丙(丙善意取得)时,乙对甲应负不当得利返还责任为10万元,而非12万元。上开理论在本件判决的案例事实无适用余地。借用人(受益人)所受的利益,系无权使用他人之物,应以客观上交易价额偿还计算之,不生利益大于损害的问题。基地租金的支付系基于贷与人(受损人)与第三人间的法律关系,与借用人的不当得利返还义务无涉,不因基地系属自有,或租自他人,有偿或无偿而异其返还义务的范围。又在本件判决,受领人系属恶意,依第182条第2项规定:"受领人于受领时知无法律上之原因或其后知之者,应将受领时所得之利益,或知无法律上原因时所现存之利益,附加利息,一并偿还,如有损害,并应赔偿。"

四、结 论

综据上述,关于无权使用他人之物的一般情形(自始无法律关系),"最高法院"认为其无法律上之原因而受的利益系相当于租金,须受领人有对该物使用之计划始足构成致他人受损害。在1986年台上字第2374号判决:借用人于使用借贷关系消灭后,未返还借用物,仍继续占用,肯定原审之基本见解,认为借用人应返还以基地租金计算的不当得利。

本文认为无权使用他人之物,系侵害应归属他人的权益,其无法律上原因所受利益系使用本身,并当然致他人受损害,不以受损害人有使用计划为必要。此项所受利益依其性质不能原物返还,应偿还以租金计算的价额。自始无法律上关系而无权占用公家宿舍固属如此,在使用借贷关系消灭后,无权占用,亦不例外,不因其原有的法律关系有偿与否而不同。在本件判决,贷与人请求借用人,以其给付与第三人之基地租金,而非以通常使用他人房屋应支付之租金计算其不当得利,自有其实际上的考虑。但就法律观点言,此项"基地租金",不是借用人占用宿舍所受的利益,也不是其应返还的价额,借用人返还价额的范围不限于基地租金。如果采"最高法院"的见解,宿舍的基地系无偿时,则借用人或第三人无权占用宿舍似不成立不当得利或无返还其所受利益的义务,其非妥适,似甚显然。

---

① 参见郑玉波:《民法债编总论》,第122页。

误认他人为生父而扶养
与不当得利请求权

一、概　　说

　　法律疑难问题层出不穷,实务上曾发生一项争议,即误认他人为生父而为扶养,在何种情形,得成立不当得利。就事实言,尽是人生的悲欢离合;就性质言,介乎身份与财产之间;就法理而言,涉及法律与道德的分际;就法律适用言,在于如何明辨法律行为错误与无法律上原因的关系。此类案例,虽属罕见,但有助于阐明若干法律基本问题,在理论上实有研究的价值,特选本文论述之。

二、法律问题和研究意见

　　1980年9月,"高等法院"花莲高分院司法座谈会曾提出如下之法律问题:乙自幼离开生父,1949年抵台后,误以甲为其生父,且又发觉甲年已80,多病,而予以扶养,乙能否请求甲返还?

　　讨论意见有两种见解,甲说认为,乙既系误以甲为生父,纵令发觉甲年老多病,而予以扶养,即系并非明知无扶养义务,仅误信有此义务而已,乙得请求返还;乙说认为,乙虽系误以甲为生父,且又发觉年老多病,而予以扶养,显系基于道德上之良心,纵系误信,乙不得请求返还。研讨结论:同意甲说。因与第180条第1款履行道德上之义务无关,是为意思表示内容错误,得依第80条、第90条之规定撤销其意思表示,并得依第179条不当得利之规定请求返还其利益,此系甲为路人而言。但如系对于无扶养义务之亲属误为有扶养义务而给付扶养者,则系第180条第1款给付系履行道德上之义务情形,不得请求返还。

研究结果:以甲说为是,惟原结论所叙,第80条系第88条之误,并予指正。①

三、分析检讨

(一) 不当得利请求权的成立

1. 问题之提出

第179条规定:"无法律上之原因而受利益,致他人受损害者,应返还其利益。虽有法律上之原因,而其后已不存在者,亦同。"在本件案例,甲因乙对其为扶养的给付受有利益,致乙受损害。问题之争点在于法律上原因。研究意见及结论均认为误认他人为生父而扶养,是为意思表示内容错误,得依第88条的规定撤销其意思表示,并依第179条不当得利的规定请求返还其利益。此项理由构成包括三点法律见解:① 扶养系属意思表示。② 误认他人为生父而扶养,系意思表示内容的错误,得撤销之。③ 有疑问的是错误意思的撤销与不当得利请求权的关系。二者究属并存竞合,抑或不当得利请求权的成立,须以撤销此项内容错误的意思表示为要件,虽未尽明确,但就文义观之,研究结论似采后说,即认为在扶养人撤销其意思表示前,尚不成立不当得利。研究结论倘认为不当得利请求权的成立与意思表示错误的撤销无关,则在本案应无提出意思表示内容错误及其撤销的必要。

上述三项法律见解,均值作进一步的分析检讨。

2. 扶养义务是一种债之关系

扶养系指一定亲属间有扶养能力者,对有扶养必要者应维持其生活之制度。② 必须特别指出的是,扶养虽然规定于亲属编,但就其法律性质言,乃是基于一定亲属关系而发生的债之关系,"民法"不以此规定于债编,而规定于亲属编,纯基于立法技术上的方便。③

---

① 参见陈纪纲等主编:《综合六法审判实务·民法》(一),第647页。
② 参见史尚宽:《亲属法论》,第676页;戴炎辉、戴东雄:《亲属法》1986年修订第1版,第432页;陈棋炎、黄宗乐、郭振恭:《民法亲属新论》,第423页。
③ 参见胡长清:《民法债编总论》,第15页;拙著:《债编总论》(一),第5页。

3. 扶养的给付与意思表示

为履行债务而为给付,有为意思表示(法律行为),例如出卖人依让与合意将买卖标的物交付买受人,以移转其所有权(第761条);但亦有权为事实行为,而不涉及意思表示,例如受雇人为雇主提供劳务(司机驾车),承揽人完成一定之工作(修缮遭莎拉台风毁损的屋顶花园)。扶养系债之关系,扶养的给付乃债务的履行,问题在于此项为尽扶养义务而为之给付,是否均属意思表示。

扶养在于维持被扶养者之生活(第1117条),扶养之程度,应按受扶养权利者之需要,与负扶养者之经济能力及身份定之(第1119条)。扶养之方法,由协议定之,不能协议时,由亲属会议定之(第1220条)。在实务上,扶养义务人所为扶养的给付,其主要情形有:① 迎养在家,同居一起,供给衣食住行。[①] ② 指定扶养财产,并同意受扶养人为变卖或其他处分。[②] ③ 拨给一定财产,由扶养者自行收益,以资扶养。[③] ④ 彼此分居,每月给予金钱或生活资料。[④] ⑤ 支出医药费用。[⑤]

据上所述,可知扶养的给付涉及意思表示者有之,例如父母在外居住,子女每月给予金钱或生活资料时,应认为系依物权行为移转其所有权于受扶养人。又指定为扶养之财产,并授予处分权,其扶养之给付亦涉及意思表示。须强调的是,扶养之给付不涉及意思表示者,亦属有之,例如迎养在家供给食宿,或租屋供其居住。在支出医药费之情形,不能认为扶养义务人对受扶养权利人有任何意思表示,最为显然。

4. 误认他人为生父而扶养与意思表示内容的错误

扶养的给付涉及意思表示,其典型情形多属物权行为,例如乙误认某甲为生父,每月交付1万元,物品若干,以资赡养时,应认为当事人之间作有移转所有权的物权契约(第761条),问题在于此种情形可否认为乙的意思表示(物权行为)内容有错误,得依第88条、第90条规定撤销之。

第88条规定:"Ⅰ.意思表示之内容有错误,或表意人若知其事情,即不为意思表示,表意人得将其意思表示撤销之,但以其错误或不知事

---

① 参见1937年渝上字第259号判例。
② 参见1928年上字第285号判例、1929年上字第23号判例。
③ 参见1933年上字第3078号判例。
④ 参见1933年上字第3078号及1937年鄂上字第401号判例。
⑤ 参见1940年上字第1121号判例。

情,非由表意人自己之过失者为限。Ⅱ. 当事人之资格或物之性质,若交易上认为重要者,其错误视为意思表示内容之错误。"由此规定可知意思表示的错误有三种类型:① 意思表示内容之错误(误认)。② 表示行为之错误(不知)。③ 当事人资格或物之性质的错误(关于传达错误,参阅第89条)。

"民法"总则编关于意思表示错误规定对于债权行为及物权行为,原则上均有适用余地。① 在债权行为言,其构成意思表示内容错误的,例如误张三为李四而赠与(当事人本身错误),误 A 马为 B 马而出售(标的物本身错误),误租赁为使用借贷(法律行为性质错误)。其构成表示行为错误的,例如出售黄金欲书公斤而误书写为台斤。其构成当事人之资格或物之性质错误的,例如误西班牙人为英国人而聘为英语家庭教师,误认赝品为真迹而购买。扶养的给付在于履行义务,基本上并不涉及债权行为,似不发生债权行为意思错误的问题。

扶养的给付有的涉及物权行为,前已论及,例如移转金钱或生活资料的所有权。在误认他人为生父的情形,此项扶养的给付是否构成物权行为的错误,有待检讨,分别加以说明:

(1) 物权行为的错误多发生在表示行为。例如甲有 A、B 两表,A 表为原装,B 表为仿造品,二者不易分辨,甲欲丢弃 B 表,误取 A 表丢弃之。误认他人为生父,移转金钱或物品所有权,以为扶养,似不属于此种类型的错误。

(2) 物权行为亦会发生意思表示内容错误,尤其是当事人之错误。② 例如对张三为某画的赠与,误李四为张三而交画,以移转其所有权。误认他人为生父而给与金钱以资赡养,与此种误认甲为乙而交画的情形相同,似可认为系属当事人错误。

(3) 最后应检讨的是关于当事人的资格错误。所谓当事人资格,通常系指身份、性格、健康、经历、宗教、政治信仰、资产等而言。此项当事人资格错误多发生于债权行为,物权行为在何种情形,得发生当事人资格错

---

① 关于意思表示错误的基本问题,参见洪逊欣:《民法总则》1987 年修订版,第 384 页以下;MünchKomm/Kramer, Bürgerliches Gesetzbuch, 1979, §116 Rdnr. 11f. 关于身份行为的错误及撤销,参见史尚宽:《亲属法论》,第 22 页。

② 误认他人为生父而扶养,是否构成意思表示内容的错误,何种意思表示内容的错误,究应适用第 88 条第 1 项或第 2 项,教科书似均未论及。

误,有待研究。误认他人为生父而给予金钱或物品,似不涉及当事人资格错误的问题。①

5. 扶养给付行为的撤销与不当得利

误认他人为生父而为扶养,倘其扶养的给付涉及意思表示(物权行为,例如移转金钱或物品所有权),且认定其系意思表示内容的错误,得为撤销时,发生一项疑问:在扶养人撤销其法律行为前,得否依不当得利的规定请求返还其利益? 对此问题,本文认为应采肯定说,扶养者在撤销之前得主张不当得利请求权。其理由为无扶养义务而为扶养的给付,系属非债清债,自始欠缺给付目的,受扶养人系无法律上原因而受利益,应成立不当得利。

此涉及债权行为错误、物权行为错误与不当得利的基本问题,兹再进一步分别加以说明:

(1) 债权行为错误与不当得利。在债权行为错误的情形,例如甲售某件唐三彩陶马给乙,非因过失误书价金,甲于让与合意交付该件陶马后,发现其事时,得以意思表示错误为理由撤销买卖契约。在甲撤销该买卖契约之前,乙因物权行为受有利益(陶马所有权),具有法律上原因,不成立不当得利。在甲撤销买卖契约之后,法律上之原因不存在,乙应依不当得利规定,负返还义务。

(2) 物权行为错误的情形,例如甲售 A 画予乙,非因过失误交 B 画,以移转其所有权时,甲得以意思表示错误撤销该物权行为,而向乙主张所有物返还请求权。在甲撤销该物权行为以前,乙受有利益(B 画所有权),欠缺法律上之原因,因买卖契约系以 A 画,而非以 B 画为标的,故应成立不当得利。甲得向乙请求返还 B 画所有权。撤销权因除斥期间经过而消灭时(第 90 条),此项不当得利请求权的存在对当事人具有重大实益。

关于物权行为错误与不当得利请求权,实务上有一则法律问题,深具启示性,可供参考:甲于 1961 年将其所有之 A 土地出售给乙,于办理所有权移转登记时,因委托代书人丙之过失,致将甲所有之 B 土地亦连同 A 土地移转于乙,1978 年甲发现代书登记错误,遂请求涂销乙对于 B 土地之所有权并返还 B 土地,应否准许? 第一厅研究意见认为:"甲于 1961 年

---

① 关于当事人本身的错误及当事人资格的错误(第 88 条第 2 项)的不同,参见郑玉波:《民法总则》,第 253 页。

将其所有之 A 土地出售与乙,于办理所有权移转登记时,因委托之代书人丙之过失,致将甲之 B 土地亦连同 A 土地移转于乙,则 B 土地自始不在买卖契约范围之内,自不生移转登记是否无效之问题,惟物权行为亦属法律行为之一种,因甲所委托代书人之过失,致效果意思与表示行为不一致,误将甲所有之 B 土地亦连同 A 土地移转于乙,其错误系由表意人自己之所致,依第 105 条、第 88 条第 1 项但书规定,尚不能根据错误之法理撤销其意思表示,并请求涂销 B 土地之所有权移转登记。惟 B 土地既不在甲、乙买卖契约范围之内,系因甲代理人丙之过失,将 B 土地所有权移转登记与乙所有,乙系无法律上之原因而受利益,致甲受损害,自属不当得利,依第 179 条规定,乙应负归还其利益之义务,此际应属能否依不当得利请求乙移转 B 土地所有权登记,并将土地返还之问题(应视乙为有无时效抗辩而定,殊不发生涂销登记问题)。"①

(二) 不当得利请求权之排除

依第 180 条第 1 款规定,给付系属行道德上义务者,不得请求返还。讨论意见乙说认为:"乙虽误以甲为生父,且发觉甲年老多病,而予以扶养,显系基于道德上之良心,纵系误信,乙不得请求甲返还。"此项见解将应客观认定之"道德上义务"予以主观化,代之以"道德上之良心",似值商榷。通说认为对于无扶养义务的亲属误为有扶养义务而予扶养(侄子女对叔伯父,子妇对不同居的翁姑),虽可认为系履行道德上义务,但路人则不包括在内②,研究结果亦采此见解,可资赞同。

(三) 不当得利返还之范围

如前所述,非为生父而误被扶养者,应依不当得利之规定返还其所受的利益。不当得利的受领人,除返还所受利益外(例如金钱),如本于该利益更有所取得者(例如金钱存放银行所生的利息),并应返还。扶养的利益依其性质(例如住宿),或其他情形(例如食物消费)不能返还者,应偿还其价额(第 181 条)。受扶养人于受领时知其非为扶养者的生父或其后知之时,应将受领时所得之利益,或知无法律上之原因时所现存之利

---

① 《民事法律问题研究汇编》(实体法)1988 年,第 82 页。
② 参见孙森焱:《民法债编总论》,第 121 页。

益,附加利息,一并偿还,如有损害,并应赔偿(第182条第2项)。受扶养人不知其为生父时,得主张所受利益已不存在,免负返还义务(第182条第1项)。1952年台上字第637号判例谓:"第182条所谓其所受之利益已不存在者,非指所受利益之原形不存在而言,原形虽不存在,而实际上受领人所获财产总额之增加现尚存在时,不得谓利益已不存在。"准此以言,在误认生父而为扶养的情形,受扶养人在因他人扶养免于支出的范围内,应认为所受利益尚存在,虽属善意,仍应负返还的义务。

四、结　　论

关于误认他人为生父而扶养,实务上认为系意思表示内容错误,得依第88条、第90条的规定撤销其意思表示,并得依第179条不当得利的规定请求返还其利益。此项法律见解含有若干疑义,有待澄清。

(1) 扶养是一种债之关系,为扶养而为给付系债务的履行。扶养的给付有的涉及意思表示(例如给予金钱或物品),但未涉及意思表示者亦属有之,例如供给食宿、支出医药费等。扶养的给付涉及意思表示者,通常多属物权行为,例如移转金钱或生活资料。

(2) 误认他人为父母而给与金钱或物品,其物权行为似可认为系属当事人错误,得予撤销。

(3) 在物权行为错误的情形,若予撤销,就其给付之物,得发生所有物返还请求权。在撤销前则得主张不当得利请求权,因他方受领给付无债之关系存在,欠缺法律上之原因,此在撤销权因除斥期间经过而消灭时,具有实益。

土地征收补偿金交付请求权与第225条第2项规定之适用或类推适用

一、概　　说

近几年实务上常见一个新的案例类型:甲出卖土地给乙,在办理所有权移转登记前,该地被征收。在此情形,买受人得否向出卖人请求交付其受领之补偿金?此为长期争论之问题。1991年第四次民事庭会议特别提出讨论,作成决议,具有研究价值,特撰本文加以评释。

二、1991年度第四次民事庭会议决议

(一) 提案

在1991年8月20日第四次民事庭会议,民五庭提案:出卖人将某笔土地出卖,已收清价金,并交付买受人,惟未办理所有权移转登记,嗣该土地经依法征收,其地价补偿金由出卖人领取完毕,买受人得否依不当得利之法律关系请求出卖人返还?有甲、乙二说:

甲说:按不动产买卖契约成立后,其收益权属于何方,依第373条规定,应以标的物已否交付为断,所有权虽已移转,而标的物未交付者,买受人仍无收益权,所有权虽未移转,而标的物已交付者,买受人亦有收益权,法院著有1944年上字第604号判例。出卖人将某笔土地出卖,既已收清价金,并已交付买受人,纵未办妥所有权移转登记,依照首揭说明,其利益

及危险,自亦移转于买受人承受负担,出卖人就该土地既无收益权,则该土地嗣后经行政机关依法征收,由出卖人领取之地价补偿金,自与所谓:"无法律上之原因而受利益,致他人受损害者"之情形相当,买受人依第179条之规定请求返还,应予准许。

乙说:买受人向出卖人买受之某笔土地,在未办妥所有权移转登记前,经依法征收,其地价补偿金由出卖人领取完毕,纵该土地早已交付,惟第373条所指之利益,系指物之收益而言,并不包括买卖标的物灭失或被征收之代替利益(损害赔偿或补偿金),且买受人自始并未取得所有权,而出卖人在办毕所有权移转登记前,仍为土地所有人,在权利归属上,其补偿费本应归由出卖人取得,故出卖人本于土地所有人之地位领取地价补偿金,尚不成立不当得利。买受人只能依第225条第2项规定行使代偿请求权,请求出卖人交付其所受领之地价补偿金。

以上二说,以何说为当,提议公决。

(二) 决议

上开提案,经讨论后,决议认为:"修正乙说部分文字后,采乙说。乙说修正后如下:买受人向出卖人买受之某笔土地,在未办妥所有权移转登记前,经依法征收,其地价补偿金由出卖人领取完毕,纵该土地早已交付,惟第373条所指之利益,系指物之收益而言,并不包括买卖标的物灭失或被征收之代替利益(损害赔偿或补偿金),且买受人自始并未取得所有权,而出卖人在办毕所有权移转登记前,仍为土地所有人,在权利归属上,其补偿费本应归由出卖人取得,故出卖人本于土地所有人之地位领取地价补偿金,尚不成立不当得利。买受人只能依第225条第2项之法理行使代偿请求权,请求出卖人交付其所受领之地价补偿金。"①

三、法学方法论上之说明

(一) 请求权基础

处理民事问题,基本上就在探寻一个得支持一方当事人(原告)向他

---

① 参见《司法周刊》第537期第2版。

方当事人(被告)有所主张之法律规范(请求权基础)。① 请求权基础之探寻也就是法律之解释适用。民五庭提案之甲说,系以不当得利(第179条)为请求权基础,并涉及第373条之解释。提案之乙说,系以第225条第2项规定为请求权基础。修正后之乙说则改以第225条第2项之法理为依据。此项争论及修正具有法学方法论上之意义,显示"最高法院"正致力于寻找一个较为妥适之请求权规范基础。此项努力有助于促进法律发展,保护当事人权益,实值赞佩。

(二) 所谓"依第225条第2项之法理行使代偿请求权"之意义

"最高法院"之决议采乙说,但将买受人得"依第225条第2项规定"修正为"依第225条第2项之法理"行使代偿请求权。

所谓依第225条第2项规定行使代偿请求权,系指在此案例类型,第225条第2项规定之构成要件,悉告具备,应予适用。所谓"依第225条第2项之法理",究指何事而言,有待进一步探讨。

按使用"法理"之用语者,仅第1条,即"民事,法律所未规定者,依习惯,无习惯者,依法理。"通说认为:此之法理,系民事法源,乃指法律之原理、原则而言,其功能在于填补实定法(法律或习惯)之不备。② 实务上以"法理"作为法律解释适用之论点,案例不少,举其重要者而言,例如:

(1) 1968年台上字第434号判例谓:"合作社社员大会之决议有违反法令或章程者,对该决议原不同意之社员,虽得依第56条第1项之规定,请求法院宣告其决议为无效,然合作社社务会议,由社员大会选出之理事或监事所组成,其性质职权与全体社员组成之大会大不相同,**法理上**自不得援用上开法条提出同一诉讼。"本件判例所谓之"法理",系指"相同(或相类似)者,应为相同处理"之平等原则。易言之,即合作社社务会议,其性质与职权,与合作社社员大会不同,故不得援用第56条规定提起同一诉讼。所谓不得援用,就是不得类推适用。所谓类推适用,系指某种法律事实,在现行法上,尚乏规定(法律漏洞),乃援引其性质相似之规定,以资解决。值得注意的是,1975年台上字第2628号判例谓:"社团法

---

① 关于请求权基础,参见拙著:《民法实例研习基本理论》,第34页。
② 最近资料,参见姚瑞光:《民法总则及第1条释论》,载《法令月刊》第41卷第11期,第3页(第9页)。参见拙著:《民法总则》,北京大学出版社2009年版,第35页。

人总会之决议有违反法令或章程时,对该决议原不同意之社员,得请求法院宣告其决议为无效,第56条固有明文规定,惟此条规定,仅适用于总会之决议。如理监事之决议有违反法令或章程时,不得援用上面规定提起同一诉讼。"虽未使用"法理上"之用语,其义则无二致,即以"平等原则"否定法律漏洞之存在,不予类推适用。

(2) 1979年台上字第2861号判例谓:"法律行为成立时,其成就与否业已确定之条件即所谓既成条件,亦即法律行为所附条件,系属过去既定之事实者,虽具有条件之外形,但并无实质之条件存在,纵令当事人于法律行为时,不知其成否已经确定,亦非第99条所谓条件。'民法'关于既成条件虽未明文规定,然依据法理,条件之成就于法律行为成立时已确定者,该条件若系解除条件,则应认为法律行为无效。"在本件判例,由"民法关于既成条件,虽未设明文,然依据法理"之文义观之,"最高法院"似适用第1条。实则,条件于法律行为当时已经成就者,其条件为停止条件时,其法律行为视为无条件;为解除条件时,其法律行为无效,乃基于法律行为附"条件"本身之意义与功能,似不必依法律漏洞填补之方法加以处理。

(3) 1958年台上字第1771号判例谓:"因情事变更,增加给付之**法理**,于适用时,应斟酌当事人因情事变更,一方所受不相当之损失,他方所得不预期之利益及彼此间之关系,为公平之裁置。"此之所谓"法理",非指第1条之法理,而是指"法律理论"(或法学理论)而言。

(4) 1961年台上字第1000号判例谓:"支票之背书如确系他人逾越权限之行为,按之'票据法'第10条第2项之规定,就权限外部分,即应由无权代理人自负票据上之责任,此乃特别规定优先于一般规定而适用之**当然法理**,殊无适用第107条之余地。"此之所谓"当然法理",乃指法律适用原则而言。

据上所述,可知"最高法院"使用之"法理",并无固定之意义,前开决议修正乙说所谓"依第225条第2项之法理",非指第1条之法理,亦非指法律理论。但究系指何言,思量再三,似系指该条项规定本身之法律理由

(立法理由,Ratio legis)①,就方法论言,实为第225条第2项规定之类推适用,其思考过程分四点言之:

(1) 第225条第2项规定债务人因不可归责于债务人之事由,而免给付义务,对第三人有损害赔偿请求权者,债权人得向债务人请求让与其损害赔偿请求权或交付其所受领之赔偿物。其立法理由在使债权人得向债务人请求给付不能之代替利益。

(2) 在解释上,损害赔偿(或赔偿物)不包括补偿金,但补偿金亦属代替利益,其性质相似于损害赔偿,依"相同或相类似者,应予相同处理"之平等原则,"民法"就补偿金未设明文,发生法律漏洞。

(3) 此项法律漏洞,依"相同者,应予相同处理"之平等原则,应类推适用第225条第2项规定填补之。

(4) "相同者,应为相同处理"之平等原则,系第1条所称之法理,具有双重功能:一方面作为认定法律漏洞之判断标准;另一方面作为类推适用,填补法律漏洞之依据。②

四、不当得利请求权

民五庭提案之甲说,系以不当得利作为买受人向出卖人请求返还补偿金之规范基础。此在不当得利类型上,属于所谓之非给付不当得利,即出卖人之受利益(补偿金),系侵害应归属于买受人之权益。③ 问题之争点在于第373条之解释。

第373条规定:"买卖标的物之利益及危险,自交付时起,均由买受人承受负担。但契约另有订定者,不在此限。"甲说认为本条所谓:"买卖标

---

① 关于法律理由之用语,参见1940年上字第1405号判例:"无权利人就权利标的物为处分后,因继承或其他原因取得权利者,其处分为有效,第118条第2项定有明文。无权利人就权利标的物为处分后,权利人继承无权利人者,其处分是否有效,虽无明文,然在继承人就被继承人之债务负无限责任时,实具有同一法律理由,自应因此类推解释,认其处分为有效。"此之所谓"类推解释",应改为"类推适用",较为妥当。关于Ratio legis,参见F. Bydlinski, Juristische Methodenlchre und Rechtsbegriff, 1982, S. 402, 453, 473.

② 关于平等原则与法律漏洞及类推适用参见拙著:《关于邻地通行权之法律漏洞与类推适用》,载《万国法律》第56期,第3页;Canaris, Die Feststellung von Lücken im Gesetz, 2. Aufl. 1982, S., 71.

③ 参见拙著:《不当得利》,载《民法债编总论》(二),第126页以下。

的物之利益",系指收益权而言,而收益权又包括补偿金在内。此项见解,难以赞同,分四点言之:

(1)就文义言,所谓买卖标的物利益,系指对买卖标的物本身之使用收益(Nutzungen,参阅《德国民法》第446条),不包括损害赔偿、补偿金等代替利益在内。

(2)就权益归属言,买卖标的物(不动产)在办毕所有权移转登记前,仍属出卖人所有,其代替利益应归出卖人所得。

(3)就规范功能言,第373条系关于价金危险之特别规定。对待给付系于第266条、第267条规定之。甲说将第373条所谓利益,解释为包括对待给付之代替利益,混淆了"民法"双务契约债务不履行之体系。

(4)就买卖契约之双务性言,使买受人于交付后,移转所有权前,即径可取得对待给付之代替利益,不符合当事人利益,此在买受人未支付价金之情形,特为显著。

如上所述,第373条所谓买卖标的物之利益并不包括补偿金等在内,补偿金应归出卖人(所有人)取得,出卖人受有补偿金之利益,并未侵害应归属买受人之权益,致买受人受损害,不成立不当得利。[①]

应予指出的是,纵认定第373条所谓买卖标的物之利益包括补偿金,而使买受人得主张不当得利请求权,亦不足解决所有问题。买卖标的物未交付时,如何处理?若谓在此情形,可适用或类推适用第225条第2项,则因买卖标的物交付与否,而异其请求权基础,就法律适用观点言,显非妥适。

最后,尚须说明的是,民五庭之提案内容谓:"出卖人将某笔土地出卖,已收清价金,并交付买受人……"此虽为通常之案例事实,但容易发生误会。应强调的是,买卖标的物已否交付,价金已否收清,与买受人得否向出卖人主张交付补偿金,均无关联。在土地交付、价金收清前,土地被征收时,买受人仍得请求交付补偿金,其请求权基础不因之而有不同。

---

① 参见拙著:《出售之土地被征收时之危险负担、不当得利及代偿请求权》,载《民法学说与判例研究》(第六册),北京大学出版社2009年版,第76页。

五、第 225 条第 2 项规定之适用或类推适用

(一) 第 225 条第 2 项规定之立法理由、要件及效果

1. 立法理由

第 225 条第 1 项规定:"因不可归责于债务人之事由,致给付不能者,债务人免给付义务。"第 2 项规定:"债务人因前项给付不能之事由,对第三人有损害赔偿请求权者,债权人得向债务人请求让与其损害赔偿请求权,或交付其所受领之赔偿物。"学说上称为代偿请求权。本条规定系基于衡平思想,并斟酌当事人可推知之意思,旨在调整失当之财产价值的分配,属于法定之契约补充解释。①

2. 要件

第 225 条第 2 项规定之代偿请求权,应具备四个要件:① 须有给付义务,不限于契约,无因管理亦包括在内。但关于不当得利之返还义务,第 182 条第 1 项设有偿还价额之特别规定。此项给付义务须以特定客体为其内容,对种类之债,或以作为(如提供劳务)或不作为为内容之给付均不适用之。② 须因不可归责于债务人之事由致给付不能。③ 须因给付不能之事由,对第三人有损害赔偿请求权。易言之,在引起给付不能之事由与取得对第三人之损害赔偿请求权之间,须有相当因果关系。④ 给付客体与损害赔偿(代替利益)须具同一性。例如甲出租某车给乙,就该车(契约标的物)被丙所毁而生之损害赔偿,不具同一性,不发生代偿请求权。

3. 法律效果

第 225 条第 2 项规定者,不是物上代位,而是债权上的代位,债务人对第三人之损害赔偿请求权并不直接移转于债权人,债权人所取得者,仅是请求债务人让与其对第三人之损害赔偿请求权(或交付赔偿物)。代偿请求权不是赔偿请求权,债务人应返还其所取得之损害赔偿请求权(或赔偿物),其价值高于或低于债权人之损害,均所不问。例如甲售乙 A 瓶,被丙所毁而赔以 B 瓶时,纵该 B 瓶之价值高于 A 瓶,甲仍得请求交付

---

① 第 225 条第 2 项系仿自《德国民法》第 281 条,关于其立法理由及规范目的,参见 Erman/R. Battes, BGB, §281; Jauernig/Vollkommer, BGB, §281 Anm. 1; MünchKomm/Emmerich, 281 Rdnr. 1.

之。债权人就债务人之取得损害赔偿请求权或赔偿物,应负举证责任。

代偿请求权之性质,是否为原债权之继续,颇有争论,本文基本上采肯定说①,认为:① 原债权之从权利(保证或担保物权)并不消灭。② 消灭时效不重新起算。③ 债权人给付请求权已罹于消灭时效时,债务人得拒绝让与其对第三人之损害赔偿请求权(或交付赔偿物)。

在双务契约,因不可归责于双方当事人之事由,致一方之给付不能者,他方免为对待给付(第266条)。因此债权人究依第266条主张免负给付义务,抑或依第225条第2项主张代偿请求权,有选择权(学说亦有认为系替代权)。债权人选择行使代偿请求权时,不免于对待给付,自不待言。

(二) 请求交付征收补偿金:适用抑或类推适用

出卖之土地于移转所有权前被征收时,系不可归责于债务人之事由,致给付不能。补偿金系因此项给付不能而取得,二者之间有因果关系,与给付客体并具同一性。因此第225条第2项究应适用或类推适用,其关键问题在于补偿金可否解释为系属损害赔偿。对此问题,上开1991年度第四次民事庭会议民五庭提案之乙说,系采肯定说,故买受人得"依第225条第2项规定"行使代偿请求权,修正后之乙说(决议),似采否定说。故买受人得"依第225条第2项之法理"(类推适用第225条第2项),行使代偿请求权。

此项修正,就法学方法论言,乃由法律解释改为以类推适用填补法律漏洞。二者之间虽有其流动之灰色地带,但性质上应属于两个不同层次之法律思维活动;前者系解释法律之规范内容而适用之;后者则在贯彻"立法目的",以补法律之不备。② 类推适用以法无明文为前提,因此不宜认为系类推解释或补充之解释。③ 最近有一则重要判例认为:"代表与代理固不相同,惟关于公司所为之法律行为,解释上应类推适用关于代理之规定,故无权代表人代表公司所为之法律行为,若经公司承认,即对于公司发生效力。"(1985年台上字第2014号)。其所谓"解释上应类推适用",混淆了法律解释与类推适用,亦值商榷。

---

① 同说,参见史尚宽:《债法总论》,第376页;德国通说亦采此见解。不同意见,参见孙森焱:《民法债编总论》,第371页。
② 参见 Larenz, Methodenlehre der Rechtswissenschaft, 5. Aufl. 1983, S.351f., 354f.
③ 参见1940年上字第1405号判例。其他判例亦有使用"类推解释",兹不赘举。

法律解释始于文义，亦终于文义，而以可能文义为其界限，非可能文义所能包括时，即属法无明文，发生漏洞填补之问题，例如第 194 条规定："不法侵害他人致死者，被害人之父母、子女及配偶，虽非财产上之损害，亦得请求赔偿相当之金额。"其所谓子女依其文义可包括非婚生子女，属于解释范畴。第 88 条第 2 项规定："当事人之资格或物之性质，若交易上认为重要者，其错误视为意思表示内容之错误。"其所谓"物"之性质，无论如何扩张其文义，均不能包括"权利"在内，故应类推适用之。

第 225 条第 2 项之"损害赔偿"，在解释上可否包括"土地征收补偿金"？就其核心部分，损害赔偿之概念系指侵权行为或债务不履行之损害赔偿，可扩大及于保险金，但其文义之射程可否达到土地征收补偿金？损害赔偿基本上系私法上之概念，土地征收补偿金则为公法上之请求权，就此点而言，二者自有差异，但就"填补损失"言，则无不同，可谓属于灰色地带之边界案件，采取何种见解均有所据。倘属如此，在选择之间，宜于法律解释层次加以处理，认为补偿金亦属损害赔偿，买受人得依第 225 条第 2 项规定请求之。

(三) 对交易上替代利益之类推适用

关于第 225 条第 2 项规定之类推适用，兹举一例补充加以说明。甲出售 A 瓶给乙，甲死亡，其子丙继承之，非因过失不知甲出售 A 瓶之事，将之出售予丁（或与丁之 B 瓶互易），并移转其所有权。在此情形，乙得否请求丙交付其受领之价金（或 B 瓶）？损害赔偿之文义，无论如何扩大解释，均不能包括价金或互易物等交易上之代替利益，故无第 225 条第 2 项之适用，但应类推适用之：

（1）丙将 A 瓶所有权让与丁，构成给付不能，既无过失，其给付不能不可归责于丙。

（2）买卖价金（或互易物）之取得，虽系基于丙与丁间之法律行为，而非基于致给付不能之物权行为，但在交易上应一体视之，而肯定其因果关系。

（3）交易上之对价与损害赔偿，其发生原因虽有不同，但性质上同为给付不能之代替利益，依第 225 条第 2 项之立法理由，并衡诸相同者，应予相同处理之法理，可认为对交易上代替利益未设规定，系属法律漏洞，应类推适用第 225 条第 2 项规定填补之。

六、结　　论

（1）关于买受人对出卖人主张交付土地征收补偿金之请求权基础，向有争论，民事庭会议作成决议，统一法律见解，确有必要。

（2）第373条所谓买卖标的物之利益，依其文义、规范功能，及买卖契约之双务性，均不能认为系包括补偿金等代替利益。出卖人受有应归其取得之补偿金，并未致买受人受损害，不成立不当得利。

（3）"最高法院"以第225条第2项作为请求权基础，但究为适用或类推适用，仍有争论。损害赔偿之文义似仍可包括补偿金，应肯定系第225条第2项规定之"适用"。惟若认为损害赔偿不包括补偿金，而类推适用第225条第2项规定，结论上亦可赞同。

（4）决议中所谓："买受人只能依第225条第2项之法理行使代偿请求权"，指何而言，未臻明确，本文将之解为系第225条第2项之类推适用，作为讨论之出发点，是否符合真意，不得确知。就此点而言，决议之理由构成，似尚有强化之余地。

（5）最后，应强调的是，此系"最高法院"第一次以某个规定之法理作为请求权基础。决议认为此仅系文字修正，似未洞察其在法学方法论上之意义。

附　　录

本文发表后发现1991年台上字第2481号判决（"司法院公报"第34卷第2期，第50页）涉及第225条第2项类推适用的问题，可供参考，其裁判要旨为："因征收土地而发给建筑物补偿费，系为补偿建筑物被征收所受损害，至自动拆除奖励金则为鼓励拆除权人于征收期限内自动拆除建筑物而发给。系争厂房因两造事先知悉将被拆除，而未办理所有权移转登记，致台北县政府依土地登记簿记载之所有人名义发给补偿费及奖励金于上诉人，但系争厂房既经上诉人出卖于被上诉人，且将其事实上处分权让与于被上诉人，并由被上诉人拆除完毕，类推适用第225条第2项代偿请求权之法理，被上诉人请求上诉人让与奖励金给付请求权，并交付其受领之补偿金，应属正当。"

时间浪费与非财产上损害之金钱赔偿

一、问题之提出

(一) 法律问题及研究意见

民法的研究,近年来颇有发展,日益精致。实务问题层出不穷,可供学理上作较深入的分析探讨,系促进此项发展的主要原因。"最高法院"的判决及决议,各法院法律座谈会的法律问题及"司法院"的研究意见,皆有助于启发法学思考,反省检讨老的问题,探究新的课题及研究方向。

司法业务第一期研究会曾提出一则具有启示性之法律问题:"民法"有关条文所定"虽非财产上损害,亦得请求赔偿相当之金额"与"慰抚金",两者有何不同?

讨论意见有二说。甲说:关于"虽非财产上损害,亦得请求赔偿相当之金额"之规定有第194条、第195条第1项、第979条、第999条第2项、第1056条第2项;关于"慰抚金"之规定有第18条第2项。二者之不同,乃前者所得请求赔偿之范围较后者为广,前者包括后者,而后者不能包括前者,故除慰抚金外,当事人间如尚有其他非财产上损害时,亦可请求赔偿。例如被杀受伤,住院治疗时,则除财产上(医药费等)、精神上(慰抚金)损害外,即时间上光阴之浪费亦属非财产上损害,亦得请求赔偿。乙说:二者含义相同。

研讨结论采甲说。第一厅研究意见:同意研讨结论。[①]

[①] 引自陈纪纲等主编:《综合六法审判实务·民法》(一)第18条,第6页。并参见曾世雄:《非财产上之损害赔偿》,1989年初版,第4页(本书系台湾地区非财产上损害赔偿的重要著作,殊值参考)。

(二) 问题的争点

"司法院"业务研讨会的研讨结论及第一厅研究意见,皆认为第195条等规定所称之"虽非财产上损害,亦得请求赔偿相当之金额"较第18条第2项所谓的慰抚金为广,包括后者在内,兹应提出讨论的有两个问题:

(1) 所谓"慰抚金"与"虽非财产上损害,亦得请求赔偿相当之金额",是否相同?

(2) "时间浪费"究为财产损害,抑为非财产损害?

二、"慰抚金"与"虽非财产上损害,亦得请求赔偿相当之金额"

第18条第2项规定之"慰抚金"与第195条等规定之"虽非财产上损害,亦得请求赔偿相当之金额"是否同义,涉及"民法"上非财产上损害赔偿若干基本问题,兹就立法渊源与解释适用两点分别说明之:

(一) 立法渊源

1.《瑞士民法》及《瑞士债务法》

《瑞士民法》第28条规定:"Ⅰ.人格关系,受不法侵害者,得请求法院除去其侵害。Ⅱ.关于损害赔偿(Schadensersatz),或给付一定金额作为慰抚金(Leistung einer Geldsumme als Genugtuung)仅于法律就其事件有特别规定时,始得以诉请求之。"《瑞士民法》立法当时本有意设侵害人格关系得诉请损害赔偿或慰抚金的一般原则,新闻界深恐危害言论自由,反对甚烈,故设此保留之规定。须特别提出的是,依《瑞士民法》的用语,所谓Schadensersatz系指财产上损害赔偿,所谓Genugtuungsgeld则指非财产上损害之金钱赔偿。[①]《瑞士民法》第28条第2项所谓的特别规定计有:

(1)《瑞士民法》第29条第2项:因他人盗用姓名,致受损害者,得诉请法院禁止其盗用,于有故意或过失时,得请求损害赔偿,如按其加害情形,认为给付一定金额系属正当者,并得请求慰抚金。

---

① Oftinger, Schweizerisches Haftpflichtrecht, 4. Aufl. 1975, S.286.

(2)《瑞士民法》第 93 条第 2 项：无过失之婚约一方当事人因婚约被毁，致其人格关系蒙受重大损害者，法院得命他方婚约当事人给付慰抚金。

(3)《瑞士民法》第 151 条：Ⅰ.因离婚致无过失之配偶其财产权或期待权受损害者，有过失之配偶应予以相当之赔偿。Ⅱ.导致离婚之事实，使无过失之配偶，蒙受人格关系之严重损失者，法院并得判给慰抚金。

(4)《瑞士民法》第 318 条：生父于同居前曾与生母约定结婚，或其同居对生母构成重罪，或生父对生母滥用权势而同居，或生母同居时未成年者，法院得命给付一定金额作为慰抚金。

(5)《瑞士债务法》第 47 条规定：对于致死或身体伤害，法院得斟酌特殊情事，许给被害人或死者之遗族，以相当金额之慰抚金。

(6)《瑞士债务法》第 49 条第 1 项后段：人格关系受侵害者，于侵害情节及过失程度严重时，得请求慰抚金。

2.《德国民法》

《德国民法》第 253 条规定："非财产上损害，以法律有规定者为限，得请求以金钱赔偿之。"其所谓法律有特别规定，主要系指下列两种情形：

(1)《德国民法》第 847 条：Ⅰ.在侵害身体或侵夺自由之情形，被害人对非财产上损害，亦得请求赔偿相当之金额。Ⅱ.对妇女犯违背伦理之重罪或轻罪，或因诈欺、胁迫或滥用从属关系，使其应允为婚姻外之同居者，该妇女亦有同一之请求权。

(2)《德国民法》第 1300 条：品行端正之女方当事人，经与他方同居而具备《民法》第 1298 条或第 1299 条关于婚约解除之要件者，亦得就非财产上之损害，请求相当之金钱赔偿。①

3. 台湾地区现行"民法"

台湾现行"民法"系兼采《瑞士民法》(及《债务法》)与《德国民法》立法例，对照观之，即：

(1)第 18 条，系采《瑞士民法》第 28 条。

---

① 关于德国法及比较法上之研究，参见 Stoll, Empfiehlt es sich eine Neuregelung der Verpflichtung zum Geldersatz für immateriellen Schaden? Gutachten für 45. Deutschen Juristentag, 1964, S. 65f.

(2) 第 19 条,系仿《瑞士民法》第 29 条。①
(3) 第 194 条,系参考《瑞士债务法》第 47 条。
(4) 第 195 条,系参考《德国民法》第 847 条。
(5) 第 979 条,系参考《瑞士民法》第 93 条。
(6) 第 1056 条第 2 项,系参考《瑞士民法》第 151 条。

(二) 解释适用

比较法为法律解释的一种方法,台湾现行"民法"多采外国立法例,比较法对于阐释法律疑义,特具意义。② 非财产损害赔偿之所以产生许多争议,主要是因为兼采瑞、德二国立法例,致其体系概念、用语,未趋一致,兹分别论述之:

(1)"民法"虽未设类如《德国民法》第 253 条之规定,但依第 18 条第 2 项及第 194 条、第 195 条及第 1056 条等规定,应认为系采取相同原则,即关于非财产上损害,以法律有特别规定者为限,始得请求金钱赔偿。③

(2) 第 18 条第 2 项所谓之"损害赔偿",系指财产上损害赔偿,所谓之"慰抚金",系指非财产上损害之金钱赔偿。第 195 条等规定所谓"虽非财产上损害,亦得请求赔偿相当金额",在德国判例学说上称为痛苦金(Schmerzensgeld)④,在《瑞士民法》称为 Genungtuungsgeld,均相当于"民法"所称之慰抚金。易言之,"慰抚金"与"虽非财产上损害,亦得请求赔偿相当金额",系属同义。不可能发生前者所得请求赔偿之范围较后者为广,前者包括后者之问题。

---

① 第 19 条规定:"姓名权受侵害者,得请求法院除去其侵害,并得请求损害赔偿。"此项规定解释上有若干疑义:(1) 请求损害赔偿,是否须以加害人具有故意或过失为要件?(2) 所谓"损害赔偿",与第 18 条第 2 项对照之,似不应含慰抚金在内,但 1961 年台上字第 114 号判例谓:"受精神之损害得请求赔偿者,法律皆有规定,如第 18 条、第 19 条、第 194 条……"似又认为姓名权被侵害亦得请求慰抚金。

② 参见拙著:《比较法与法律之解释适用》,载《民法学说与判例研究》(第二册),北京大学出版社 2009 年版,第 1 页;《民法实例研习基本理论》,第 136 页。

③ 关于第 18 条第 2 项,第 192 条至第 195 条规定对债务不履行之类推适用,参见孙森焱:《民法债编总论》,第 316 页。涉及契约责任与侵权责任竞合问题,在此暂不详论。

④ 参见 Deutsch, Haftungsrecht I, Allgemeine Lehren, 1976, S. 2.; Hermann Lange, Schadensersatz, 2. Aufl. 1990, S. 433; Larenz, Schuldrecht I, 14. Aufl. 1987, S. 287, 474ff., Jarosch/Müller/Pieg, Das Schmerzensgeld in medizinischer und juristischer Sicht(奥国法),1987.

（3）学说上有争议的是，第184条与第18条的适用关系。第18条系采自《瑞士民法》第28条，前已论及，第184条系仿《德国民法》第823条及第826条而制定。第184条第1项前段规定："因故意或过失不法侵害他人之权利者，应负损害赔偿责任。"其所谓权利，包括人格权在内。就此点而言，第184条可解为系第18条第2项所谓之特别规定。[①] 又第184条第1项所谓损害赔偿系兼指财产上损害及非财产上损害，因此在"民法"规定，有两项法律适用原则，应予注意：

其一，故意或过失不法侵害他人人格权者，对其所生财产上损害，应依第184条第1项前段规定，负损害赔偿责任，原则上应恢复原状，不能恢复原状或恢复原状有困难者，应以金钱赔偿之（参阅第213条以下）。

其二，故意或过失不法侵害他人人格权者，对所生之非财产上损害，亦应恢复原状，但仅于有法律特别规定时，得请求慰抚金，即请求非财产上损害相当金额之赔偿。

（4）第18条第2项所谓之特别规定，是否包括第979条、第999条、第1056条，学者有不同见解，认为："关于解除婚约得请求非财产损害（第979条），结婚无效或被撤销得请求非财产损害（第999条），因离婚得请求非财产损害（第1056条）等各种情形，均系基于身份契约所发生，尚难认系人格权被侵害得请求慰抚金之特别规定，可见第18条第2项，于身份权及财产权被侵害时，亦应类推适用之。"关于此项见解[②]，应说明的有三点：

其一，第979条、第999条、第1056条虽系基于身份契约而发生，在《瑞士民法》上仍认为系人格关系受侵害，为《瑞士民法》第28条第2项所称之特别规定，在台湾地区亦可作相同解释，因为身份契约亦含有人格关系。

其二，纵认为第979条等规定，非属于第18条第2项人格权受侵害得请求慰抚金之特别规定，亦不宜认为身份权或财产权受侵害时，亦有第18条第2项之类推适用，而应由此等规定肯定"民法"有"非财产上损害，以法律有特别规定者为限，始得请求慰抚金"之基本原则。

其三，在现行法上，似无关于财产权被侵害得请求慰抚金之特别

---

① 同此见解，参见孙森焱：《民法债编总论》，第167页。
② 参见孙森焱，前揭书，第172页。

规定。

综据上述可知,关于非财产上损害,以法律有特别规定为限,始得请求赔偿相当金额,而此种虽非财产上损害亦得请求赔偿之相当金额,即系指慰抚金而言。"慰抚金"与"虽非财产上损害,亦得请求赔偿相当金额",系属同义。以身体被他人伤害为例,其财产上损害得请求恢复原状或金钱赔偿;其非财产上损害,亦得请求恢复原状(例如治疗),此外并得依第195条请求相当金额之赔偿(慰抚金)。若肯定时间上光阴之浪费亦属非财产上损害,被害人亦得请求慰抚金。

三、时间浪费之为非财产上损害

(一) 非财产损害的意义

非财产上损害,以法律有特别规定时,始得请求赔偿相当的金额(慰抚金),为"民法"的基本原则,前已论及。因此非财产上损害与财产上损害如何区别,乃成为重要问题。通说认为财产上损害系指对于财产所加物质上的损害,又称为有形损害;非财产损害系指财产上损害以外的损害,又称为无形损害。[①] 德国通说认为损害得以金钱计算或衡量的,为财产上损害,反之,则为非财产上损害。[②] 判断标准着眼点略有不同,但结论多属一致,即侵害生命、身体、健康、自由、名誉等所致精神或肉体的痛苦,为非财产上损害,其因身体、健康被侵害所支出的医疗费或不能营业所减少的收入(所失利益,第216条),为财产上损害;侵害他人之物(例如古董或汽车)致其价值减少,为财产上损害,被害人因心爱之物被毁损,精神遭受痛苦,则为非财产上损害。

对非财产上损害的金钱赔偿所以特加限制,主要是基于法律政策上的考虑,就被害人言:此种损害通常不若财产上损害重要,有无轻重,难以衡量;就加害人言:此种损害难以预见,责任不易限定;就法院言:此种损害,若皆许以金钱赔偿,诉讼群起,增加讼累,同时难免造成法官自由裁量权的滥用。惟须注意的是,限制过于严格,亦非妥适。为此,实务上曾在

[①] 参见史尚宽:《债法总论》,第278页;孙森焱,前揭书,第316页;曾世雄,前揭书,第5页。

[②] Lange, Schadensersatz, S. 49f.; Larenz Schuldrecht Ⅰ, S. 484.

若干案例类型(例如配偶之通奸,侵害隐私权)上,力求突破。① "司法业务研究会"特别提出"虽非财产上损害,亦得请求赔偿相当之金额"与"慰抚金"是否属相同的问题,并认为时间浪费,虽不得请求慰抚金,但属非财产上损害,仍得请求赔偿相当的金额,其目的当在强化对人格权的保护。

(二) 时间浪费为非财产上损害

时间浪费究为财产上损害,抑为非财产上损害?关于此点,台湾地区的判例、学说似未论及,"司法业务研究会"提出此项具有启示性之问题,对法学研究,著有贡献,又其肯定时间浪费系属非财产上损害,实值赞同,兹再补充说明之。

时间之利用,系基于个人意思自主决定,而意思自主又属人格之范畴,与个人人格难以分离,故时间浪费所造成的痛苦、悲伤、沮丧或感叹,为主观之感受。又时间能否换取金钱,涉及因素甚多,殊难加以衡量②,应属非财产损害。兹举数例说明法律适用关系:

(1) 因身体遭受他人不法侵害,致不能参加定期登山活动、学术会议或乒乓球赛时,住院期间感觉浪费时间,造成精神上痛苦,为非财产上侵害,得依第 195 条规定,请求赔偿相当之金额(慰抚金)。

(2) 因自由被他人不法剥夺,致不能出席入场券 5000 元的歌剧演唱会,其所受的损害不是购买入场券支付之 5000 元,而是不能享受歌剧之美,而造成精神痛苦,得依第 195 条规定请求相当金额的赔偿。

(3) 因汽车被他人不法毁损,致不能出席入场券 5000 元的歌剧演唱会,其所受的损害,不是购买入场券支付的 5000 元,而是不能享受歌剧之美而遭受之精神痛苦,前已论及。此种因物被毁损所致的非财产上损害,因法无明文,而无从依侵权行为规定请求相当金额之赔偿。

(4) 护士非法终止契约,医生未雇用他人,自己利用假日加班,整理应由该护士负责的病历档案。此项劳力(Arbeitskraft)之使用,亦为非财

---

① 参见拙著:《干扰婚姻关系之侵权责任》,载《民法学说与判例研究》(第一册),北京大学出版社 2009 年版,第 183 页。关于侵害隐私权,最近发生一则法律问题:甲与乙女幽会,丙偷予录影,再对乙女透露其情,致其精神痛苦。第一厅研究意见认为隐私权亦属人格权之一种,隐私权旨在保护个人之私生活,侵害隐私权系故意以悖于善良风俗加损害于他人,被害人得依第 184 条第 1 项后段请求相当金额之赔偿。关于此项"侵害隐私权与慰抚金"之问题将另撰文讨论之。

② 参见 Lange, Schadensersatz, S. 384f. ; Larenz, Schuldrecht Ⅰ, S. 484f.

产上损害,因法无明文,而无从依债务不履行规定请求相当金额的赔偿。①

四、假期之商业化

(一) 问题的说明

关于时间浪费之损害赔偿,在此拟特别提出讨论的是假期问题。兹举两例加以说明:

(1) 某甲前往某地假期,抵达旅馆时,被车撞伤,住院2周,假期"泡汤"。

(2) 甲偕其新婚之妻参加乙旅行社举办之蜜月旅行团,因乙旅行社安排不当,旅馆客满,改宿民宅,数人共居一室。又因导游疏忽,行李被盗,衣物尽失,甲被迫提早回家。

在此两种情形,甲所遭受的究为财产上损害抑或为非财产上损害?如何请求赔偿?旅行度假已成为台湾地区人民生活一部分,此类案例如何处理,德国判例、学说及立法例有重要的发展,足供参考。

(二) 商业化之基本理论

为克服《德国民法》第253条关于"非财产上损害,以有法律规定者为限,始得请求相当金钱赔偿"之限制,德国法院从事两个重要的造法活动:一为以《宪法》(基本法)保护人格之规定为依据,创设一般人格权,并类推适用《德国民法》第847条规定,认为名誉、隐私等人格利益被侵害时,亦得请求抚慰金②;另一为非财产上损害之商业化。

所谓非财产上损害之商业化(Kommerzialisierung),系指凡于交易上得以支付金钱方式"购得"之利益(例如享受快乐、舒适、方便),依据交易观念,此种利益即具有财产价值,从而对其侵害而造成之损害,应属财产

---

① 侵害劳动力(Arbeitskraft)是否构成非财产上损害,系德国法上之争议问题,与时间浪费有关,亦在此略为说明。其详论参见 Magnus, Schadensersatz und Ersatz, 1987, S. 236f.

② 参见施启扬:《从个别人格权到一般人格权》,载《台大法学论丛》第4卷第1期。

上损害,被害人得请求金钱赔偿,以恢复原状。① 此种商业化思想首先被应用于物(尤其是汽车)之使用利益,兹先说明之。

在 BGHZ 40,346 一案②,原告系汽车所有人,被告为联邦政府。原告主张因被告所属交通指挥者之过失而肇致车祸,汽车必须送厂修理 3 天,在此期间,原告并未承租其他车辆而支付费用。原告主张被告应赔偿其汽车修理费。此外,原告尚主张其对汽车之使用可能性(Kommerzialisierung)亦因车祸而被剥夺,受有财产上损害,被告应以金钱赔偿之。被告辩称,原告于汽车送修期间既未承租其他车辆使用,则原告并未因此受有财产上损害,自不得于汽车修理费用以外请求金钱赔偿。

德国联邦法院(Bundesgerichtshof,简称 BGH)判决原告胜诉,判决理由具有高度法理上趣味。摘录如下:

《德国民法》第 249 条前项规定:"负损害赔偿义务者,应恢复该造成赔偿义务之情事如未发生时所应有之状态",此所谓"该造成赔偿义务之情事如未发生时所应有之状态",系指如无损害事故所应显示之被害人之经济状态。故损害并非是纯粹之法律概念,而是一个与法律有关之经济概念。基此财产上损害之概念及《德国民法》第 249 条以下所规定之损害赔偿义务,由于汽车受损送修致暂时无法使用,纵被害人于此期间未租用替代车辆,仍应认为受有财产上损害。因为依吾人之生活经验,汽车暂时无法供使用事实反映于该汽车之售价上。买受一辆由于某种原因致无法立即交付的汽车,其所支付之价金必然比买受一辆可以立即使用之汽车为少。此外,由于汽车必须送修致无法使用该车,亦可能因此无法将之出租,而受有"所失利益"的损害。

汽车所有人为能随时使用汽车,通常均须支付相当之费用,例如价金、车库费用、保管费、保险费、税金等。购买汽车而支付相当之费用,通常均有其经济上之理由,或为更合理地支配其时间,或为更有效率地发挥其劳动能力,或为更快速地上、下班,俾能得到充分之休息。此项随时且

---

① 关于商业化思想,参见 Ströfer, Schadensersatz und Kommerzialisierung, 1982; Tolk, Der Frustrierungsgedanke und die Kommerialisierung immaterieller Schäden, 1977.

② BGHZ 40, 346 系指《德国联邦民事判决例集》第 40 卷,第 346 页(台大法学研究图书室藏有全套判例集,可供参见)。本件判决摘自詹森林:《物之抽象使用利益之损害赔偿》,(1984年度)台大法学研究所硕士论文,第 61 页。本论文讨论《德国损害赔偿法》上重要争论问题,深具参考价值。

立即得使用其汽车之可能性,已为当今社会一般人承认系属经济上之利益,就经济观点言,汽车因毁损致无法供使用本身即系足发生损害赔偿请求权之财产上损害。

按汽车之使用可能性通常只能以支付相当财产上费用之方式而获得,其使用可能性实际上已被商业化,侵害其使用可能性,即为侵害以该费用所追求之财产价值的对价。准此以言,本案中原告(即被害人)虽未自行租用替代车辆,致未就替代车辆或其他运输工具支付费用,仍得享有损害赔偿请求权。

当然,在诸多案例之中,被害人有因汽车送修无法如往常般地依其意思使用,以致感觉惆怅、愤怒或不悦。此等不利益固有可能被视为非财产上损害,惟不因此排除其同时具有因使用可能性被剥夺所引起之财产上损害之性质。

BGHZ 40,346一案判决公布,甚受批评,但德国联邦法院一直坚持其汽车使用可能性丧失系财产上损害之基本见解,但亦斟酌学者的见解,加以适当修正。① 至于被害人得请求之赔偿数额,德国实务上认为系相当于租用与受损汽车同类型车辆所须支付之租金,但应扣除出租业者就租金所取得之营业利润及其一般营业费用,及被害人因汽车送修,未使用该车所节省之费用(例如车库租金、过桥费、汽油费等)。扣除的结果,其赔偿数额约为租金的 35%—40%左右。②

(三) 德国之判例及《德国民法》第 651 条 F 之规定

1. 判例

关于假期的商业化,德国实务上案例甚多,兹举三则 leading case 介绍如下:

(1) BGH NJW 1956,1234(海上旅游案件)③。本件判决为非财产损害商业化之基本案例。在本案,原告预定偕其妻于 1953 年 3 月 27 日起在 R 地搭船前往国外度假 18 日,特先于同年 3 月 23 日在其居住地将其装载衣物之行李箱报关检验。由于检验员 A 检验之疏忽,致该行李箱于

---

① 参见詹森林,前揭论文,第 61 页以下。
② 参见詹森林,前揭论文,第 72 页。
③ 本判决摘自詹森林,前揭论文,第 44 页。

运交 R 地途中被另一海关官员 B 怀疑报关手续尚有瑕疵,予以扣留待查。嗣经核对结果,确认手续无误后,海关答应继续运送行李箱,但于海上旅行起程后之 4 月 7 日以空运寄达原告。原告主张因行李箱之迟延运达,致其夫妻二人无法于旅行途中正常地换穿衣服,乃请求被告(海关)赔偿其由此所受之损害。

第二审法院认为,被告应对行李箱的迟延运到负责。由于行李箱之迟延运到,致原告及其妻无法换穿衣服,其欲借度假旅行获取之休憩受到侵害,此乃财产上损害,原告之妻所受侵害更为严重,因而被告应赔偿原告 100 马克,原告之妻 200 马克。

联邦法院驳回被告所提之第三审上诉,其理由强调被告所提上诉,系主张原告所受之损害并不是财产上损害,而系非财产上损害。此项主张殊不足采。原告所遭受的,实为财产上损害。原告及其妻与船公司缔约,其目的不仅在于运送彼二人到达旅游地而已,尚且在于提供包括原告夫妻在内之所有旅客一个不受干扰之海上旅行休憩之享受。原告及其妻支付总额 1800 马克而"购得"此项享受。由于行李箱被扣留,致原告借海上旅行所欲取得的休憩因无法正常换穿衣服,而遭受严重侵害。借着海上旅行所欲取得的休憩,通常只有通过相当之费用支出始能"购得",在某种范围之内可谓业已商业化,对其所为之侵害实属对具有财产价值对价之侵害,原审法院判令被告赔偿原告及其妻各 100 马克及 200 马克,并无违误。

(2) BGHZ 63,88(罗马尼亚旅行案件)。本件判决系假期商业化的基本案例。原告为一成衣商,为自己、配偶及两个小孩,与被告旅行社订约,参加罗马尼亚黑海海滨之旅,假期两周。旅馆设备简陋、卫生不佳、食物冰冷、海滩不具游泳可能性,具有严重瑕疵,原告认为度过无益之假期,乃向被告请求赔偿 1500 马克,此为再度度假时必须支付其成衣厂代理人费用 60% 左右。

联邦法院判决原告胜诉,认为度假本身具有财产价值,本案尤属如此。此为保持或恢复劳动力的休假,系通过劳动给付或对代理人支付费用而取得。关于物之使用利益所确立之原则,在无益度假之情形,亦有适用余地。易言之,假期亦应予以商业化,依交易观念,肯定其具有固定之财产价值。原告依劳动给付或其他方式支付对价,购得假期,不能依其目的而利用,与购买汽车而不能使用,基本上殆无不同。就此而言,可谓时间即为金钱(Zeit ist Geld),具有一定之财产价值,为恢复劳动力而度假,对人民生活的重要性,与日俱增,就其所受损害,得请求赔偿,确有必要。为避免赔偿责任漫无边际,此项财产上损害赔偿仅限于假期全部或一部无益度过(泡汤)之情形,例如预先租订旅馆,旅馆未予保留,未能寻获住处,不得已而放弃度假。至于旅游给付或设备仅具通常瑕疵时,则仅得请求减少价金,其因此而发生之不愉快,属于非财产上损害,不能依《契约法》之规定请求损害赔偿。

（3）BGHZ 28,212(假期车祸案件)。在本件判决,原告某医生赴 S 城度假,被卡车撞倒,受到伤害。该卡车于被告投有责任保险,被告亦承认责任原因。原告主张因受伤害致其在 S 城的假期泡汤,请求被告赔偿 10837.69 马克,相当于补行度假所需之费用。

联邦法院判决原告败诉,认为在侵权行为,被害人得请求因身体被侵害所致收入之减少(《德国民法》第 842 条),其因身体被侵害而遭剥夺之度假享受,依立法者的意思及现行法规定,仅能请求慰抚金(《德国民法》第 847 条、第 253 条)。此项规定禁止将度假直接予以商业化之评价。在旅游契约债务不履行之情形,实务上关于假期商业化的见解,已由立法规定(《德国民法》第 651 条 a 以下)所取代。在侵权行为方面,仍应维持向来的见解,认为不宜将度假加以商业化。旅游契约系以度假之享受为其给付客体,《侵权行为法》则在保护人身健康,其情形不同。为尊重《德国民法》第 253 条关于非财产损害,非有特别规定,不得请求金钱赔偿的基本原则,并避免加害人责任无限扩大,被害人不得主张假期商业化,而请求财产上损害赔偿,其不能享受度假之乐趣,仅能于量定痛苦金时加以斟酌。

2.《德国民法》第 651 条 F 之规定

度假商业化系《德国损害赔偿法》上一项重大发展,旨在突破《德国民法》第 253 条对非财产上损害金钱赔偿请求权的限制,其理论构成虽然甚受批评,但事实上确有其需要。因此 1979 年修正《德国民法》,增列旅游契约(Reisevertrag)时,特于第 651 条 F 第 1 项规定:旅行之瑕疵,因可归责旅行业之事由而发生者,旅客除得解除契约、减少价金外,并得请求不履行之损害赔偿;第 2 项明定:旅行无法进行或受重大之干扰,旅客就假期之无益度过亦得请求赔偿相当金额。此为数十年判决学说论辩的结果。通说认为在此规定立法者已不采取商业化的理论,将假期视为一种财产价值;此项条文乃《德国民法》第253条所谓"虽非财产上损害,亦得请求赔偿相当金额"之特别规定。①

(四) 英国法上之案例

兹再举英国法上一件案例补充之。在 Jarvis v. Swan's Tours Ltd. 一案②,原告热爱滑雪,与被告旅行社订约,支付63.45磅,在瑞士度圣诞节假期,此为其整年之假期。被告之说明书记载度假地之美丽风光,滑雪场就在近处,旅馆每晚有娱乐节目,店主通晓英语。原告指出事实并非如此,多数期间其为唯一的旅客,故未举办承诺之晚会;滑雪场距离遥远;店主根本不会听讲英文,大失所望。郡法院(County Court)判决认定被告违约,应赔偿契约金的半数。上诉法院(Court of Appeals)将赔偿金额提到125磅。应特别提出的是,英国有名的法官 Lord Denning M. R. 之判决理由,略谓:"常有认为在违反契约的情形,对精神痛苦不能给予损害赔偿……法院仅于原告受有身体不便时,始许其请求赔偿……此项限制已属落伍,不合时宜,在一适当案件,于契约亦得就精神痛苦请求损害赔偿,如同于侵权行为得就精神震撼(Shock)请求损害赔偿一样。度假契约或其他为提供娱乐及享受之契约,系属此类适当案件。一方当事人违约时应对他方当事人因违约所受的失望、痛苦、不满或沮丧,给予损害赔偿。此项损害不易以金钱计算,但其困难并不多于法院每日在人身侵害案件所做损害赔偿之计算。"③

(五) 分析讨论

《德国民法》关于假期被侵害所生损害赔偿,在判决学说及立法例上的发展,对台湾现行"民法"的解释及立法政策具有高度启示性。就法律解释言,应认为假期无益度过(泡汤)实属非财产上损害,不宜予商业化,

---

① Larenz, Schuldrecht Ⅰ, S. 505. 关于德国民法旅游契约,参见许惠祐:《旅行契约之研究》(1988年度政大法律学研究所博士论文),第4—68页以下。本论文内容颇详尽深入,足供参考。

② [1973] I. Q. B 223(C. A).

③ 本判决所称关于侵权行为 Shock 案件,例如甲之父母、配偶、子女亲友等目睹或耳闻甲遭乙杀害,因受惊吓刺激而致健康受损时,得否向乙请求损害赔偿,参见拙著:《缔约上之过失》,载《民法学说与判例研究》(第一册),北京大学出版社2009年版,第70页;Dias and Markesinis, Tort Law, 1984, p. 83; Street, The Law of Tort, 8th Edition by Margaret Brazier, 1988, p. 177f.

使之成为财产上损害,因此须有法律特别规定,始得请求相当金额的赔偿。就"立法政策"言,关于旅游契约,《德国民法》第651条F第2项规定确有参考价值。

英国法院亦认为因假期"泡汤"所受的精神痛苦,违约的被告应负损害赔偿责任,其赔偿金额可高达契约金的两倍。此项判决的结论与《德国民法》第651条F规定颇为相近,均肯定旅游业者违反契约,致旅客不能达到其度假目的,精神受有痛苦时,得请求赔偿相当之金额。

五、结　　论

第18条第2项规定,人格权受侵害,被害人于法律有特别规定时,得请求"慰抚金",第194条、第195条等规定于生命、身体、健康、自由、名誉遭受侵害时,"虽非财产上损害,亦得请求赔偿相当之金额",在解释上应认为二者系属同义。易言之,此项对非财产上损害予以赔偿的相当金额,就是慰抚金。

因侵权行为或债务不履行而受到时间光阴上之浪费,系属非财产上损害。时间的利用与个人的人格不可分离,不能加以商业化。时间就是生命,无可替代,不能用金钱购买之。时间是人格专属,是一种非财产性法益。

在侵权行为方面,身体、健康或自由遭受侵害,不能参加预定活动,因浪费时间而感受精神痛苦,依第195条规定请求赔偿相当金额时,于量定慰抚金之际,应予斟酌。

在契约债务不履行,"民法"未设"虽非财产上损害,亦得请求赔偿相当金额"之规定,故债权人纵因时间浪费受有精神上痛苦,亦不得请求慰抚金。① 关于旅游契约,《德国民法》第651条F第2项设有明文,英国有突破之判例,足供参考。

---

① 关于契约上债务不履行与非财产上损害赔偿,简要说明,参见曾世雄,前揭书,第97页。比较法上深入之研究,详见 Braschos, Der Ersatz immaterieller Schaden im Vertragsrecht, 1976.

第三人利益买卖契约
之解除及其法律效果

一、1991 年台上字第 1419 号判决

第三人利益契约是民法上重要之制度,实务上曾发生两个素有争论之案例,一为向他人购买不动产,以未成年子女名义登记之①;一为非自耕农购买农地,而以有自耕能力者的名义加以登记之。② 最近"最高法院"著有一则重要判决,涉及解除契约及其法律效果,有助澄清第三人利益契约之若干基本问题,特撰本文加以评释。

在 1991 年度台上字第 1419 号判决一案③,上诉人主张:伊将坐落桃园县芦竹乡南崁下段 644-44 及 644-45 号土地及地上建物售予诉外人赵时仔,依赵时仔指示,将该两笔土地所有权移转登记与被上诉人,并连同

---

① 参见 1964 年台上字第 1456 号判例:"父母向他人购买不动产,而约定径行移转登记为其未成年子女名义,不过为父母与他人间为未成年子女利益之契约(第 269 条第 1 项之契约),在父母与未成年子女之间,既无赠与不动产之法律行为,自难谓该不动产系由于父母之赠与,故父母事后就该不动产取得代价,复以未成年子女名义,为第三人提供担保而设定抵押权者,不得借口非为子女利益而处分应属无效,而诉请涂销登记。"参见拙著:《父母非为未成年子女利益处分其财产之效力》,载《民法学说与判例研究》(第一册),北京大学出版社 2009 年版,第 320 页。

② 参见 1984 年度第五次民事庭会议决议;第一厅研究意见(1984 年 8 月 28 日)(1984)厅民一字第 0672 号函复台高院。1981 年台上字第 2025 号判决:"私有农地出售与无自耕能力之人者,其买卖契约固因客观上之给付不能而非有效,惟如同时约定可登记于买受人所指定有自耕能力之人时,则此项约定亦为法所不禁,即难谓以不能之给付为标的,而认其契约系自始无效。查第 269 条第 1 项前段规定:以契约订定向第三人为给付者,要约人得请求债务人向第三人为给付。本件被上诉人反诉请求上诉人将讼争耕地之所有权移转登记与第三人许苏玉英,并将地上建物交付与许苏玉英,即属正当。"(《司法周刊》第 62 期)可供参考。

③ 参见《法令月刊》第 42 卷第 12 期,第 30 页。

地上建物一并交付与被上诉人,惟赵时仔尚有价金新台币20万元未为清偿,经伊定期催告赵时仔仍不为履行,伊乃依法解除买卖契约。依第270条及第259条之规定,被上诉人自负恢复原状之义务等情形,求为命被上诉人将系争土地所有权移转登记与伊,并在原审为诉之追加,求为命被上诉人将系争土地及地上建物,交付与伊之判决。被上诉人则以:伊取得系争土地及地上建物系向赵时仔买受而来,并非单纯基于上诉人与赵时仔间之第三人利益契约,且恢复原状应属契约当事人之义务,伊非上诉人买卖契约之当事人,自不负恢复原状之义务等语,资为抗辩。

原审审理结果,依第270条规定:"前条债务人得以由契约所生之一切抗辩,对抗受益之第三人。"所谓"抗辩"及"对抗",均属被动而为之意思表示,本件上诉人请求被上诉人恢复原状,系主动为意思表示,与该条之规定不符,且利他契约,系使第三人直接取得请求债务人给付之权,故于第三人已表示享受其利益之意思后,当事人除得第三人同意外,不得就其契约变更或撤销,1929年上字第298号著有判例。① 系争土地所有权既于1990年2月22日移转登记与被上诉人,被上诉人已有享受其利益之意思表示,则参照上揭判例意旨,除得被上诉人同意,上诉人亦不得解除其与赵时仔间之买卖契约,而请求被上诉人恢复原状,为其得心证之理由,因而维持第一审所为驳回上诉人请求被上诉人移转系争土地所有权登记之诉之判决,并驳回请求被上诉人交付系争土地及地上建物之追加之诉。

判决理由认为:"按第269条第2项规定,第三人表示享受利益之意思前,当事人得变更其契约或撤销之者,系指第三人已为受益之意思表示时,契约当事人即不得以协议变更契约之内容或使契约根本消灭之意,若当事人行使因法定原因发生之撤销权或解除权,应不受该条规定之限制。盖第三人约款既构成要约人与债务人间补偿关系契约之一部分,当不得因保护第三人之利益而剥夺契约当事人基于法律规定而发生之权益。原审认定被上诉人在表示受益之意思,接受系争土地所有权之移转及土地房屋之交付后,债务人即上诉人不得解除其与要约人间之补偿关系买卖

---

① 1929年上字第298号判例谓:"以契约订定向第三人为给付者,其第三人直接取得请求给付之权,若第三人已表示享受其利益之意思,当事人即不得就其契约变更或撤销。"此项判例的内容仅重复第269条第2项规定,似无债务人解除契约须得第三人同意之意旨。

契约云云,固非的论。惟第259条所定契约解除之恢复原状义务,系契约当事人义务,依第三人约款取得权利之第三人究非契约之当事人。上诉人依该规定请求非契约当事人之被上诉人恢复原状,即属无据,原审为上诉人不利之判决,其所持理由虽有未当,结果尚无不合,仍应予以维持。至被上诉人基于上诉人与赵时仔约定之第三人约款,取得系争土地所有权及受土地房屋之交付,该约款被解除后,其受给付之原因消灭,依其他法律规定,被上诉人应否返还所受之利益,系另一问题,非本件所得审究。上诉论旨,声明废弃原判决,不能认为有理由。"①

二、问题争点及第三人利益契约之结构

(一) 问题争点

1991年台上字第1419号判决涉及三个基本问题:

(1) 解除权之发生。解除权发生之事由及谁为解除权人,究为契约当事人或第三人。

(2) 解除权之行使。若契约当事人有解除权时,解除权之行使须否得第三人同意。

(3) 解除契约之法律效果。涉及债务人、要约人及第三人之三方关系,尤其是债务人解除契约时,谁应负恢复原状之义务,究为要约人或第三人;第三人是否应负不当得利返还义务。

(二) 第三人利益契约之结构

1. 第三人利益契约之意义

第269条第1项规定:"以契约订定向第三人为给付者,要约人得请求债务人向第三人为给付,其第三人对于债务人亦有直接请求给付之权。"基此规定,通说认为第三人利益契约者,指当事人一方(要约人)约使他方(债务人)向第三人给付,第三人因而取得直接请求给付权利之契约,又称第三人给付之契约,或利他契约。须注意的是,此种第三人利益契约,并非是独立的契约类型,而是于任何契约(包括双务契约及单务契

---

① 参见《法令月刊》第42卷第12期,第30页。

约)均得为此第三人利益之约定,例如第三人利益之买卖契约,第三人利益之赠与契约,第三人利益之保证契约或第三人利益之保险契约。① 因此,所谓第三人利益契约实为买卖、赠与、保证或保险契约之附款。此项第三人约款改变了契约上给付义务之方向。例如甲向乙购车,约定丙得向乙请求给付,出卖人乙本应向买受人甲为给付之义务,因第三人约款改变为应向丙提出之。②

2. 第三人利益契约之三面关系

附第三人利益约款之契约,涉及三个法律关系,应予区别:

(1) 补偿关系。此系存在于债务人与要约人之契约关系(如买卖、赠与、保险),乃债务人所以愿与要约人订定向第三人为给付之原因关系。

(2) 对价关系。此系存在于要约人与第三人之间,通常为契约关系(如买卖、赠与),但不以此为必要,法定债之关系(例如扶养义务、损害赔偿)亦属之,乃要约人所以欲使债务人向第三人为给付之原因关系。

(3) 债务人与第三人间之关系。学说上称之为涉他关系或履行关系。第三人虽得向债务人请求给付,但不因此成为第三人利益契约之当事人。

3. 两个基本类型

第三人利益之契约,依其功能,可分为两个基本类型。第一个基本类型系以缩短给付为目的(Verträge zur Abkürzung des Leistungsweges),旨在简化给付关系,例如甲赠某画予乙,乙转赠与丙,乙(要约人)与甲(债务人)约定,丙(第三人)对甲有直接请求给付之权利。甲对丙交付其物并移转其所有权时,系同时履行甲对乙,乙对丙之给付义务。第二个类型系具生计扶养照顾性质之第三人利益契约(Verträge mit Versorgungscharakter zugunsten Dritter),以第三人利益之保险契约为典型,其特色系契约上

---

① 协议离婚时之财产给予,亦得为第三人利益之约定。1980年台上字第244号判决谓:"契约订定向第三人为给付者,第三人对于债务人亦有直接请求给付之权,此观第269条第1项规定自明。本件上诉人与诉外人黄某协议离婚,并于协议离婚书第4条载明,上诉人愿将其所有之系争土地及地上房屋移转登记与长子即被上诉人所有,被上诉人虽非该离婚契约之当事人,依据前面规定,被上诉人自得径向上诉人请求给付。"可资参照。

② 关于第三人利益契约上"给付义务之方向变更"(Richtungswecksel),参见 Heinrich Lange, Die Auswirkung von Leistungsstörung bei echten Verträgen zugunsten Dritter im Rechtsbereich des Dritten, NJW 1965, 675.

之给付自始以归于第三人为目的。①

4. 本件判决

本件判决系属第三人利益之买卖契约,即甲(诉外人、要约人)向乙(上诉人、债务人)购买土地及建物,约定乙向丙(被上诉人、第三人)为给付,丙得对乙直接请求交付其物交移转其所有权。甲与乙间之补偿关系为买卖契约,甲与丙间之对价关系,亦为买卖。就类型言,可谓是典型缩短给付之第三人利益契约。

三、解除权之发生

(一) 要约人方面之债务不履行

1. 要约人给付价金迟延

在本件判决,要约人向债务人购买土地及地上建物,尚有部分价金迄未付清,经催告仍不为履行。在此情形,原审及"最高法院"均肯定债务人得解除契约。此项见解,可资赞同。其解除契约之意思表示,应向要约人为之。须注意的是,债务人所解除者,系构成补偿关系之买卖契约,而非第三人约款。终审判决理由谓:"至被上诉人基于与赵时仔订定之第三人约款,取得系争土地所有权及受土地房屋之交付,在该约款被解除后……"认为其被解除者,乃第三人约款,似有误会。

2. 第三人受领迟延

在买卖契约,买受人对于出卖人有受领标的物之义务,为第367条所明定,故出卖人已有给付之合法提出,而买受人不履行其受领义务时,买受人非但陷于受领迟延,亦陷于给付迟延,出卖人得依第254条据以解除契约。② 在第三人利益之买卖契约,第三人为债权人,得向债务人(出卖人)请求交付其物,并移转其所有权,债务人已有给付之合法提出,而第三人不履行其受领义务时,应认第三人非但陷于受领迟延,亦陷于给付迟

---

① 参见 Esser/Schmidt, Schuldrechte I, Allgemeiner Teil, 6. Aufl. 1984, S. 590;拙著:《不当得利》,载《民法债编总论》(二),第82页。
② 参见1975年台上字第2367号判例。

延,债务人亦得解除契约。①

(二) 债务人方面之债务不履行

1. 解除契约之事由

在第三人利益之买卖契约,债务人(出卖人)负交付其物并移转其所有权于第三人之义务。解除权之发生事由有给付迟延、给付不能及不完全给付三种情形,分述如下:

(1) 给付迟延。债务人迟延给付者,他方当事人得定相当期限,催告其履行,如于期限内不履行时,构成解除契约事由(第254条),其催告得由第三人或要约人为之。

(2) 给付不能。因可归责于债务人之事由,致给付不能者,构成解除契约事由(第256条)。若给付不能,系不可归责于债务人、要约人或第三人之事由者②,债务人免给付义务(第225条第1项、第226条)。第三人主张代偿请求权时(第225条第2项),要约人负有对待给付之义务。

(3) 物之瑕疵担保责任与不完全给付。在买卖契约,出卖人应负物之瑕疵担保责任时,买受人得请求减少价金、解除契约或请求债务不履行之损害赔偿(第359条、第360条)。在买卖附第三人利益约款之情形,减少价金事关要约人之对待给付,应由要约人主张之。债务不履行之损害赔偿请求权则属于第三人。在种类买卖,第三人得请求交付无瑕疵之物,自不待言。出卖人应负不完全给付之责任时,例如交付之标的物具有瑕疵,致第三人人身或其他财产受有损害时,第三人得请求损害赔偿。此外,并构成解除契约之事由。③

2. 解除权人

债务人给付迟延、给付不能、应负物之瑕疵担保责任或不完全给付时,构成解除契约事由,已如上述。在此情形同时涉及第三人及要约人利

---

① 参见史尚宽:《债法总论》,第600页;Heinrich Lange, NJW 1965, 660; MünchKomm/Gottwald, §334 Rz. 7; Sorgel/Hadding, §334 Rz. 19。

② 在附第三人利益之契约,债务人之给付不能系可归责于第三人时,债务人一方面免负给付义务,一方面得向要约人请求对待给付(第267条)。在此情形要约人得基于与第三人间之对价关系,依不完全给付请求损害赔偿。参见 Sorgel/Hadding, §328 Rz. 52。

③ 参见陈彦希:《第三人利益契约上之不完全给付》(1984年度台大法律学研究所硕士论文),有较深入之分析,足供参考。参见 Papanikolaou, Schlechterfüllung beim Vertrag zugunsten Dritter, 1977。

益,谁有解除权,诚为不易解答之难题。① 理论上有三种见解②:

(1) 要约人有解除权。

(2) 第三人有解除权。

(3) 要约人与第三人皆有解除权,应共同行使之。

对此问题,"最高法院"似未著判决。本文认为解除权应属于要约人,其主要理由为解除契约系契约当事人之权利,第三人虽得直接向债务人请求交付,但并不因此而成为契约当事人,应无解除契约之权利。③ 至于如何兼顾第三人利益,乃解除权之行使应否得第三人同意之问题。④

四、解除权之行使

(一) 问题之提出

如前所述,在第三人利益之买卖契约,要约人应负债务不履行责任时,债务人得解除契约;债务人应负债务不履行责任时,要约人得解除契约。问题之争点在于买卖契约之一方当事人解除契约时,是否须得第三人同意。在理论上有四种可能之见解:

(1) 无论何方当事人解除契约,皆须得第三人同意。

(2) 无论何方当事人解除契约,皆无须得第三人之同意。

(3) 债务人(出卖人)行使解除权时,须得第三人同意;要约人(买受人)行使解除契约时,则无须得第三人同意。

(4) 债务人行使解除权时,无须得第三人同意;但要约人行使解除权时,须得第三人同意。

---

① Larenz, Schuldrecht I, Allgemeiner Teil, 14. Aufl. 1987, S.223.

② 参见史尚宽:《债法总论》,第597页;Heinrich Lange, NJW 1965, 662.

③ 台湾地区及德国通说均采此见解,参见史尚宽:《债法总论》,第597页;Larenz, Schuldrecht Ⅰ, S.223; Fikentscher, Schuldrecht, 7. Aufl. 1985, S.184.

④ 1983年台再字第182号判决略谓:"通说所谓利他契约之第三人,无契约撤销权,乃对原附加第三人约款之基本契约而言,并不包括第244条原债务人所为之有偿行为或无偿行为在内。"(《民刑事裁判选辑》第4卷第3期,第135页)。此项判决认为利他契约之第三人有第244条规定之债权人撤销权,可值赞同。

(二) 学说

台湾学者尚无人主张无论何方当事人行使解除权,均须得第三人同意。在债务人应负债务不履行责任之情形,戴修瓒[①]、史尚宽[②]及郑玉波[③]均认为要约人解除契约时,应得第三人之同意。

值得特别提出的是,孙森焱氏认为无论何方当事人行使法定解除权,均无须得第三人之同意,并作有深刻之说明:"有疑义者,第三人于表示受益之意思以后,当事人是否得行使法定或约定解除权? 按:约定解除权言,既系由当事人于基本行为之补偿关系所订定,与第三人约款同为契约之内容,第三人取得之债权自应同受约定解除权之限制;至于法定解除权,通说则认为除得第三人同意外,不得为之。惟第269条第2项所以规定在第三人表示受益之意思前,当事人得变更契约或撤销之,其理由无非因在第三人表示受益以前,当事人纵变更契约或撤销之,对于第三人之权益亦不致发生影响。若在第三人已表示受益之意思以后,则不容由当事人之意思变更契约之内容或协议解除其契约,否则第三人非但不能享受利益,反将蒙受不测之损害。兹法定解除权之发生原因乃为法律所明定,纯为保护债权人所设之规定。良以第三人利益契约固应重视第三人利益之保护,惟第三人约款若构成补偿关系契约之一部,为保护第三人之利益而剥夺债权人之权益,究嫌本末倒置。解释第269条第2项规定,既未限制当事人行使因法定原因发生之撤销权,当不宜限制当事人行使法定解除权,自以采肯定说为是。"[④]

[①] 戴修瓒:《民法债编总论》,第314页:"第三人已为受益之意思表示后,债务人不履行债务,或因应归责之事由致履行不能时,除原有特别订定或第三人同意外,要约人不得解除契约。盖第三人取得之权利,因第三人之受意思表示,业已确定,自不许任由要约人剥夺也。"

[②] 史尚宽:《债法总论》,第597页:"债务不履行所生之损害赔偿请求权,与第三人因第三人之契约所取得之权利为同一之权利,当事人不得变更或消灭之。故除当事人预先另有约定或得第三人之同意外,受约人不得解除契约。"

[③] 郑玉波:《民法债编总论》,第394页:"至于解除权,除经第三人同意之外,则不得为之,亦即原则上无解除权也。"

[④] 孙森焱:《民法债编总论》,第612页。

(三) 实务

1. 1991 年台上字第 1419 号判决

在本件判决,原审法院认为在第三人表示受利益之意思后,债务人解除契约须得其同意,始得为之。其理由为:利他契约,系使第三人直接取得请求债务人给付之权,故于第三人已表示享受其利益之意思后,当事人除得第三人同意外,不得就其契约变更或撤销,1929 年上字第 298 号著有判例。系争土地所有权既已移转与被上诉人,则参照前揭判例意旨,除得被上诉人同意,上诉人亦不得解除其与赵时仔之买卖契约。

"最高法院"未采原审见解,明确表示债务人解除契约,不必得第三人之同意,略谓:"第 269 条第 2 项规定第三人表示享受利益之意思前,当事人得变更其契约或撤销之者,系指第三人已为受益之意思表示时,契约当事人即不得以协议变更契约之内容或使契约根本消灭之意,若当事人行使因法定原因发生之撤销权或解除权应不受该条规定之限制,盖第三人约款既构成要约人与债务人间补偿关系契约之一部分,当不得因保护第三人之利益而剥夺契约当事人基于法律规定而发生之权益。"

2. 第一厅之研究意见

1982 年法律座谈会曾提出如下之法律问题:"甲向乙承购房屋一栋,双方约定由乙直接登记与甲之好友丙,并经丙表示受领之意思,惟在移转登记未办妥之前,甲丙感情交恶,无意赠与,且因乙给付迟延,经限期催告其履行,又置不理,因而未经丙之同意解除系争房屋之买卖契约,经丙提出异议,并诉请乙履行契约,办理系争房屋之移转登记,其诉有无理由?"第一厅研究意见认为:

(1) 关于以契约订定向第三人为给付,并经第三人表示享受其利益之意思,要约人于有第 250 条至第 256 条之情形时,未经第三人之同意,是否得解除契约,学者间见解不一,惟从实务上观察,利他契约,第三人已表示享受其利益之意思,当事人即不得就其契约变更或撤销(1929 年上字第 298 号判例参照)。利他契约,其不履行给付之损害赔偿请求权,亦随同属于第三人(1977 年台上字 1204 号判例参照)。利他契约,一经第三人表示享受其利益之意思,其权利即归确定,若许要约人得行使法定解除权,则第三人之损害赔偿请求权将无由发生,应认为以采否定说为当。

(2) 利他契约,乃要约人与债务人间之契约(补偿关系),与要约人与第三人间原因关系(对价关系)之存在不生影响(1969年台上字第3545号判例参照),如对价关系之原因不存在,亦仅得由要约人向第三人请求返还不当得利,不影响利他契约之存在。

(3)本件甲向乙购屋赠与丙,既经丙表示受领之意思,甲未得丙之同意不得解除契约,丙自得诉请乙办理房屋之所有权移转登记,原讨论结论采甲说并无不当。至甲、丙间赠与,如有无效之原因,亦仅得由甲诉请丙不当得利之返还,与利他契约之成立无关。据上所述,可知在1991年台上字第1419号判决,认为债务人解除买卖契约无须得第三人同意,但似未就要约人解除契约之情形,表示见解。第一厅研究意见系认为要约人解除买卖契约,须得第三人同意,但未就债务人解除契约之情形,表示意见。

(四)本文见解

1. 第269条第2项规定之解释适用

关于解除权之行使,须否得第三人同意,涉及第269条第2项:"第三人对于前项契约未表示享受其利益之意思前,当事人得变更其契约或撤销之。"规定之解释适用:有认为依此项规定,在第三人未表示享受其利益意思前,解除权之行使无须得第三人同意;有认为依此规定,在第三人表示享受其利益意思后,解除权之行使须得第三人之同意;亦有认为,法定解除权不应受此项规定之限制,尚有争论。

首先须说明的是,在附第三人约款之契约,第三人之取得直接请求权,系基于要约人与债务人之约定,不必得第三人之承诺,故法律特设两个规定:其一,第三人得对于要约人或债务人表示不欲享受其利益,而拒绝加诸其身之利益。在此情形,视为第三人自始未取得其权利(第269条第3项)。"立法目的"在于贯彻私法自治原则。其二,第三人未表示享受其利益前,当事人得变更其契约或撤销之。此之所谓"契约",系指第三人利益契约,非指构成补偿关系之基本行为(买卖契约等)。[①] 易言之,

---

[①] 1983年度台上字第3887号判决谓:"本件上诉人与陈某间就系争土地之买卖,系依第269条第1项所定之利他契约,则依同条第2项规定,在第三人对于该利他契约未表示享受其利益之意思以前,当事人固得变更其契约或撤销。但在第三人对于利他契约已表示享受其利益之意思以后,即不许当事人变更或撤销其契约。"(《民刑事裁判选辑》第4卷第3期,第132页)。此项判决难免引起"买卖契约",即系利他契约,而第269条第2项所称契约,系指买卖之误会。

即契约当事人得变更第三人利益契约(第三人约款)之内容(如改以他人为第三人),或根本废弃之。

第269条第2项规定系对第三人利益契约而言,非以构成补偿关系契约之解除为其规范对象。在撤销或解除构成补偿关系之契约时,第三人利益契约(第三人约款)固随之消灭,但此乃解除契约之法律效果,不能由此而推论解除契约,无论由何方当事人为之,均应受第269条之规范。在1991年台上字第1419号判决一案,原审法院以第269条第2项规定为依据,认为债务人行使解除权,须得第三人同意,似有误会。"最高法院"认为若当事人行使因法定原因发生之撤销权或解除权,应不受该条规定之限制而受剥夺,结论上可资赞同,但似不得因此而径认为契约当事人行使解除权,当然皆无须得第三人同意。

2. 当事人间之利益衡量

契约当事人行使撤销权或解除权须否得第三人同意,应依法律上之价值判断,衡量当事人之利益,分别情形认定之：

(1) 撤销权。在本件判决曾提到契约当事人一方行使撤销权时,无须得第三人之同意。撤销权之发生系由于意思表示受诈欺、胁迫等事由,为保障表意人自由意思之形成,此项见解,可资赞同。无论何方当事人(债务人或要约人)行使撤销权,均不必得第三人同意。①

(2) 约定解除权。本件判决未就约定解除权表示意见。此项解除权系于构成补偿关系之契约中订定之,不应因该契约附有第三人约款而受限制。无论何方当事人享有约定解除权,其行使均无须得第三人同意。②

(3) 法定解除权。首先,债务人解除契约。债务人因要约人给付迟延或第三人受领迟延而行使解除权时,无须得第三人同意。对债务人言,第三人立于相对之地位,利害关系不同,债务人解除契约须得第三人(债权人)同意,有违事理,不足保护解除权人之利益。

其次,要约人解除契约。要约人解除契约时,须否得第三人同意,最具争论。采否定说者认为此属法定权利,应不受限制,自有所据。本文斟酌再三,仍认为在第三人表示享受其利益之意思后,要约人解除契约,须得第三人同意,应说明者有四点:① 第三人已确定之请求权因要约人解

---

① 此为德国通说,MünchKomm/Gottwald, §335 Rz. 5; Palandt/Heinrichs, §328.
② 参见孙森焱:《民法债编总论》,第612页。

除契约而消灭,影响甚巨。例如债务人(出卖人)负交付其物并移转其所有权之义务,要约人因债务人给付迟延径为解除契约,使第三人不能对债务人为强制执行,甚属不利。② 要约人基于其与第三人间之对价关系,对于第三人负有给付义务(尤其是缩短给付之类型),就此内部关系言,要约人之解除契约,应得第三人同意,使第三人参与其事,始足兼顾第三人之利益。① ③ 解除契约直接影响第三人利益,故学说上有认为应以第三人为解除权人,或以要约人与第三人为共同解除权人,此在理论上固值商榷,但充分显示解除权之行使,应顾及第三人之利益。④ 须注意的是,要约人有解除权而不行使,有害第三人利益者,亦属有之。在此情形,应认为第三人得依内部关系请求要约人行使解除权。②

五、解除契约之法律效果

(一) 未履行债务之消灭及债务人之抗辩

契约被解除时,通说认为其契约溯及既往消灭,未履行之债务当然免除。第三人向债务人请求给付时,债务人得拒绝之。第270条规定债务人得以由契约所生之一切抗辩,对抗受益之第三人。此之所谓契约,系指构成补偿关系之基本契约(如买卖等)。所谓抗辩,包括债权未发生之抗辩、债权消灭之抗辩及同时履行等拒绝给付之抗辩。

第三人因债务人解除契约,不能请求给付而受有损害,依其与要约人之对价关系处理之。例如甲向乙购物,转售予丙,约定丙对乙有直接请求权。设乙因甲给付价金迟延而解除契约时,乙对丙免负给付义务,应认为系因可归责于要约人甲之事由致给付不能,丙得依债务不履行之规定请求损害赔偿(第226条),或解除契约(第256条)。③

---

① Larenz教授认为要约人解除契约不必得第三人同意,其主要理由系认为要约人系契约当事人,契约关系应如何发展,应由其决定,第三人因此所生之损害,应由内部解决之(Schuldrecht I, S.223)。此说固有其依据,但不免造成复杂之法律关系,不足保护第三人利益。
② 参见 Heinrich Lange, NJW 1965, 661.
③ 关于解除契约性质及效力之再检讨,参见李传莹之文章(1985年度台大法律学研究所硕士论文)。德文资料,参见 Leser, Der Rücktritt vom Vertrag. 1975.

(二) 恢复原状之义务

1. 恢复原状之义务人

契约解约时,当事人双方应依第259条规定负恢复原状之义务。要约人就其已为之给付,得向债务人请求返还,不生问题。债务人就其已为之给付,得向何人请求返还,甚有疑问。在本件判决,原审法院认为不得向第三人请求恢复原状,其理由为:"第270条规定:前条债务人得以由契约所生之一切抗辩,对抗受益之第三人。所谓抗辩及对抗均属被动而为之意思表示,本件上诉人请求被上诉人恢复原状,系主动为意思表示,与该法条之规定不符。"此项理由构成颇难索解,暂置不论。"最高法院"认为第259条所定契约解约之恢复原状,系契约当事人义务,依第三人约款取得权利之第三人究非契约当事人,不负恢复原状义务。此项结论及理由均值赞同。

2. 恢复原状之内容

债务人(出卖人)解除契约时,要约人(买受人)应负恢复原状之义务,已如上述。关于返还义务之内容,"最高法院"并未作进一步之说明。按本件判决系属所谓缩短给付类型之第三人利益契约,即债务人对要约人负有买卖契约(补偿关系)上之给付义务,要约人对第三人亦负有买卖契约(对价关系)上之给付义务,于债务人将土地及土地上建物之所有权移转予第三人时,系同时履行债务人对要约人之给付义务,及要约人对第三人之给付义务。要约人因债务人对第三人为给付,而受有对第三人清偿债务之利益,应以价额偿还之。

(三) 不当得利[①]

1. 债务人对第三人之不当得利请求权

债务人解除契约时,应负恢复原状者,系要约人,而非第三人,已如上述。然则第三人得否终局保有其所受领之给付?"最高法院"认为被上诉人(即第三人)基于上诉人(债务人)与赵时仔(要约人)订定之第三人约款,取得系争土地所有权及受土地房屋之交付,在该约款被解除后,其受给付之原因消灭,依其他法律规定,被上诉人应否返还所受之利益,系

---

① 参见拙著:《不当得利》,载《民法债编总论》(二),第82页。

另一问题,非本件所得审究。此项见解,虽属"旁论"(obiter dicta),但在理论上,具有启示性,分四点说明之:

(1)所谓"在该约款被解除后,其受给付之原因消灭,依其他法律规定,被上诉人应否返还所受利益,系另一问题。"似认为被上诉人(第三人)对上诉人(债务人)可能负不当得利之返还义务。

(2)依本文见解,解除契约时,根本不发生第三人受领给付是否构成不当得利之问题。如前所述,"最高法院"认为在解除契约时,应由债务人向要约人请求恢复原状,此乃表示债务人将土地及所有权移转予第三人时,系基于构成补偿关系之买卖契约向要约人为给付,第三人受领给付系基于其与要约人之间对价关系(买卖),不生给付原因消灭之问题,对第三人言,自无不当得利之可言;就理论言,亦不能认债务人一方面得向要约人请求恢复原状,另一方面又得向第三人主张不当得利。二者实无并存之余地。

(3)所以会发生第三人应否依不当得利规定返还其所受利益问题,乃是因为"最高法院"认为第三人约款被解除后,其给付原因消灭。首先须再强调的是,债务人所解除者,不是第三人约款,而是买卖契约。买卖契约因被解除而溯及消灭,第三人约款亦失其存在,但不能认为其给付之原因消灭。第三人受领给付之原因不是第三人之约款,而是其与要约人间之对价关系。

(4)真正之问题在于补偿关系(买卖契约)不成立、无效或被撤销时,债务人得向何人主张不当得利请求权。在缩短给付类型之第三人利益契约,债务人对第三人为给付时,实际上系履行债务人对要约人,要约人对第三人之给付义务,其给付关系分别存于债务人与要约人间之补偿关系,要约人与第三人间之对价关系。当补偿关系不成立、无效或被撤销时,应由债务人向要约人主张不当得利请求权,第三人亦不负不当得利返还义务。

2. 要约人对第三人之不当得利请求权

债务人解除契约后,要约人应负恢复原状义务,前已论及。在此情形,要约人得否以买卖契约业已消灭,而主张第三人应依不当得利规定返还其受领之利益?关于此点,应采否定说。对价关系(第三人与要约人之关系)与补偿关系(要约人与债务人之关系),系两个独立的原因关系。补偿关系因解除契约而消灭时,债务人固得以其所生之抗辩,对第三人拒绝给付,但对价关系之存在不因此而受影响①,第三人受领给付,对要约人言,具有法律上原因,不成立不当得利。只有在对价关系(如买卖契约)本身不成立、无效或被撤销时,第三人受领给付,始对要约人构成不当得利,应负返还之义务。②

(四) 损害赔偿

第 260 条规定:"解除权之行使,不妨碍损害赔偿之请求。"据此规定,债权人解除契约时,得并请求损害赔偿,惟其请求损害赔偿,并非另因契约解除所生之新赔偿请求权,乃使因债务不履行(给付不能、给付迟延或不完全给付)所生之旧损害赔偿请求权,不因解除失其存在,仍得请求而已,故其赔偿范围应从一般损害赔偿之法则,即第 216 条定之,其损害赔偿请求权,自债务不履行时即可行使,其消灭时效,亦自该请求权可行使时起算。关于本条规定在附第三人契约解除之适用,分两种情形说明之:

(1) 要约人应负债务不履行责任,而债务人解除时,债务人得向要约人请求损害赔偿。在因第三人受领迟延而生之债务不履行,亦应由要约人负损害赔偿责任。

(2) 债务人应负债务不履行责任,而要约人解除契约时,其得向债务人请求损害赔偿者,系第三人,而非要约人。例如甲向乙购车,转售予丙,约定丙对乙有直接请求权,乙交付之汽车具有瑕疵,致丙因车祸而遭受损害时,丙对乙因不完全给付而生之损害赔偿请求权,不因甲、乙间买卖契约之解除而受影响。须注意的是,要约人亦有请求债务人向第三人为给付之权利,苟要约人因债务人不履行向第三人为给付,致其受有损害时(如要约人与第三人约定,债务人不履行给付时应对第三人支付违约金),于契约解除后,亦得请求债务人赔偿。③

---

① 1969 年台上字第 3545 号判例谓:"以使第三人取得给付请求权为标的之契约(利他契约),乃要约人与债务人间之契约,在要约人与第三人之间,固常有其原因关系(对价关系)之存在,然此原因关系与利他契约之成立,并不生影响,第三人无须证明其原因关系之存在。"可供参照。

② 参见 1966 年台上字第 1188 号判例。

③ 参见 1977 年台上字第 1204 号判例。

六、结　　论

（1）在 1991 年度台上字第 1419 号判决一案，甲（要约人）向乙（债务人）购地，转售予丙（第三人），约定丙对乙有直接请求权，为典型之第三人利益契约，属于所谓缩短给付之类型。于乙将该地所有权移转于丙时，同时完成乙对甲，甲对丙之给付。

（2）要约人给付价金迟延或第三人受领迟延时，构成解除契约之原因，债务人得解除契约。债务人应负债务不履行之责任（给付不能、给付迟延或不完全给付），构成解除契约原因时，其解除权人为要约人，而非第三人。所解除者，系构成补偿关系之基本契约（买卖），而非第三人约款。

（3）债务人解除契约，不必得第三人同意。在第三人表示享受其利益后，要约人行使解除权，应否得第三人同意，颇有争论。本文采肯定说，乃基于顾及第三人之利益，使其参与解除权之行使。第 269 条第 2 项规定所谓变更其契约，或撤销之，系指第三人利益契约（第三人约款）而言，基本契约之解除非属其规范对象，不能以该条项规定作为行使解除权（或撤销权）应否得第三人同意之依据，而应依法律上之价值判断，衡量当事人之利益认定之。

（4）解除契约时，未履行之债务当然免除，第三人请求给付时，债务人得以债务消灭作为抗辩而拒绝之。债务人已为给付时，其应负恢复原状者，系要约人，而非第三人。要约人因债务人对第三人为给付，而受有对第三人清偿债务之利益，应以价额偿还之。

（5）第三人受领给付，乃基于其与要约人之对价关系，具有法律上原因，于补偿关系消灭时，无论对于债务人或要约人，均不构成不当得利。

雇主对离职劳工发给服务证明书之义务

一、绪　　说

在司法实务上,劳工方面的案例一向不多,近年来略有增加之趋势。司法程序有助于合理解决劳资争议,法院判决提供法律见解,有助于劳工法学之研究与发展。最近发生一则私立学校教员请求雇主发给服务证明书之争议,台北板桥地方法院著有判决(1990年台劳诉字第9号),广受各界人士重视,虽属初级审法院判决,因涉及第19条解释适用之基本问题,具有法学方法论上之意义,特撰本文论述之。

二、法律问题及台北板桥地方法院判决

(一) 法律问题

在本件判决,原告自1983年8月1日起至1989年7月31日止担任被告学校(私立辞修高级中学)教师,嗣后,经参加"教育厅"所举办之公立中学教师甄选及格,转任公立中学教师,经向被告学校办妥离职手续,依第19条"劳动契约终止时,劳工如请求发给证明书,雇主或其代理人不得拒绝"之规定,向被告学校请求发给离职证明书(服务证明书、工作证明书),俾使向其转任之公立中学办理合并计算年资。两造聘约第5条规定:"教师因中途离职,应于1个月前提出,经学校同意,始得离职,但不发给证明书……"当事人发生争议,有三个主要问题:

(1) 私立学校聘用教师是否为劳动契约?

(2) 第 19 条规定得否适用？
(3) 离职不发给服务证明书之约定,是否违反公序良俗而无效？

（二）台北板桥地方法院之判决及理由

台北板桥地方法院判决原告胜诉,认为:"被告应发给载明自 1983 年 8 月 1 日起至 1989 年 7 月 31 日止任教被告学校此一事实之离职证明书。"判决理由颇为详尽,其要点有二:

(1) 人民之生存权、工作权应予保障、"国家"应保障教育工作者之生活、"国家"对于私人经营之教育事业成绩优良者,予以奖励或补助为"宪法"第 15 条、第 165 条前段、第 167 条第 1 款所明定,而"宪法"规定人民之基本权利,旨在保障人民免于遭受权力滥用之侵害,此等基本权利之规定,得经"民法"上概括条款之具体化而实践其规范效力。该聘约第 5 条不发离职证明书之约定,究其真意,旨在防阻教师任意中途辞职他就,非但有违"宪法"保障人民工作权之初衷,亦违背公序良俗并尊师重道传统①,依法无效。虽然原告中途离职,不免予被告学校教学行政造成困扰或损失,被告似非不得依法或依约请求原告赔偿损害,其遽以不发离职证明书方式为之,允非所宜。

(2) 私立学校聘任教师,揆其于私法上性质,系由教师于一定期间内为学校服劳务(管教学生或担任行政事务等),而学校给付报酬之契约。虽从形式上观之,学校为沿袭尊师重道的传统,名之为聘约,实即相当"民法"上之雇佣契约,此虽与狭义之劳动契约因其有无主从关系,学者中或认两者间稍有区别,然其为广义劳动契约之一种,要属无可置疑。按第 19 条:"劳动契约终止时,劳工若请求发给服务证明书,雇主或其代理人不得拒绝。"第 3 条规定,虽仅适用于农林渔牧等行业,而不及于教育事业,惟本院既认两造聘约为广义劳动契约的一种,有如上述,从而第 19 条规定,于本件情形,要非不能准用。②

---

① 尊师重道传统或可作为公序良俗之内容,其本身似不足作为使法律行为无效之法律规范。
② 此处之"准用",应属类推适用。

三、第 19 条规定之解释适用

(一)"立法目的"

第 19 条明定雇主对离职劳工负有发给证明书的义务,一方面使离职劳工易于获得工作,以谋生计,另一方面使第三人(未来的雇主)决定是否雇用时,有参考之资料,具有增进劳工就业之社会功能。劳动契约系具有人格法上性质之特别结合关系,除一方服劳务,他方支付报酬之给付义务外,在当事人间尚产生所谓之附随义务,即劳工对雇主负有忠实义务,而雇主对劳工负有照顾保护等义务,雇主对离职的劳工发给服务证明书,系属一种照顾义务[①],一般立法例多明文加以规定。[②]

(二)适用范围

"劳动基准法"之适用,须当事人间有劳动契约存在。第 3 条对适用之事业设有限制,因而发生前已提及之两个重要争议问题:① 教师受雇于私立学校是否属于劳动契约?易言之,即受雇于私立学校之教师是否为劳动基准法所称之劳工?② 第 19 条规定对于教育事业之劳动契约有无适用或类推适用之余地?

1. 教师受雇于私立学校是否为劳动契约

上开板桥地方法院判决认为私立学校聘任教师,虽名之为聘约,实即民法之雇佣契约,此虽与狭义劳动契约因其无主从关系,而有区别,但仍为广义劳动契约之一种,对不属于第 3 条列举之教育事业,第 19 条要非不能准用(类推适用)。此项判决含有两点见解:① 劳动契约可分为广义劳动契约及狭义劳动契约,前者包括"民法"上之雇佣契约;② 教师受雇于私立学校属于雇佣契约,为广义劳动契约之一种,第 19 条对广义劳动契约应有准用(类推适用)余地。兹分两点加以讨论:

(1) 第 2 条第 1 款规定:"劳工:谓受雇主雇用从事工作获致工资

[①] 参见史尚宽:《劳动法原论》,1934 年初版,1978 年重刊,第 53 页;Hueck/Nipperdey, Lehrbuch des Arbeitsrechts, 7. Aufl. 1963, S. 461f.; Zöllner, Arbeitsrecht, 3. Aufl. 1983, S. 171.

[②] 参见《德国民法》第 630 条、《瑞士债务法》第 330 条之 A、《法国劳工法典》第 122 条之 16、《美国劳动基准法》第 22 条、《韩国劳动基准法》第 32 条、《沙特阿拉伯劳工法》第 86 条。

者。"第 6 款规定:"劳动契约:谓约定劳雇关系之契约。"依此两款规定,关于劳动契约,有三点应予说明:① 劳动契约是一种私法上的契约,而且是一种雇佣契约。② 劳动契约为当事人一方(劳工)负有从事工作义务,他方(雇主)负有支付工资义务之双务契约。③ 劳动契约系劳工在从属关系上提供劳动,从事工作之契约。第 2 条所谓"受雇主雇用从事工作"、"劳雇关系",即在表示此点。此为劳动契约与一般雇佣契约不同之处。① 所谓居于从属之关系,系指工作之实施应服从雇主的指示。教师受雇于私立学校系基于私法上之契约。教学工作虽属劳心,仍属劳务。教师从事工作之时间、地点、授课时数、担任之课程或行政事务系由学校决定,应属居于从属地位而提供劳务。教师对上课之方式或内容在一定程度虽得自为决定,但仍应依照学校之指示,受学校之监督,其从属性不因此而受影响。准此而言,教师受雇于私立学校,非仅是雇佣契约,而且是"劳动基准法"所称之劳动契约。

(2) 本件判决将劳动契约分为广义的劳动契约及狭义的劳动契约,狭义的劳动契约系指具有从属关系的雇佣契约,而广义的劳动契约系包括狭义的劳动契约及"民法"上之一般雇佣契约。此项分类,似系为了将第 19 条规定准用(类推适用)于广义的劳动契约(即私立学校聘任教师之"民法"上之雇佣契约),其目的虽值赞同,但其所采之法律技术,则值商榷。劳动契约系特殊之雇佣契约,"劳动基准法"之制定是为了保护居于从属地位服劳务之劳工,依其规范目的,应不能类推适用于"民法"上之雇佣契约。惟"民法"关于雇佣契约之规定,得"适用"于劳动契约,自不待言。②

2. 第 19 条规定之适用或类推适用

教师受雇于私立学校,系属"劳动基准法"上之劳动契约,前已论及。须注意的是,第 3 条规定:"本法于下列各业适用之:① 农、林、渔、牧业。② 矿业及土石采取业。③ 制造业。④ 营造业。⑤ 水电、煤气业。⑥ 运

---

① "劳动契约法"第 1 条规定:"劳动契约是当事人之一方,对于他人在从属关系上提供劳务,而他方给付报酬之契约。"可资参照(本法于 1931 年通过,但迄未施行)。从属性是劳动契约之基本性质,系学者之通说,参见史尚宽:《劳动法原论》,第 13 页;陈继盛:《劳动契约》,第 8 页;黄越钦:《论劳动契约》,载《政大法律评论》第 19 期,第 45 页以下;黄剑青:《劳动基准法详解》,再版,第 109 页;吕荣海:《劳动基准法实用》,第 2 页;Zöllner, Arbeitsrecht, S. 40f.

② 参见史尚宽:《劳动法原论》,第 15 页;陈继盛:《劳动契约》,第 29 页。

输、仓储及通信业。⑦ 大众传播业。⑧ 其他经主管机关指定之事业。"①教育事业迄今未经主管机关指定为适用"劳动基准法"之事业。在此情形下,私立学校对离职之教师是否仍负有发给服务证明书之义务?

对此问题,采取否定说,就第 3 条规定之文义言,固有依据,但自结果以言,诚非妥适,应予突破,以保护离职劳工之权利。问题在于其理由构成,兹从法学方法论之立场,提出两点意见:

(1) 第 3 条对适用行业设列举规定,旨在避免过分增加雇主之经济负担②,自有相当理由,但并非"劳动基准法"之所有规定均属如此,对未列举之事业,全部排除其适用,显非合理。就"劳动基准法"保护劳工的社会政策及第 3 条之规范目的言,立法者本应在第 3 条增设但书,明定若干条文对任何行业均有适用余地。本法第 19 条规定雇主发给服务证明书义务应属此等条文③,因其基本上并不过分增加雇主负担,在利益衡量上,实无牺牲劳工权利之理由。某个法律规定依其规范目的应予区别而未区别时,法院负有加以区别之权利及义务。易言之,即应依第 3 条之规范意旨,限缩其适用范围,认为第 3 条虽排除本法规定对列举以外事业之适用,但并不包括第 19 条在内。第 19 条规定对所有劳动契约,不问其事业,均有适用余地。就法学方法论言,此为第 3 条规定之目的性限缩(Teleologische Reduktion),似非第 19 条规定之准用或类推适用。

所谓目的性限缩,系用来填补隐藏的法律漏洞(verdeckte Rechtslücke)。所谓隐藏的法律漏洞,系指某项法律规定,依其立法规范意旨,应设例外规定,而未设规定而言。于此情形,法院应依该法律规定之规范意旨,限缩其适用范围。④ 例如"民法"第 106 条规定:"代理人非经本人之许诺,不得为本人与自己之法律行为,但其法律行为系专履行债

---

① 须注意的是,1986 年 8 月 28 日(86)台内劳字第 436528 号函:"原适用'工厂法',但依第 3 条及其'施行细则'第 3 条规定尚未纳入'劳动基准法'适用范围之厂(场),在本部依法指定适用'劳动基准法'前,仍暂继续适用'工厂法'。"(劳动条件处编印"劳动基准法"暨附属法规解释令,1988 年 1 月,第 115 页)。依"工厂法"第 35 条规定:"工作关系终止时,工人得请求给予工作证明书,工厂不得拒绝。前项证明书,应记载下列事项:(1) 工人之姓名、性别、年龄、籍贯及住址。(2) 工作种类。(3) 在厂工作时期及成绩。"

② 关于第 3 条之适用范围,系参照"劳工安全卫生法"第 4 条而制定,其未广包各行各业之原因,乃顾虑企业之负担能力。

③ 除第 19 条外,尚有其他条文对所有劳动契约皆应适用,在此暂置不论。

④ 关于法律之类推适用及目的性限缩简要说明,参见拙著:《民法实例研习基本理论》,第 162 页以下。

务者,不在此限。"此项禁止双方代理规定之规范意旨在于避免利益冲突,损害本人之利益。倘无损害本人之虞时,自应允许双方代理。法律明文规定者,有得本人许诺及专履行债务两种情形。须注意的是,法定代理人对未满7岁之未成年人(无行为能力人)依双方代理之方式为赠与时,亦无发生利益冲突之虞,故应依第106条之规范目的,限缩其适用范围,对此类型之法律行为,亦容许双方代理。兹再举一例加以说明。亲属编修正前第1074条规定:"有配偶者收养子女时,应与其配偶共同为之。"设有夫妻之一方,收养他方子女时,是否应适用本条规定,不无疑问。查第1074条规定之立法目的旨在使收养之子女与双方配偶均有亲属关系,以促进家庭生活。在夫妻之一方收养他方子女时,因他方与该子女本有亲子关系存在,无共同收养之必要,故1985年6月3日公布的修正第1074条,特增设但书规定:"夫妻一方收养他方子女者,不在此限。"实则,纵未增设此项但书规定,亦应依法律规范目的,对第1074条之适用,作此目的性之限缩。

第3条排除该法全部规定对未列举事业的适用,超出其规范意旨,应加以目的性的限缩,使该法第19条之规定对所有事业之劳动契约均得适用,在法学方法论上实有依据,属于造法层次,有助于法律之进步。

(2)雇主对于离职的劳工发给服务证明书,系基于劳动契约所应负之照顾义务,第19条乃此项照顾义务之实体法化,纵无"劳动基准法"之规定,雇主仍负有发给服务证明书之义务。准此以言,雇主发给离职证明书之契约上义务,不因第3条规定而受影响。

(三)第19条系强行规定

在本件判决,主要的争点之一,系当事人聘约第5条规定:"教师因中途辞职,应于一个月前提出,经学校同意始得辞职,但不发给辞职证明书。"是否有效?台北板桥地方法院判决认为此项约定侵害"宪法"保障之工作权,依"民法"第72条规定,因有悖于公共秩序或善良风俗而无效。在结论上此项判决实值赞同。尚须检讨的是,第19条是否为强行规定,若采肯定说,此项约定即为当然无效,不必再诉诸"宪法"基本人权及"民法"概括条款的适用。

依本文见解,第19条应属于强行规定,该法第1条第2项规定:"雇主与劳工所订劳动条件,不得低于本法所订之最低标准。"由此可知,"劳动基准法"系属于所谓"相对性的强行规定"(relativ zwingende Normen),即其并不全部排除其他不同的约定(绝对性的强行规定),而仅规定最低标准,当事人的约定低于此项标准的,固属无效,但高于此项标准时,则为有效,学说上称之为有利原则(Günstigkeitsprinzip)。① 第19条规定因具有保护劳工,促进劳工就业之"立法目的",应解为具有强制的效力。准此以言,劳动契约或团体协约规定雇主得对离职劳工拒绝发给服务证明书者,其约定无效。工作规则订有不发给服务证明书的规定时,亦属无效。

(四) 离职劳工对服务证明书之请求权

1. 请求权之发生

依第19条规定,劳动契约终止时,劳工得请求雇主或其代理人发给证明书。关于劳动契约的终止,"劳动基准法"设有规定(第11条以下)。须注意的是,终止仅是劳动契约终了事由之一,定期劳动契约届满,合意解除等均属劳动契约终了之事由。依第19条规定之"立法目的",劳工对服务证明书请求权之发生,应不限于终止契约,其他契约终了事由应包括在内。

劳动契约之终止出于劳工时(第14条),劳工固有请求发给证明书之权利。劳动契约之终止系由雇主为之时,例如雇主因劳工对其实施暴行或有其他重大侮辱之行为,不经预告终止契约时(第12条),劳工之请求权亦不因此而受影响。

值得提出讨论的是,劳工于劳动契约终止前,得否请求发给证明书。对此问题,至少在预告终止契约之情形,应采肯定说,即劳工于预告雇主终止契约,或接获雇主终止契约之预告时,即得请求发给证明书,不必等到预告期间届满,终止发生效力时,再为请求,俾便另谋工作。

2. 消灭时效与权利失效

离职劳工对雇主发给证明书之请求权,"劳动基准法"未特别设有消灭时效期间。依"民法"第125条规定,因15年间不行使而消灭。须注意

---

① 参见 Zöllner, Arbeitsrecht, S. 62.

的是,关于此项请求权,亦有"权利失效"(Verwirkung)原则之适用。①

3. 清偿地

雇主对离职劳工发给证明书之义务,系属领取之债,即以债务人之住所为清偿地之债。在雇主给付迟延之情形,若离职之劳工赴雇主之住所领取服务证明书须支付重大费用时,雇主负有寄送之义务。

4. 留置与同时履行抗辩

雇主有依劳工请求发给服务证明书的义务,不得以任何理由留置不发。雇主亦不得以劳工有损害赔偿迄未清偿,而主张同时履行抗辩。

(五) 服务证明书的内容

1. 服务证明书的记载事项

雇主发给服务证明书,应为如何记载,第19条未设明文。国外立法例对此重要问题,设有规定,可供参考:

(1)《德国民法》第630条规定:"Ⅰ. 继续性雇佣关系终了时,义务人得请求他方付与有关雇佣关系及其服务时期的证明书。Ⅱ. 此项证明书,因其请求,应一并记载所服劳务及服务的状态。"②

(2)《瑞士债务法》第330条之A规定:"Ⅰ. 劳动者得随时请求雇主给与证件,载明劳动关系的种类、期间、劳动者的劳动给付与其行为等情况。Ⅱ. 基于劳动者之特殊请求,证件得仅记载劳动关系的种类与期间。"③

(3)《法国劳工法典》第122条之16规定:"雇佣契约期限届满时,雇主应为其填具证明书,专为指明其开始与终止服务的日期、工作性质、连续服务的工作及日期。"

(4)《日本劳动基准法》第22条规定:"Ⅰ. 劳工于离职而请求发给有关受雇期间、业务种类,在该事业中的地位及工资的证明书时,雇主应即交付。Ⅱ. 前项证明书不得记载劳工未请求的事项。Ⅲ. 雇主不得以

---

① 关于"权利失效"之基本理论,参见拙著:《附条件买卖中买受人之期待权》,载本书第177页。

② 关于《德国民法》第630条解释适用,参见 Erman/Küchenhoff, §630; MünchKomm/Schwerdner, §630; Staudinger/Neumann, §630.

③ 关于《瑞士债务法》第330条之A,参见 Manfred Rehbinder, Grundriß des schweizerischen Arbeitsrechts, 3. Aufl. 1975, S. 71, 94, 102.

妨碍劳工之就业为目的与第三人约定,就劳工的国籍、信仰、社会身份或在工会活动情形,通知或在第Ⅰ项证明书记载秘密的记号。"①《韩国劳动基准法》第 32 条亦设有类似规定。

(5)《沙特阿拉伯劳工法》第 86 条规定:"服务期限终止时,公司行号雇主,应免费发给工人服务证明书,叙明服务起讫期间、薪俸以及其所享之福利。如此类证明书的内容含有涉及工人名誉或有碍于求职之机会,则应将事实根据注明。"

依第 19 条之目的,并参酌前开有关立法例,关于服务证明书的记载事项,有四点应予说明:

(1)劳工请求雇主发给服务证明书,而未表示其记载的内容时,原则上应记载其劳动关系的种类及其服务期间。

(2)劳工得请求雇主于服务证明书记载其工资。劳工请求记载其劳务给付及其行为等状况(工作成绩)时,雇主应为客观真实之评价。

(3)非经劳工请求,雇主不得记载终止契约的事由。惟劳工请求记载服务成绩时,若终止契约事由与其有必要关连时,得记载之。

(4)有重大争论的是,雇主得否于服务证明书记载对劳工不利之事项,例如盗窃、赌博、旷工玩股票、参与非法罢工等行为。"劳动基准法施行细则草案"第 10 条曾规定:"依本法第 19 条雇主发给劳工之服务证明书,除记载雇用期间、工作种类,在该事业单位之职位、工资及劳工依事实所请求记载之事项外,不得记载对劳工不利之事项。"其理由系认为劳工服务证明书的功能,仅在证明劳工已获得之工作经验和职位待遇等事项,上述事项已能表明其应有的内容,其他记载,超越范围,对劳工不利,不得列入。惟经"行政院"核定的"施行细则"已将本条删除。学者有认为其理由系服务证明书是劳工服务期间工作情形及各种表现的证明文件,如劳工在服务期间有不良记录,自应据实记载,使其新雇主于雇用前知所抉择,且亦可使劳工于服务期间珍惜自己的荣誉,努力工作,避免有不良行为,以免于离职时不良记录,而造成谋职的困难。② 依本文见解,关于不利事项之记载,应分两种情形处理之:① 劳工未请求于服务证明书记载

---

① 关于《日本劳动基准法》第 22 条规定,参见有泉亨:《劳动基准法》,载《法律学全集》47,昭和 51 年,第 173 页。

② 参见黄剑青:《劳动基准法详解》,1988 年再版,第 194 页。

服务成绩时,雇主不得记载对劳工不利之事项,此乃基于雇主的照顾义务,劳工的利益优先保护原则;② 劳工请求于服务证明书记载服务成绩时,雇主应为客观真实的评价,须据实记载服务期间不良记录,但须与职务有关,与职务无关之私生活不得记载,自不待言。

服务证明书的发给系基于雇主对劳工的照顾义务,不得收取费用。

2. 服务证明书的撤销(或撤回)

服务证明书记载发生错误时,如何处理,学说上尚有争论①,有认为此为意思表示的错误,雇主得依法撤销之(参见"民法"第88条以下),亦有认为证明书之作成,非属意思表示,不得撤销。后者为通说。② 记载失实证明书撤回性之承认,旨在保护第三人,虽无期间之限制,但有权利失效原则的适用。

3. 服务证明书的更正

服务证明书关系劳工权益,若有记载不实,劳工得请求重新作成之。雇主表示愿在原服务证明书上为更正时,劳工得为拒绝,而请求发给新的证明书。

(六) 雇主违反发给服务证明书义务的责任

1. 对于受雇人

雇主因离职劳工的请求,负有发给服务证明书之给付义务。因可归责于雇主(债务人)的事由,致给付不能、给付迟延或为不完全给付(例如记载错误)时,雇主应依债务不履行的规定,负损害赔偿责任。劳工对损害之发生或扩大,尤其是重大之损害原因,为雇主所不及知,而不预促其注意或怠于避免或减少损害者,法院得减轻赔偿金额或免除之("民法"第217条)。

2. 对于第三人

劳工离职后,出示其服务证明书,受雇于第三人,因服务证明书记载不实,致第三人受有损害者,亦属有之。第三人所受损害通常属于所谓经济上损失,并无权利受损害,故仅能依"民法"第184条第1项后段规定请

---

① 参见 MünchKomm/Schwerdner, §630 Rdnr. 30f.
② 参见 Erman/Künchenhoff, §630 Rdnr. 18; MünchKomm/Schwerdner, §630 Rdnr. 33f.; BAGE9, 289ff.

求赔偿,即雇主须有故意以背于善良风俗方法加损害于他人,而发给服务证明书时,始负损害赔偿责任。

(七) 诉讼及强制执行

劳工得提起诉讼,请求雇主发给服务证明书。在本件诉讼,台北板桥地方法院判决:"被告应发给原告载明自 1983 年 8 月 1 日起至 1989 年 7 月 31 日止任教被告学校此一事实之离职证明书。"服务证明书之发给具有属人之性质,系不可代替行为,应适用"强制执行法"第 128 条规定。依"强制执行法"第 130 条规定:"为执行名义之判决,系命债务人为意思表示而不表示者,视为自判决确定时已为其意思表示。"就本件言,离职之教师得以此项判决办理合并计算年资。关于证明书已否发给发生争论时,应由负有发给义务之债务人(雇主),就其债务的履行,负举证责任。劳工请求雇主于其证明书内记载其劳务给付的状况(服务成绩)时,应如何判决,不无疑问。德国实务上认为法院得基于其认定的事实判决主文内作成证明书的内容,可供参考。①

四、结　　论

第 19 条规定,雇主对离职劳工应依其请求发给服务证明书,乃劳动契约上雇主照顾义务之实体法化,具有促进劳工就业之社会功能。此项规定具有强行性,不得事先抛弃,不发给服务证明书之约定无效。劳动契约终了时,不问其为何终止,期限届满,或合意解除,劳工均有服务证明书请求权。雇主对其发给服务证明书债务之履行,因可归责之事由,致给付不能、给付迟延或为不完全给付时,应负债务不履行之责任。

第 3 条规定,本法不适用于该条未列举之事业,旨在避免加重雇主之负担。本文认为应依此目的限缩其适用范围,第 19 条规定不在排除之列,因其并不过分增加雇主负担,在利益衡量上实无牺牲劳工权益之理。此属造法之层次,以稳妥之理由构成,探求法律之规范目的,突破法律文义,促进法律的进步,是司法的权利,也是司法的义务。

---

① 参见 Erman/Künchenhoff, §630 Rdnr. 18; MünchKomm/Schwerdner, §630 Rdnr. 33f.; BAGE9, 289ff.

论移转不动产物权之书面契约

一、前　　言

第 760 条规定："不动产物权之移转或设定,应以书面为之。"本条规定的解释适用不但直接影响不动产物权的交易,而且涉及债权行为与物权行为的基本理论、土地登记等重要问题,居于关键的地位,夙有争论。最近著名的民法学者李模教授在《法令月刊》发表"论移转不动产物权之书面契约"专文①,对判例学说作了极为深刻的分析与检讨,认为,"最高法院"的传统见解颇有商榷余地,并敦促学界加强判例研究。判例的研究确属需要,有实务而无理论,犹如盲目,有理论而不重实务,则近空谈,为促进判例与学说共同协力,探讨第 760 条的规范意义,特撰本稿,陈述拙见,尚企教正。

二、判　　例

关于第 760 条的解释适用,从 1927 年至 1988 年,"最高法院"共著有 17 则判例,其中最具代表性的,系下列四则:

1933 年上字第 21 号判例:不动产物权之移转未以书面为之者,固不生效力。惟当事人间约定一方以其不动产物权移转于他方,他方支付价金之买卖契约已成立者,出卖人即负有成立移转物权之书面,使买受人取得该不动产物权之义务。

1941 年上字第 441 号判例:不动产之出卖人于买卖契约成立后,本

---

① 参见《法令月刊》第 40 卷第 9 期(1989 年 9 月),第 11 页。

有使物权契约合法成立之义务。系争之买卖契约苟已合法成立,纵令移转物权契约未经某甲签名,欠缺法定方式,但被上诉人为某甲之概括继承人,负有补正法定方式,使物权契约合法成立之义务,自不得借口该物权契约未合法成立,即请求确认买卖契约为不存在。

1968年台上字第1436号判例:不动产物权之移转,应以书面为之,其移转不动产权物权书面未合法成立,固不能生移转之效力。惟关于买卖不动产之债权契约,乃非要式行为,若双方就其移转之不动产及价金业已互相同意,则其买卖契约即成立,出卖不动产之一方,自应负交付该不动产并使他方取得该不动产所有权之义务,买受人若取得出卖人协同办理所有权移转登记之确定判决,则在单独申请登记取得所有权,移转不动产物权书面之欠缺,即因之而补正。

1981年台上字第453号判例:不动产物权之设定,固应以书面为之。但当事人约定设定不动产抵押权之债权契约,并非要式行为。若双方就其设定已互相同意,则同意设定抵押权之一方,自应负使他方取得该抵押权之义务。

综据上开判例的基本见解,可归纳为五点:

(1)区别债权行为(债权契约)及物权行为(物权契约)。

(2)买卖(或设定抵押权的约定),系属债权契约,为不要式行为,不以订立书面为要件。

(3)不动产物权之移转(或设定),系属物权契约,为要式行为,应以书面为之,此为物权契约的生效要件。

(4)不动产出卖人负有订立书面契约,办理登记,使买受人取得买卖标的物所有权的义务。设定抵押权之一方,亦负有订立书面契约,办理登记,使他方取得该抵押权的义务。

(5)买受人若取得出卖人协同办理移转登记之确定判决,则得单独声请登记取得所有权,移转不动产物权书面之欠缺,即因之而补正。此项原则于设定抵押权之约定,亦适用之。

三、不动产交易的债权行为及物权行为

为了解第760条规定在解释适用上的争论,首先必须说明"民法"一项基本原则,那就是债权行为与物权行为分立主义。买卖契约是债权行

为,买卖标的物所有权的移转则属物权行为。台湾地区学者多采此基本理论①,"最高法院"判例亦同此见解,1981年台上字第453号判例就抵押权区别为约定设定不动产抵押权的债权契约及设定抵押权的物权契约,至为精确,达高度概念化的境界。②

值得注意的是,"民法"并未使用物权行为或物权契约等概念,究于何处设其规定? 首先应该提出的是,第761条第1项规定:"动产物权之让与,非将动产交付不生效力。但受让人已占有动产者,于让与合意时,即生效力。"所谓让与合意,乃德文 dingliche Einigung 的翻译,即系指物权契约(dinglicher Vertrag)。③ 第758条规定:"不动产物权,依法律行为而取得、设定、丧失及变更者,非经登记,不生效力。"此所谓法律行为系指物权行为,兼指物权契约(所有权的移转,抵押权的设定)及单独行为(抛弃)。④

通说认为在"民法"上,除债权行为外尚有一个独立、无因的物权行为。物权行为是否确有必要,是一个值得检讨的问题,李模教授认为:"物权行为中的意思合致是理论上所假设的产品,其存在含有极大的拟制成分,即使为法学家或司法人员所熟知,在当事人的意识中,恐未必存在,以之为重大法律问题处理之基础,自始便有商榷余地。"⑤就"立法政策"而言,此项观察,实值参考。惟本文系以债权行为与物权行为之分立,作为讨论的基础,并以此理论作为前提来检讨判例。如果根本否定物权行为的存在,则自始不发生第760条所谓的书面是否为物权契约书面的问题,

---

① 参见洪逊欣:《民法总则》,修订本,第269页;史尚宽:《物权法论》,第17页;郑玉波:《民法物权》,第35页;谢在全:《民法物权论》(上),第63页。简要的说明,参见拙著:《民法总则》,第196页。

② 除本文所列举判例,尚有若干其他判例,例如1959年台上字第1750号判例谓:"债务人所有之财产,除对于债权人设有担保物权外,应为一切债务之总担保,故债务人明知其财产不足清偿一切债务,而竟将财产出卖于他人,而受益人于受益时,亦知其情事者,债权人即得依第244条第2项之规定,申请法院撤销。此项撤销权之效力,不特及于债权行为,即物权行为亦无例外。"可资参照。

③ 参见 Baur, Sachenrecht, 11. Aufl. 1981, S.33f.; Schwab, Sachenrecht, 1987, 21. Aufl. S.7; Westermann, Sachenrecht I, Grundlagen und Recht der beweglichen Sachen, 1990, 6. Aufl. S.29f.

④ "最高法院"若干判例曾误会第758条所谓之法律行为系指买卖等债权行为。参见拙著:《买卖、设定抵押权之约定与第758条之"法律行为"》,载《民法学说与判例研究》(第五册),北京大学出版社2009年版,第70页。

⑤ 李模:《法令月刊》第40卷第9期(1989年9月),第12页。

无讨论的必要。应强调的是,"最高法院"判例是否妥适,亦应在肯定物权行为理论下加以检讨。在方法论上不能一方面承认物权行为,另一方面又要"最高法院"承担物权行为本身在"立法政策"或理论上的疑义和缺点。

四、物权契约抑或债权契约的书面

(一) 支持"最高法院"判例的理由

关于第 760 条规定,"最高法院"判决明确认为所谓书面系指不动产物权之移转或设定物权契约的书面,而非属债权契约的书面。依现行"民法"的解释,此项见解,基本上应值赞同①,分四点言之:

(1) 就法律文义言:所谓不动产物权的移转或设定,依"民法"使用的通常文义,系指物权变动而言,与第 758 条及第 760 条对照观之,似无疑义。

(2) 就编制体例言:第 760 条系规定于物权编通则章,而通则章的条文均属物权变动的规定,第 760 条亦属之。

(3) 就立法理由言:第 760 条之立法理由书略谓:"谨按不动产所有权之移转或设定,必以书面为之者,盖以此种移转或设定,必须订立契约,而契约尤须以文字表示,始生物权得丧之效力,俾有依据,而免争议,此本条所由定也。"

(4) 就规范目的言:诚如上开立法理由书所云,物权变动契约须以书面为之,使物权得丧有所依据,而免争执。此外亦具有使当事人慎重其事的功能。

综据上述,可知第 760 条所谓书面,应解释为系关于物权契约的书面。此项书面得不由本人自写,但必须亲自签名或盖章,其以指印十字或其他符号代签名者,应经两人签名(第 3 条),否则法定方式有欠缺,依法不生效力。不具此项法定书面时,不动产移转或设定契约不生效力。具备此项法定书面时,尚须办理登记,始生不动产物权变动的效力。

---

① 结论上同此见解者有黄右昌:《民法诠解物权论》,第 94 页;钱国成:《民法判解研究》,第 68 页;李光夏:《民法物权》,第 32 页;谢在全:《民法物权论》(上),第 84 页。

(二) 学说上不同见解的分析

1. 债权行为(契约)书面说

台湾地区学者认为第760条不是关于物权行为之规定,而是关于债权行为之规定者,颇有其人,为有力的学说,诚值重视。依此见解,不动产买卖契约,系属要式行为,以订立书面为必要,未订立书面时,买卖契约不生效力,纵具有意思表示的合致,买受人亦不得向出卖人请求交付其物,并移转其所有权。由此可知此项见解系对债权契约方式自由的一项重大限制,直接影响到不动产交易活动及当事人利益。第760条系规定于物权编,依其文义、体系及立法理由基本上可"推定"其为关于物权契约的规定,因此欲将此项条文解释为关于债权契约的规定,鉴于因此所产生的重大法律效果,自应慎重,采此见解的学者,负有高度的举证责任,兹分四点论述之:

(1) 编制体例。要肯定第760条系关于债权契约的规定,首先必须澄清其在编制体系上的地位。李模教授认为:"第760条在编制上属于物权编之范围,故有人认为其所为书面,必为物权契约。此种不顾理论上之得失及适用效果是否公正,专以编制体例为据之观念,自必易于流于偏失。其实第758条以下,即以物权之移转为主题,即使将可以导致物权移转之债权契约编列于此,亦并无不妥。何况债编亦不无有关物权之规定,例如第513条所定承揽人之法定抵押权及第445条以下所规定出租人之留置权等均其适例。而物权编,则尤多债权之规定,例如第822条所定共有人管理费之分担及求偿,第805条遗失物拾得人之报酬请求权,以及第816条所定因添附而生之不当得利请求权等。可见编制体例不足引为认定第760条之书面究为债权或物权契约之证明方法。"[①]此项见解强调不能专以编制体例作为判断的标准,诚属正确,实值赞同,为吾人一贯的主张。[②] 惟须说明的,编制体系虽不足作为认定第760条既系规定于物权编,于有"疑义"时,似应"推定"为关于物权契约的规定。

值得注意的是,刘志敭教授认为:"第760条既于当事人移转或设定

---

① 李模:《法令月刊》第40卷第9期(1989年9月),第16页。
② 参见拙著:《民法实例研习基本理论》,第132页;《悬赏广告法律性质之再检讨》,载《民法学说与判例研究》(第二册),北京大学出版社2009年版,第41页。

不动产物权之合致意思及对外之变动象征外,又为定有书面之方式,则在实行移转或设定此项物权以前,势必先予成立一种要式之债权行为,方可据之申请登记,而于程序终了时,完成其物权行为之形貌,否则登记之基础文件既不具备,更无由论及物权行为之是否完成。即此一端,足证第760条所载移转或设定之语,系指物权未变动前之债权行为而言,其所以定入物权通则中者,一则以无适当处所可以移列,一则求与第758条、第759条前后相呼应故耳!"①此项论点,似有斟酌余地:① 登记时必须提出基础文件,似不能作为第760条系债权行为的必要理由。买卖契约是否为不要式行为,与登记文件系属二事,前者为实体法的问题,后者为登记程序问题。目前法律状态即属如此。② 所谓无适当处所可以移列,诚难认为是具有说服力的理由。③ 就与第758条对照观之,似难看出第760条系在规定债权契约。④ 第759条系关于处分非依法律行为取得时之规定,与债权行为并无任何关连。②

(2)"民法"规定本意及事物当然之理。张企泰先生认为:"综观全部'民法',探求真理,并参照有关立法例,愚见以为第760条系指物权变动之基本债权行为而言,而非指物权行为。……法律所以规定须书面之要式者,乃欲使当事人慎重考虑,勿以轻率之态度承担义务,而有后悔也。……盖不动产之价值,自来较动产为高,动产价贱,自古已然。故不动产物权之变动,如田地之买卖,在当事人关系一大事,究非动产物权之变动,如书籍之买卖所可比拟。则不动产物权变动以前之债权契约,应具书面要式,不仅为'民法'规定之本意,抑亦为事理所当然。"③此项见解,初视之,颇具说服力,实则不然。综观"民法",探求事理,实在看不出第760条应指债权行为而言。不动产价值为高,虽自古已然,但应否具备书面,涉及方式自由,系属"立法政策"问题。关于不动产买卖,《德国民法》固规定为要式行为(第313条),但在《日本民法》则为诺成契约④,书面要式似

---

① 刘志敫:《民法物权》(1936年上海大东书局),第93页。刘志敫先生为著名民法学者,任教于北京大学,卓著声誉,其所著《民法物权》一书,文情并茂,颇值一读。
② 第758条所称之"处分",系指物权行为而言,不包括债权行为在内,系判例学说之一致见解。
③ 张企泰:《民法物权论》,第23页;参见李肇伟:《民法物权》,第64页。
④ 参见《日本民法》第55条以下规定,来栖三郎:《契约法》,第20页:"买卖契约,今日则为,诺成契约である。"(法律学全集21,有斐阁,昭和49年)。

非事理所当然。

（3）书面方式的功能。最值得注意的是要式行为功能的论点。李模教授认为：第760条规定不动产物权之移转或设定，应以书面为之，自必有特别之目的与意义。如依本号判例（作者注：指1968年台上字第1436号）之所认定，实受迫于物权协议，而不得不为，出卖人并无再思索或重新衡量的机会。所谓应以书面为之，等于无须再有效果意思，亦无须有表示意思，亦不成其为意思表示，仅剩一个"物权书面"的空洞躯壳，以满足债权行为与物权行为分立的空泛理论，遂使该条条文成为毫无意义的赘文，岂不可悲？① 李模教授更进一步指出：兹依本号判例（作者注：指1933年上字第21号）及1968年判例所述意旨，则不动产物权之设定或移转，如经双方当事人就标的物及价金互相表示意思一致，出卖人亦一如动产买卖，同样即负有交付该买卖标的物及使买受人取得买卖标的物权利之义务，所谓"书面为之"的强制规定，无非只是使买受人取得权利增多一个例行过程，且为出卖人无可诿卸之责任。第760条要式行为之强制规定，全成具文。不动产有此规定，与动产之无此规定者，几无差别。必非立法当时订定第760条的本意。② 关于此项见解，应说明的有两点：

① 不动产物权变动应订立书面契约，仍具有一定的功能，出卖人在订立物权书面时，仍可审慎考虑买卖契约是否确实有效成立。倘其认为买卖契约并未有效成立，可以拒绝订立书面，办理登记。至于买受人得径依法院判决办理登记，与第760条规定无关，因为无论有无此项规定，亦无论其规定内容如何，买受人均得径依法院之确定判决办理所有权移转登记。

② 规定不动产物权变动的债权行为（尤其是买卖契约），为要式行为，固可使当事人因订立书面而有较多考虑机会，求其审慎，但此涉及债权契约方式自由原则应否加以限制的"立法政策"问题，事关重大，似不能因第760条适用具有疑问，而勉强将其解释为是关于债权行为的规定。

（4）土地登记程序。依第758条规定，依法律行为（物权行为）而生之不动产物权的变动，须经登记，始生效力。关于此项登记系于"土地法"及"土地登记规则"设其规定，称其为变动登记（"土地法"第72条，

---

① 李模：《法令月刊》第40卷第9期（1980年9月），第14页。
② 李模：《法令月刊》第40卷第9期（1980年9月），第14页。

"登记规则"第5条),当事人申请登记时,应提出登记原因证明文件("登记规则"第32条第1项第2款)。在实务上所谓登记原因证明文件,就买卖而言,地政机关制定有"买卖所有权移转契约书",载明应填载价金,定金数额,价款交付方式及不动产交付日期等项目,以供使用。李模教授认为:"若照债权行为与物权行为分立之理论,则债权契约为原因行为,故须载明物权移转之原因(例如为买卖或赠与或分割)及价金(或其他对待给付或负担或条件及期限等一切负担行为应履行之事项)。但物权契约仅以双方表明授受物权之意思为已足,其余均为赘文。1943年上字第4349号判例曾谓'物权书面'无一定方式,'但其内容须有移转特定不动产之所有权或其他物权之意思表示,自不待言',可供参考。目前登记所要求之登记原因证件,实为债权契约。"①诚如李模教授所云,此项"买卖所有权移转契约书"的性质,究具何种性质,颇为模糊,但在解释上可认为系属不动产所有权移转契约,并记载债权契约的内容。

2. 债权行为及物权行为说

如上所述,判例及多数学者认为,第760条系关于物权行为的规定;刘志敭、张企泰及李模诸氏则认为,本条系关于债权行为的规定。值得注意的是,史尚宽先生认为,本条规定兼指债权行为及物权行为,其理由为:"第760条之规定,系将《瑞士民法》第657条及第799条第2项合并为规定。依余所见,应解释指不动产所有权及他物权移转之债权契约与物权契约及不动产物权设定之物权契约而言。然在双方申请登记,其移转物权或为物权设定之权利人同意于申请之行为,含有登记承诺及物权契约之意义。依'土地登记规则',土地登记申请应以书面为之,苟移转物权之债权契约已依法定方式为之者,其所有人或物权权利人同意于登记申请而于申请书签名或盖章,即有书面之登记承诺时,则可解释其物权契约之方式亦因而补正成为有效。然在登记之双方申请,其申请含有权利人同意于申请之行为(登记承诺)及物权之移转,要解释含有物权契约之意义。盖《瑞士民法》以原因行为与登记之结合而发生变动,其原因行为及登记承诺均为要式,即含有债权契约及物权契约均为要式行为之意义。《德国民法》则明白规定二者均为要式。现行'民法'既认为物权有独立性及无因性,故应解释不独物权移转之物权契约,即其债权契约,亦须以

---

① 李模:《法令月刊》第40卷第9期(1989年9月),第18页。

书面为之,否则不生效力。"①关于此项见解,应说明者有两点:

(1)《瑞士民法》第657条第1项规定:"所有权转让契约,须经公证,始生拘束力。"第799条第2项规定:"设定土地抵押之契约,须经公证,始生拘束力。"第760条是否为上开《瑞士民法》合并规定,似有疑问。

(2)"民法"采物权行为独立性及无因性,但不能据此认为物权移转之物权契约及其债权契约,均须以书面为之。物权行为之性质与物权行为之书面,系属二事,应如何规定,纯属"立法政策"上的考虑,在法理上似无逻辑上必然的关联。

3. 登记文件说

在判例学说为第760条究系关于物权行为抑为债权行为的规定而争论不休,难获定论之时,姚瑞光先生另辟途径,采取完全不同的观点,认为本条所谓书面,乃为便于登记而为规定,与物权契约无关,略谓:"此项书面,一般均谓为系指不动产物权移转或设定之书面物权契约而言,判例之见解亦同。……但物权契约,系指直接发生物权变动之契约而言。在关于不动产物权之变动,采行意思主义之国家,始可能有真正之物权契约。台湾系采形式主义的地区,不可能有直接发生物权变动之物权契约存在。必与登记或交付相结合,始能完成物权行为,已如前述。因之,第760条所谓之书面,似非指书面物权契约而言。不过因不动产物权之移转或设定,关系当事人利益较大,为杜绝纠纷,并便于登记,而定为应以书面为之而已。"②关于此项见解,应说明者有三点:

(1)依第758条规定不动产物权的变动,固须兼具法律行为(物权行为,物权契约)及登记始生效力,但在理论上似不能因此而认为物权行为不能要式化,明定其须以书面为之。

(2)规定的书面,系属要式行为规定(参阅第73条),似不能认为是登记程序的文件。第1050条规定:"两愿离婚,应以书面为之,有二人以上证人之签名并应向'户政机关'为离婚之登记。"本条所谓书面,不能解为系登记文件,甚为显然。

(3)合并第758条及第760条规定,可构成如下内容:"依法律行为而为不动产物权之移转或设定,须以书面为之,并经登记,始生效力。"

---

① 史尚宽:《物权法论》,第18页。
② 姚瑞光:《民法物权论》,第25页。

五、法院判决与物权契约书面之补正

1968年台上字第1436号判例认为,不动产买卖契约系不要式行为,所有权的移转系要式行为,若双方就其移转之不动产及价金业已互相合意,则其买卖契约即为成立,出卖不动产之一方,自应负交付该不动产,并使他方取得不动产所有权之义务,买受人若取得协同办理所有权移转登记之确定判决,则得单独申请登记取得所有权,移转不动产物权书面之欠缺,即因而补正。此项判例的见解或推理是否妥适,涉及三个问题,分述如下:

(一) 逻辑理论

李模教授认为:"任何法律行为(包括物权行为,或物权契约如本号判例所谓物权之书面)之成立生效,必须以意思表示为要素,而意思表示必须出于当事人之自由意思;意思上之任何欠缺或瑕疵,均可能影响意思表示或法律行为之效力。如此,则本号判例所认定当事人必须成立的物权书面,是受原有债权合意拘束而由判例指定之所为,几无丝毫自由意思的成分,显不能认为具有合法的意思表示而足以构成一个具有强劲效力的物权行为。第760条所要求的是一个要式行为,要尽人皆知的。如依本号判例须受一个不要式的债权行为之拘束,而补行其程式,则要式行为的特质与功能尽失,在逻辑上亦形成显著的矛盾。"[①]

应说明的是,在债权行为与物权行为分立的理论下,债权行为有效成立时,债务人即负有作成物权行为履行其债务之义务,例如不动产买卖契约有效成立时,出卖人应交付其物并移转其所有权。出卖人之作成物权行为须基于其自由意思,否则其物权行为无效或得撤销。债务人受原有债权合意拘束而为物权行为,乃出于履行义务,基于债权的请求力[②],受法律之强制,似不能因此怀疑其意思表示的自由及合法性。在债权行为及物权行为不要式之情形,出卖人仍须作成物权行为,以履行债务;在债权行为及物权行为均皆为要式行为之情形,出卖人亦须与买受人作成物

---

① 李模:《法令月刊》第40卷第9期(1989年9月),第13页。
② 关于债权的请求力,参见拙著:《民法债编总论》(一),第39页。

权书面,以履行债务。由是观之,债务人应受有效成立债权合意拘束而作成物权行为,在于履行债务,系法律逻辑之当然,与债权行为及物权行为是否为要式行为无关。

(二) 物权要式行为的功能

1968年台上字第1436号判例是否会使物权要式行为的特质及功能尽失？此项问题的提出,深具意义。应说明的是,"最高法院"所采见解,系债权行为及物权行为分立理论下的当然结论。即债权行为有效成立时,债务人负有与债权人作成物权行为之义务,以履行其债务,前已论及。债务人不履行债务时,债权人当得诉请履行,依法院之确定判决办理所有权移转登记。兹参照德国立法例及判例加以说明。

《德国民法》第313条规定:"Ⅰ.当事人之一方因契约而负担让与不动产所有权之义务者,其契约应由法院或公证人,作成公证证书。Ⅱ.不依照此项方式所订立之契约,若已为不动产所有权移转之合意,且已登记于土地簿册者,按其全部内容仍为有效。"又依《德国民法》第873条规定:"Ⅰ.土地所有权之移转或于土地上设定权利,以及此等权利之移转或设定权利,应经变更权利人与相对人之合意,并于土地簿册上为权利变更之登记,但法律另有规定者,不在此限。Ⅱ.成立合意之当事人,在未为登记前,仅以双方之表示,已由法院或公证人作成证书,或其表示系在土地登记官署前为之,或曾向之申请登记,或权利人已将'土地登记法'所规定之登记同意书交与他方当事人者为限,始受合意之拘束。"

李模教授认为:"综合前列两个条文,可以归纳出后列结论:

(1)《德国民法》亦要求让与不动产所有权之负担行为(即债权契约)必须为要式行为。其所要求之程式,为由法院或公证人作成公证书。较诸台湾地区'应以书面为之'为严。

(2)如未依前述作成公证书,除非已有不动产所有权移转之合意,且经登记完成,本质上为负担行为之债权契约,即不能发生拘束力。

(3)物权移转登记前,亦应有物权移转之合意,一如'民法'在理论上认为须经合意并完成登记,乃生物权移转效力。

(4)前款当事人间之全意,必限经'法院或公证人作成证书'等情事,始生拘束力。

依据上列结论,《德国民法》对于当事人就不动产物权移转所为契约,似亦不可能仅依口头合意而生拘束力,或并强制相对人完成物权移转之合意。且即使物权合意亦尚须符合一定程式,始生拘束力,否则亦不能强制对方完成物权移转之登记。此与本号判例,观念上似有相当距离,两相比较,恐以《德国民法》前引条文所持观念更可采信。"①

此项分析极为精辟,但须补充说明的是,依德国的判例,不动产之出卖人拒不经法院或公证人作成公证书,办理物权移转登记时,买受人亦得诉请履行,并依法院之确定判决,径行办理所有权移转登记②,与1968年台上字判例所采之见解并无不同,彼邦学者从未质疑《德国民法》对物权行为所设之严格要式行为是否因此尽失其意义及功能,盖此乃基于债权之请求力,非如此不足保障债权之实现。③

(三) 判例的影响

特别值得提出的是李模教授如下的见解:"可能系受本案判例影响,所造成的另一个判例中的观念问题,则见诸于赠与契约,赠与本为无偿给予之行为,谓受赠人可以强求赠与人而为给予,终非情理之所许,亦非法律之所宜鼓励。所以第408条容许赠与物交付前撤销赠与。除非已立有字据或为履行道德上义务而为赠与者,始为例外。第407条专为不动产而设,则明定:'以非经登记不得移转之财产为赠与者,在未为移转登记前,其赠与不生效力。'值得注意者,乃在其文字上已明定其'赠与'不生效力,自指凡以不动产而赠与者,其赠与合意在登记前并无拘束力,受赠人不能据此强求赠与人补行物权登记,以履行赠与之承诺。但1951年台上字第1496号、1952年台上字第175号判例等均认为受赠人有此请求权,1955年台上字第1287号判例更延伸适用于赠与人之继承人。其间虽未表明是否以口头承诺赠与者,同样适用。但制作各该判例之推理方法,自难免已受本号判例之影响。如同时适用本号判例意旨,则口头允诺赠与不动产,亦必将因已具备第153条第1项意思表示一致之要件,而受债权契约之拘束,必须补充'物权书面'并协办移转登记。甚至受赠人以

---

① 李模:《法令月刊》第40卷第9期(1989年9月),第14页。关于《德国民法》第313条及第873条之解释适用,参见 MünchKomm/Kanzleiter, §313; MünchKomm/Kacke, §873.
② 参见 BayoblG Rechtspfleger 83, 390; Palandt/Bassenge, §925 anm. 3c.
③ 1968年台上字第1436号判例虽值赞同,但其认为依法院之确定判决办理所有权移转登记,系"书面欠缺之补正",是否妥适(或必要),尚值斟酌。

此而兴讼,使赠与人无偿给予之一片好意,变为怨念,化玉帛为干戈,孰以致之?"①李模教授上面对关于不动产赠与三则判例的批评,实具卓见,深值赞同。②

1952年台上字第175号判例谓:"以非经登记不得移转之财产赠与者,在未为移转登记前,其赠与不生效力,固为第407条所明定。惟当事人间对于无偿赠与不动产之约定,如已互相意思表示一致,依同法第153条第1项之规定,其契约即为成立,纵未具备赠与契约特别生效之要件,要难谓其一般契约之效力亦未发生,债务人自应受此契约之拘束,负有移转登记,使生赠与效力之义务。"此种所谓"一般契约效力"之思考方式,"最高法院"亦曾应用于新修正之第1050条"两愿离婚,应以书面为之,有二人以上证人之签名并应向户政机关为离婚之登记"之规定,而认为:"两愿离婚,应以书面为之,有二人以上证人之签名并应向户政机关为离婚之登记,为修正第1050条所明定,是两愿离婚,双方当事人应向户政机关申请为离婚之登记,如一方拒不为申请,他方自得提起离婚户籍登记(给付)之诉,求命其履行。"(1986年度台上字第382号判决)。③

此等见解是否受到"最高法院"关于第760条所作判例的影响,不得而知,其应说明的有两点:

(1) 上开关于不动产赠与(第407条)及两愿离婚(第1050条)的判例或判决所以难予赞同,乃是因为在同一契约(赠与或离婚),必须法定的要件均告具备,始生效力。所谓"成立要件"一旦具备,即可产生"一般契约拘束力",债务人负有完成特别"生效要件",以使契约发生效力之义务,纯属理论上的虚构,违反"立法目的",确难苟同。

(2) 债权行为有效成立后,债务人负有作成物权行为,以履行债务之义务,此为理论上的当然,符合法律规范目的,似无不妥,前已论及,兹再强调之。至于在"立法政策"上,债权行为(不动产买卖)或物权行为(所有权移转)应否采要式行为,系另一问题。

---

① 李模:《法令月刊》第40卷第9期(1989年9月),第16页。并参见李模:《论不动产赠与契约之生效要件》,载《中兴法学》第11期(1976年12月)。
② 参见拙著:《不动产赠与契约特别生效要件之补正义务》,载《民法学说与判例研究》(第一册),北京大学出版社2009年版,第240页。
③ 拙著:《离婚契约之拘束力与特别生效要件之履行》,载《民法学说与判例研究》(第五册),北京大学出版社2009年版,第220页。

六、"立法政策"及法律解释

(一)"立法政策"

台湾地区的判例学说基本上皆肯定"民法"系采取债权行为及物权行为分立原则。关于动产物权交易,其债权行为(例如买卖)及物权行为(所有权移转)一般立法例多采不要式行为。关于不动产交易,因其价值较高,立法例不一,在理论上可分为四类:

(1) 债权行为及物权行为皆为不要式行为。
(2) 债权行为及物权行为皆为要式行为。
(3) 债权行为为要式行为,物权行为为不要式行为。
(4) 债权行为为不要式行为,物权行为为要式行为。

应采取何种规范模式,纯属"立法政策"的问题,其所应考虑的因素有交易安全及便捷、方式自由及限制等问题,利弊兼具,无绝对之优劣,《德国民法》对不动产买卖契约采严格要式行为,固有所据,《日本民法》采诺成契约,亦难谓其不妥。实则,采何种立法模式并不十分重要,真正重要的是明确的法律规范,使人民有所适从。不动产买卖契约不以订立书面为必要(法定方式),初视之下,难免造成轻率,或证明困难,实则当事人可约定须用一定方式(参见第166条),以资因应。债权行为要式化,实无过分强调的必要。

(二) 法律解释

"最高法院"判例认为第760条系关于物权行为的规定,但未附理由,本文提出文义、体系、立法理由和规范目的等解释方法支持其说。值得注意的是,采债权行为书面的学者,亦从文义、体系、立法理由和规范目的,寻其论点的依据,因此发生了法律解释方法(或因素)的位序及客观性的问题,学说上的争论导源于此。必须强调的是法律解释的各种方法(文义、体系、立法理由和规范目的等)是一种共同协力关系。就第760条言,所以认为其系关于物权行为的书面,系以其在"民法典"之编制体例为其出发点,并以文义、体系、立法理由和规范目的补充之。持反对说的学者虽提出各项有力论点,但似均不足积极证明第760条虽系规定于物权编,

但却是关于债权契约的规定:

（1）在文义上:"不动产之移转或设定",似难解释为系指债权契约而言。

（2）在体系上:所谓"在债编无适当的处所可以移列",不具积极的说服力。

（3）在立法理由上:由立法理由书的说明可知其系关于物权变动之规定,纵有疑问,亦无从认定其系针对债权契约而言。

（4）在规范目的上:不动产价值较高,事理上并不当然须采要式主义,此纯属"立法政策"的范畴。

（5）在法律逻辑上:债权人基于有效成立的债权行为（不要式）,请求债务人作成物权行为（要式行为）,以履行债务,乃基于债权之请求力,应无逻辑上的矛盾,似不能以之否定"民法"物权行为之要式性,更不能以之证明债权行为之要式性。

七、结　　论

关于第 760 条的规范目的,学说上争论长达 50 年,是一个古老的问题。最近李模教授针对"最高法院"判例再度作深入的综合分析检讨,提出许多值得深思的见解,使我们对问题的争点,有更进一步的认识,在法律解释、判例研究上获得许多重要的启示和指引,并深刻体验到探寻法律规范内容的艰难过程。法学是追求正义的论辩,并在论辩中成长,参与论辩是每一个法律人的义务,见解容有不同,立论或有差异,我们大家都在为追求正义而努力！

时效取得地上权的要件、登记与效力

一、问题的说明

时效取得是民法上重要的制度。在"最高法院"公布的判决中尚未发现有时效取得动产所有权的案例。关于不动产所有权时效取得,因法律明定限于未登记的不动产,亦罕见其例。绝大多数的案例涉及地上权的时效取得。① 因此从实务的观点言,所谓物权(或财产权)的时效取得,实际上就是地上权时效取得的问题。

地上权人享有在他人土地上有建筑物、其他工作物、或竹木为目的而使用土地的权利(第832条)。台湾地区土地有限,地价昂贵,得否依时效取得地上权,关系当事人利益甚巨,迭生争议。为此,1988年8月17日颁布之"时效取得地上权登记审查要点"(以下简称"审查要点"),规定若干重要事项,"物权法"的教科书多未提及②,鉴于登记的重要性,本文亦一并加以论述。

时效取得地上权系"准用"时效取得不动产所有权的规定,许多争议涉及"准用"的问题,在法学方法论上具有启示性,实值重视,此为撰述本文的主要目的。

---

① 关于地役权,"最高法院"著有五则判例,其中四则涉及时效取得地役权(1943年上字第1527号、1965年台上字第698号、1971年台上字第1677号、1974年台上字第1235号、1979年台上字第2994号),其基本问题请参照本文关于地上权的说明。

② 参见谢在全:《民法物权论》(上)(1989年初版),第199页,录有1980内地字第41992号函之全文,已为最近颁布之"审查要点"所取代,应请注意。

二、时效取得地上权的要件

(一) 准用的问题

关于时效取得,"民法"分别就动产及不动产设有规定,即以所有之意思,5年间和平公然占有他人之动产者,取得其所有权(第768条)。以所有之意思,20年间和平继续占有他人未登记之不动产者,得请求登记为所有人(第769条),其占有之始为善意并无过失者,则仅须10年,即可请求登记为所有人(第770条)。值得注意的是,第772条明定,第768条至第771条关于时效取得之4条规定,"于所有权以外财产权之取得,准用之"。

法律设"准用"的规定,旨在简化条文,避免重复,是一项不可或缺的立法技术。《德国民法第一草案》准用规定甚多,颇受批评,现行《德国民法》略为减少。"民法"准用规定虽较精简,但亦属不少。[①] 准用系德文"entsprechende Anwendung"的翻译,乃指"相当的适用"而言,至于是否"相当",应就准用与被准用者的构成要件,依其规范功能及体系关联上的地位,互相比较观察,以认定在何种程度应对被准用者赋予相当的法律效果。[②]

"民法"上大部分"准用规定"在适用时多不生疑问,少数尚有争论[③],关于第772条规定的准用,史尚宽先生及姚瑞光先生均认为是极为困难的问题。[④] 地上权属于第772条所称的财产权,系判例学说的一致见解。有争议的是如何准用第769条至第771条关于不动产所有权时效取得的

---

① 其主要者有第41条,第102条第3项,第114条第2项,第163条,第173条第2项,第187条第4项,第247条第2项,第253条,第261条,第263条,第288条,第292条,第313条,第342条,第347条,第398条,第399条,第426条,第614条,第656条第3项,第660条第2项,第665条,第680条,第701条,第735条,第831条,第833条,第848条,第850条,第858条,第883条,第901条,第914条,第939条,第946条第2项,第966条第2项,第1008条之一,第1079条之二,第1080条之五,第1188条,第1192条(请查阅之)。

② 参见 Larenz, Methodenlehre der Rechtswissenschaft, 1983, 5. Aufl. S. 250, 252.

③ 参见拙著:《同时履行抗辩:第264条规定之适用、准用与类推适用》《买卖不破租赁:第425条规定之适用、准用及类推适用》,载《民法学说与判例研究》(第六册),北京大学出版社2009年版,第108、145页。

④ 参见史尚宽:《物权法论》,第76页;姚瑞光:《民法物权论》,第69页。

规定。①

(二) 构成要件

1. 须占有他人未登记的不动产

不动产所有权的时效取得,须以占有他人未登记的不动产为要件。此项要件"准用于地上权"时,发生一项重大疑问,即地上权的时效取得是否须以占有他人未登记的不动产为要件?

对此关键的重要问题,1971年台上字第1317号判例认为:"地上权为土地他项权利,其登记必须于办理土地所有权登记同时或以后为之,如土地未经办理所有权登记,即无从为地上权之登记。故依据第772条准用取得时效之规定,申请为地上权之登记时,并不以未登记之土地为限。"又1971年台上字第4195号判例再度肯定此项见解,认为:"未登记之土地无法申请为取得地上权之登记,故依第772条准用同法第769条及第770条主张依时效而取得地上权时,显然不以占有他人未登记之土地为必要。苟以行使地上权之意思,20年间和平继续公然在他人土地上有建筑物或其他工作物或竹木者,无论该他人土地已否登记,均得请求登记为地上权人。"又关于地役权的时效取得,1965年台上字第698号判例曾认为:"地役权系以他人土地之利用为其目的,而得直接支配该土地之一种不动产物权,性质上仅为限制他人土地所有权之作用,而存在于他人所有土地之上,故有继续并表见利用他人土地之情形,即可因时效而取得地役权,并不以他人所有未经登记之土地为限。"兹分两点说明之:

(1)"最高法院"认为地上权(或地役权)的时效取得,不以占有他人未登记的不动产为限,于已登记或未登记的不动产皆可进行时效取得。

(2)将不动产所有权时效取得的规定"准用于地上权(或地役权)"时,所以排除"他人未登记之不动产"此项要件,其理由有二:一为地上权为定限物权;二为在他人未登记的土地无从为地上权之登记。此两点理由是否充分,尚有检讨余地:

---

① 关于此项准用,姚瑞光先生认为应具备三项要件:(1)权利之行使:①须以行使某种财产权之意思而行使该财产权。②须为和平、公然、继续之行使。若准用第770条时,并须行使之始为善意并无过失。(2)一定期间之经过。(3)行使于他人之物或权利之上。就时效取得地上权准用第769条规定而言,其结果为:"以行使地上权之意思,20年间和平继续公然在他人土地上有建筑物或其他工作物或竹木者,得请求登记为地上权人。"(《民法物权论》,第69页以下)。

① 地上权虽为定限物权,但此项法律性质并不当然可以作为排除他人未登记不动产的依据。以法律性质作为理由,不免成为概念法学的论辩。

② 从"地上权为土地他项权利,其登记必须于办理所有权登记同时或以后为之,如土地未经办理所有权登记,即无从为地上权之登记"的论点,不能当然推论到"故依据第772条准用取得时效之规定,申请为地上权之登记时,并不以未登记之土地为限。"此项形式的推论欠缺坚强说明力。因为时效取得地上权人可以于他人土地登记时,再办理登记,或在土地登记制度上另设解决的途径。①

③ "民法"规定所有权的时效取得,须以他人未登记之不动产为限,"立法目的"旨在贯彻土地登记之绝对效力,并保障已为登记者之权利,地上权的时效取得本亦应受此限制。② "最高法院"突破此项限制,属于造法的层次,其目的在增进土地的利用,自有其法律政策上的考量,形式逻辑或法律性质上的推论,只是一个合理化的理由构成而已。在《日本民法》,不动产不问登记与否均可进行时效取得。③ 在《瑞士民法》,原则上以未登记者为限。④ 台湾现行"民法"明定以未登记之不动产为限,实务上却认为在他人已登记之不动产,亦可时效取得地上权,难免造成价值判断的不平衡,即在他人已登记的不动产,不能时效取得所有权,但却能时效取得地上权。从法律逻辑、利益衡量、登记制度的观点言,此项区别均值商榷,唯一合理的解释是台湾现行"民法"规定所有权的时效取得,以未登记的不动产为限,"立法政策"上未尽妥适⑤,故借"准用"规定,加以调整,以达物尽其用之经济目的。

---

① 参见拙著:《地上权之时效取得》,载《民法学说与判例研究》(第二册),北京大学出版社2009年版,第213页。
② 参见史尚宽:《物权法论》,第79页。
③ 《日本民法》第162条至第165条,参见广中俊雄:《物权法》(第2版增补),1987年,第154页;星野英一:《取得时效与登记》,载《民法论集》第4卷,第338页。
④ 参见《瑞士民法》第661条、第662条规定。
⑤ 参见梅仲协:《民法要义》,第386页:"第769条及第770条规定不动产所有权依时效而获取者,以他人未登记者为限,未免过苛。诚如现行法之规定,则不动产一经登记之后,倘所有人任其荒芜不治,除援用'土地法',予以相当之制裁外(第171条以下),第三人虽以和平公然继续占之方法,且以所有之意思,在相当之时期,充分予以利用,而仍不能取得所有权者,则何以奖励勤劳,而谋经济之发展……第769条,关于取得时效标的物之限制,应有修正之必要。"

2. 须基于地上权人的意思而和平、继续、公然占有

(1) 不动产所有权的时效取得,须以所有之意思占有他人之不动产,此项要件准用于地上权时,其时效取得须占有人在主观上有以行使地上权的意思,在客观上有在他人土地上建筑房屋、其他工作物或竹木而使用他人土地。易言之,其无行使地上权意思时,不能时效取得地上权。关于此点,1975年台上字第2551号判例谓:"地上权为一种物权,主张取得时效之第一要件须为以行使地上权之意思而占有,若依其所由之事实之性质,无行使地上权之意思者,非有变为以行使地上权之意思而占有之情事,其取得时效,不能开始进行。上诉人占有系争土地之始,即系基于承租人之意思,而非基于行使地上权人之意思,嗣后亦非有第945条所定变为以地上权之意思而占有,自不能本于第772条准用第769条之规定,请求登记为地上权人。"可资参照。①

(2) 不动产所有权之时效取得,须为和平、继续占有他人之物,在特别取得时效(第770条),尚须其占有之始为善意并无过失。此项要件准用于地上权时,其时效取得,亦须出于和平、继续之占有,自不待言。须注意的是,"民法"规定公然占有为动产所有权取得时效之要件,而于不动产则无明文,因而发生争论,学说上有认为应类推适用动产所有权取得时效的要件,就地上权时效取得言,"最高法院"在结论上亦采肯定见解(参照1971年台上字第4195号判例)。在他人土地上有建筑物、其他工作物或竹木,多属于公然,但于相邻之土地下,暗辟地窖,而行使地上权(例如建造车库或储藏室),亦属可能,列入公然的要件,应有必要。②

---

① 此为实务上常见的问题,兹录数则判决,以供参考。1980年台上字第694号判决:"上诉人建筑房屋之上开土地,系分别向被上诉人所承租,已为两造所不争执,其租赁关系之存在,复经终局判决审讯确定,是上诉人使用上面土地,既系本于承租该土地之意思而占有,即无从依民法关于时效之规定而取得该土地之地上权。"1980年台再字第79号判决谓:"因时效而取得地上权者,必须以行使地上权之意思占有他人之土地,始为相当。本件再审原告自始即主张伊就讼争土地有租赁关系存在,足证再审原告系以租赁之意思占有讼争土地,并非以行使地上权之意思占有他人之土地,自无从依时效而取得地上权。至依'土地法'第102条所定地上权登记,其要件必须以两造间确有基地租赁关系存在为前提,本件再审原告并未证明两造间就讼争土地确有基地租赁关系存在,自亦不得本该条规定为地上权设定登记。"学说上有争论的是:以承租人的意思占有他人不动产,可否依时效取得租赁权。对此问题台湾学者有的采肯定说(史尚宽:《物权法论》,第76页);有采否定说(姚瑞光:《民法物权论》,第70页)。否定说的主要理由,系认为租赁权依法律规定,必须支付一定对价,始能成立并继续,故难因时效而取得,此项理由是否充分,不无疑问,因为若肯定租赁权的时效取得,在法律上亦可使承租人支付一定的对价。

② 参见梅仲协:《民法要义》,第386页。

3. 须经过 10 年或 20 年

不动产所有权时效取得的占有,"民法"规定为 20 年(第 769 条),但占有之始为善意并无过失时,其期间为 10 年(第 770 条)。所谓善意,系指信其为所有人而占有;所谓过失,系指就善意占有虽加以相当注意,仍不知其无所有权而言。

上开规定准用于地上权时,其占有期间如何决定,不无疑问。① "审查要点"第 11 点规定:"占有人占有时效之期间悉依其主张,无论 20 年或 10 年,均予受理。"是否受理是程序上的问题,实体上究为 20 年或 10 年,仍有明辨的必要。

基于行使地上权的意思而占有他人土地,通常多属明知自己是无权占有,其时效期间应为 20 年(准用第 769 条)。但占有之时为善意并无过失的,亦属有之,例如行使地上权人非因过失不知地上权之设定不成立或无效时,其期间应为 10 年(准用第 770 条)。

关于占有时间之合并计算,"审查要点"第 12 点设有如下规定:"占有人主张与其前占有人之占有时间合并计算者,须为前占有人之继承人或继受人。前项所称继受人指因法律行为或法律规定而承受前占有人之特定权利义务者。"此项要点系参照第 947 条而规定,即:"占有之继承人或受让人,得就自己之占有,或将自己之占有与其前占有人之占有合并,而为主张。合并前占有人之占有而为主张者,并应承继其瑕疵。"

4. 占有之始须有行为能力

在此须特别提出的是,前开"审查要点"第 4 点规定:"占有人占有之始,须有行为能力。"对此重要规定,有四点应予说明:

(1) 时效取得,是否须以"占有人占有之始,须有行为能力"为要件,系属实体法上的问题,于"审查要点"设其规定,体例上不无斟酌的余地。此项规定若予一般化,认为是时效取得的基本要件,则关系重大,诚值重视。

(2) "审查要点"此项规定似有误会。时效取得系直接基于法律规定,非属法律行为,为大多数学者的通说②,实务上亦同此见解,1980 年台

---

① 参见姚瑞光:《民法物权论》(第 69 页),仅提到 20 年间。"最高法院"的判决亦多提到 20 年,参见 1971 年台上字第 4195 号判决。

② 参见史尚宽:《物权法论》,第 76 页;姚瑞光:《民法物权论》,第 60 页;谢在全:《民法物权论》(上),第 173 页。德国通说亦采此见解,Baur, Sachenrecht, 11. Aufl. 1981, S. 526f. Müller, Sachenrecht Ⅱ, Aufl. 1990, S.682f. ; Westermann, Sachenrecht I, 6. Aufl. 1990, S.375f.

上字第471号判决谓:"按时效者,系以于一定期间内,一定事实状态之继续,为其成立要素之法律事实,亦即发生法律现象之原因(又因其为法律效力之原因,故可称为法律要件),并非法律行为,是上诉人在尚未依法请求登记为地上权人之前,自不能本于地上权之法律关系对抗上诉人。"可资参照。

(3)时效取得既非法律行为,解释上当然不需要有行为能力,仅须有意思能力,即为已足,限制行为能力人或无行为能力人有意思能力的,亦可主张时效取得。

(4)据上所述,审查要点第4点规定应予删除。

(三)取得时效之中断

1. 时效取得中断规定之准用

关于时效取得的中断,第771条设有规定:"占有人自行中止占有,或变为不以所有之意思而占有,或其占有为他人侵夺者,其所有权之取得时效中断。但依第949条或第962条之规定,恢复占有者,不在此限。"本条规定对地上权时效取得亦应准用。申言之,即地上权时效取得之中断,系指占有人自行中止占有,或变为不以取得地上权的意思而占有,或其占有为他人侵夺而言。若将占有的土地出租他人,依第941条规定为间接占有,则非时效的中断。对于物有事实上管领之力者,为占有人(直接占有)。承租人或基于其他类似的法律关系,对于他人之物为占有者,该他人为间接占有人(第940条、第941条)。依此规定,直接占有固系占有,间接占有亦属占有,其占有人在他人土地上有建筑物或其他工作物或竹木为目的而使用其土地,合于第769条或第770条规定的要件,依第772条规定,均得依时效取得地上权,并得依"土地登记规则"第113条的规定,请求为地上权取得登记(参照1982年台上字第559号判决)。

2. "民法"总则编关于消灭时效中断规定的类推适用

关于取得时效中断,学说上热烈讨论的是,总则编关于消灭时效中断的规定应否类推适用。

通说采肯定的见解,史尚宽先生认为:"就第129条所定之请求、承认及起诉之消灭时效中断观之,占有人承认他人所有权,则变为非自主占有,经权利人之请求、起诉,则占有之和平已成问题,故'民法'于消灭时效之中断及不完成之规定,应解释准用于取得时效。"①谢在全先生原则上亦持肯定说,惟认为:"消灭时效中断事由之承认,乃是变为不以所有之意思而占有,取得时效自因而中断。至请求、起诉或与起诉有同一效力之其他事由,除其中开始执行行为或其他因此所生之具体情事,足使占有人不能自主占有、继续占有或和平、公然占有,自可当然构成时效中断之原因外,尚难仅以请求、起诉之原因,遽认有中断事由之发生,因请求、起诉至多使占有人变为恶意占有,而此对取得时效之进行无碍,且在单纯异议下之占有,又难谓非和平占有,故消灭时效中断事由,足以构成取得时效中断之机会,除承认外,殆近乎零。"②

由上述学者的见解可知,其所以类推适用总则关于消灭时效中断的事由,基本上系以此来认定第771条明定的时效中断事由,而非以此作为时效取得中断的独立事由。若属如此,此项类推适用,似无必要,应属第771条适用解释本身的问题。③

台湾学者认为总则中所定消灭时效中断之事由应类推适用于取得时效,多参考《瑞士民法》及《德国民法》立法例,兹就此加以说明补充。《瑞士民法》对不动产及动产所有权的时效取得,亦设有规定,关于取得时效之中断,未设明文,故规定准用关于请求权消灭时效的规定(第663条、第728条第3项)。《德国民法》关于不动产所有权设有登记取得时效制度④,关于动产所有权设有占有取得时效⑤,至于时效中断,《德国民法》第940条规定占有的丧失为中断事由,第941条前段规定所有人请求权之行使为中断事由,值得注意的是第941条后段明定准用总则第209条至第212条、第216条、第219条、第220条关于消灭时效之规定,系以起诉作为独立的时效中断事由。⑥

综据上述,本文认为台湾地区通说以类推适用总则关于消灭时效中断事由,来认定第771条规定取得时效中断事由,就方法论言,似非妥适。所谓类推适用,应系以请求、起诉或承认作为时效取得中断的独立事由。

---

① 史尚宽:《物权法论》,第74页。
② 谢在全:《民法物权论》(上),第182页。
③ 参见姚瑞光:《民法物权论》,第68页。
④ 《德国民法》第900条,参见 MünchKomm/Wacke, §900; Soergel/Baur, §900.
⑤ 《德国民法》第937条至第945条,参见 Palandt/Bassenge, §937-945.
⑥ Westermann, Sachenrecht Ⅰ, S.379.

若采此见解,则在请求或起诉之情形,纵不具备第771条的要件,亦足构成时效取得的中断。

3. "审查要点"关于时效中断的规定

于此应提出讨论的是,"审查要点"第13点对地上权取得时效中断,设有如下规定:"有下列情形之一时,占有时效中断:① 土地所有权人或管理者已向占有人收取占有期间损害赔偿金,占有人亦已于占有时效日期未完成前缴纳者。② 占有时效未完成前,土地所有权人或管理者对占有人提起排除占有之诉,经判决确定者。"关于此项规定,应说明者有三点:

(1) 地上权时效中断应准用第771条规定。若认为"民法"总则关于消灭时效的规定得予类推适用,则对地上权亦应准用之。

(2) 上开"审查要点"关于占有时效中断的规定,不是另创独立中断事由的特别规定,因为"审查要点"仅涉及程序事项,属于行政机关发布之命令,不能变更"民法"关于人民权利义务的规定。

(3) 就法律适用观点言,"审查要点"的规定,系行政机关依法律规定就典型案例类型所作的解释或具体化,因此须有法律上的依据。准此以言,所谓:"土地所有权人或管理者已向占有人收取占有期间损害赔偿金,占有人亦已于占有时效日期未完成前缴纳者。"可认为系占有人变为不以行使地上权之意思而占有(第771条),或对所有人为"承认"(第129条的类推适用)。所谓:"占有时效未完成前,土地所有权人或管理者对占有人提起排除占有之诉,经判决确定者。"是否符合第771条的规定,不无疑问,于类推适用第129条时,得认为系因起诉而中断。

(四) 举证责任

依时效取得地上权者,须其主观上有以行使地上权之意思,在客观上有在他人土地上建筑房屋、其他工作物或竹木而使用他人土地。关于此点,主张时效取得之人,应负举证责任。① 至于善意、和平、公然、继续占有,法律设有推定,即占有人推定其为善意、和平及公然占有;经证明前后二时为占有者,推定前后二时之间继续占有(第944条)。故关于时效中

---

① 参见1975年台上字第220号判决:"占有土地建筑房屋,有以无权占有之意思为之,有以所有之意思为之,非必行使地上权之意思而占有。故上诉人如主张以行使地上权之意思而占有讼争土地,应负举证之责,虽上诉人曾举石阿添、刘兴树、刘兴林、刘兴鎔等为证,但该证人等或为上诉人之夫,或为上诉人之父,或为上诉人之叔,其证言难免偏袒,不能置信。"

断之事由,应由土地所有人负举证责任。须注意的是,就"无过失","民法"无推定的明文,从而主张善意"无过失"取得时效之人,应负举证责任。

关于上开举证责任,"审查要点"设有详细规定,即第 5 点规定:"以建物为目的而使用土地者,应依'土地登记规则'第 70 条提出该建筑物系合法建物之证明文件。以其他工作物或竹木为目的者,应依'土地登记规则'第 113 条第 1 项提出占有土地四邻之证明书或公证书,或税捐、水电等足资证明开始占有时及申请登记时继续占有之事实文件。"第 6 点规定:"以户籍誊本为占有事实证明文件申请登记时,如户籍誊本有他迁记载时,占有人应另提占有土地四邻之证明书或公证书等文件。"第 7 点规定:"占有土地四邻之证明人,于占有人开始占有时及申请登记时,需继续为该占有地附近土地之使用人、所有人或房屋居住者,且于占有人占有之始有行为能力为限。出具证明时应添附印鉴证明。"

三、时效取得地上权的登记

(一) 登记前的法律地位

取得时效完成后,如占有者为动产,占有人即取得该动产的所有权。如占有者为不动产,"得请求登记为所有人",故须经登记始能取得不动产所有权,此项要件"准用于地上权"时,占有人于时效完成后,得请求登记为地上权人,亦须经办妥登记始能取得地上权。

因时效而取得地上权登记请求权者,在未为登记前,其占有他人土地有无正当权源,是实务上的重大争论问题,有甲、乙二说。甲说认为,因时效而取得地上权登记请求权者,在未完成地上权登记前,虽未取得地上权,但其占有该地,究不能因此而认为系无权占有(1979 年台上字第 3568 号判决)。乙说认为,因时效而取得地上权登记请求权者,不过有此请求权而已,在未依法登记为地上权人以前,仍不得据以对抗土地所有人而认其并非无权占有(1979 年台上字第 2932 号、第 2763 号判决)。1980 年 3 月 4 日第五次民事庭推会议,采取乙说。其主要理由系认为地上权取得时效完成而主张时效利益之人,依第 772 条、第 769 条、第 770 条规定,只是"得请求登记为地上权人",并非即取得地上权,在其未依法登记为地上权人之前,要无地上权之取得,自不能本于地上权之法律关系,向土地所有人有所主张。

按所谓"登记",通常系指土地权利经登记机关依"土地登记规则"登记于登记簿,并校对完竣,加盖校对人员名章后,始告完毕("登记规则"第6条)。若属如此,对因时效取得地上权者,殊为不利,因为时效取得地上权须经一定的程序,并经公告(参见审查要点第14点),土地所有人在登记完毕前可主张所有物返还请求权,时效取得地上权殆不可能。为贯彻时效取得制度的规范目的,有认为占有人如已为登记之申请时,对所有人而言,即非无权占有。此项见解应值赞同。[①]

须注意的是,依大法官会议释字第107号解释,已登记不动产所有人之恢复请求权,无第125条消灭时效规定之适用。准此以言,因时效而取得地上权登记请求权者,在未申请登记前,纵其占有期间超过15年,土地所有人仍得对其主张所有物返还请求权(第767条)。

(二) 不得申请时效取得地上权的情形

须特别提出的是,"审查要点"第3点规定:"占有人有下列情形之一者,不得申请时效取得地上权登记:① 占有之土地属'土地法'第14条第1项规定不得私有之土地。② 占有土地系'农业发展条例'第3条第11款所称之耕地。③ 占有土地供坟墓使用者。④ 使用土地违反土地使用管制法令者。⑤ 共有人就共有土地申请时效取得地上权登记。"兹分别讨论之:

(1) 在公有土地上得否进行地上权时效取得,"民法"未设规定,学说上采肯定见解。[②] "审查要点"第9点规定:"占有人占有公有土地申请时效取得地上权登记,无'土地法'第25条之适用。"原则上亦采相同见解。[③] "土地法"第14条明定土地不得私有,已成私有者,得依法征收之。

---

① 参见黄虹霞:《时效取得不动产之效力》,载《万国法律》第30期,第6页;谢在全:《民法物权论》(上册),第468页。

② 参见史尚宽:《物权法论》,第64页。

③ 值得注意的是1983年台上字第5040号判决:"公有公用物或公有公共用物具有不融通性,不适用'民法'时效取得之规定。又在通常情形,公物如失去公用之形态(如城壕淤为平地),不复具有公用性质,故不妨认为已经废止公用,得为取得时效的标的。然例外的,其中如经'政府'依'土地法'编定之公用道路或水沟,纵因人为或自然因素失其公用之形态,在奉准废止而变更非公用地以前,难谓已生废止公用的效力,仍无'民法'上取得时效规定之适用。"(《法令月刊》第35卷第6期,第26页。

此等土地既然不得私有,当然不得为不动产所有权时效取得之标的物,从而在"准用"时亦不能为地上权时效取得的客体。

(2) "农业发展条例"第3条第11款规定的农地,系指农业用地中依区域计划编定之农牧用地,或依"都市计划法"编为农业区、保护区之田、旱目土地,或依"土地法"编定之农事用地,或依法编定而土地登记簿所载田、旱地目之地。在上开农地,不能依时效取得以有建筑物、其他工作物或竹木为目的之地上权,衡诸"农业发展条例"的"立法目的",应属妥适的解释。

(3) 占有土地供坟墓使用,不得申请时效取得地上权登记,其理由为坟墓非属建筑物或工作物(参见1981年3月21日台内字第5074号函)。①

(4) 使用违反土地使用管制法令者,不得申请时效取得地上权登记,例如在道路、公园、河道等公共设施用地,不得依时效取得以建筑物等为内容之地上权,衡诸使用土地管制法令之规范目的,尚属妥适之解释,应特别提出的是,1985年台上字第574号判决谓:"按土地总登记后,因以在他人土地上有建筑物为目的之意思,20年间,和平、继续占有他人不动产(土地)建造房屋使用者,如其房屋为合法之建筑,其占有人即房屋所有权人,自非不得请求为地上权取得之登记。"似认为违章建筑物所有人不得请求为取得地上权的登记。在此严格要件下,时效取得地上权甚受限制,实际上殆不可能。"民法"并未列此要件,"土地法"第54条亦未列此要件。"土地登记规则"第113条规定:"土地登记后,因合法占有申请地上权取得登记时……",地政机关据此而认为:"因此如以在他人土地上有建物为目的而使用其土地者,以占有取得时效完成为由,申请地上权取得登记时,其建物应以合法建筑为必要。"本文认为上开"土地登记规则"所谓合法占有,似系指依"民法"所规定要件而占有,将之扩大解释为"其建筑物应以合法建筑为必要",是否妥适,有无超越"母法"规定,似有

---

① 关于坟墓所涉及的问题,参见"坟墓设置管理条例"(1983年11月11日公布施行)。

（5）共有人占有使用共有物，系出于共有物所有人的意思时，不能依时效取得未登记共有物（不动产）之所有权，自不待言。惟其中一共有人以单独所有之意思占有共有物，则可依取得时效取得所有权，惟须对于使其占有之共有人表示单独所有之意思，取得时效始能进行，自属当然（参照第945条）。1943年上字第110号判例谓："取得时效系于他人物上取得所有权之方法，在自己物上固无取得时效之可言，惟共同共有物之所有权，属于共同共有人之全体，非各共同共有人对于共同共有物均有一个单独所有权。如共同共有人中之一人以单独所有之意思占有共同共有之不动产，即系第769条所谓占有他人之不动产。"准此以言，如共有人中之一人以基于行使地上权的意思，和平、继续、公然占有共有土地一部或全部达20年时，得请求登记为地上权人。②

（三）登记的程序

因时效完成占有人得请求登记为地上权人。关于其登记程序，"土地登记规则"第113条规定："土地经登记后，因合法占有申请地上权取得登

---

① 关于在他人土地上搭建违章建筑房屋得否主张时效取得地上权，"行政院"1984年5月11日庭长评事联席会议作如下的决议："占有人主张依第772条准用第769条时效完成取得地上权者，必须提出足资证明以取得地上权之意思，20年间和平继续占有他人土地事实之文件，始得依'土地登记规则'第113条申请为地上权登记。否则，登记机关应依同规则第48条通知申请人补正，如逾期不补正，可依同条规则第49条第4款之规定，驳回登记之申请。"确实见解如何，未臻明确。"行政院"1990年度判字第1937号采取地政机关的见解，但已为1991年2月份评事联席会议所否决，应请注意。

② 共有人之一或数人得否在共有土地上设定（或时效取得）地上权，尚有争论。1981年台上字第2236号判决采肯定说，略谓："第832条规定称地上权者，谓以在他人土地上有建筑物、或其他工作物、或竹木为目的而使用其土地之权。此所谓他人土地系包括与他人共有之土地而言，盖就他共有人对于共有之土地享有应有部分言，亦属他人土地，地上权有别于所有权，为独立之用益物权，有限制所有权之权能，此与共有人对于共有物之使用收益受他共有人之限制者，迥不相同。原判决以共有人之一人或数人不得在共有土地上设定地上权，其法律上见解，尚有可议。"1985年判字第165号判决采否定说，认为："按称地上权者谓以在他人土地上有建筑物、或其他工作物或竹木为目的，而使用其土地之权，第832条定有明文。又共有物未经分割前，各共有人按其应有部分对于共有物之全部有使用收益之权，亦为同法第818条所明定。从而土地共有人中之一人主张因时效而就该土地取得地上权，则因该土地之共有关系并未变更，无异认其可取得使用自己土地之地上权，即与上面'民法'之规定有违，自不准许。"本文认为若肯定得设定地上权时，应肯定其亦得依时效取得而取得地上权。"最高法院"应有召开民庭会议讨论此项争议之必要。

记时,应提出占有土地四邻之申请证明书或公证书,或其他足资证明开始占有时及申请登记时,继续占有之事实。前项登记之申请,经登记机关审查证明无误,应即公告。公告期间为30日,并同时通知土地所有权人。土地所有权人在前项公告期间内,如有异议,依'土地法'第59条第2项规定办理。"关于此项地上权登记程序,"审查要点"设有详细之规定,即:

(1) 于一宗土地之特定部分主张取得地上权者,申请人应先行单独测绘地上权位置图(第2点规定)。

(2) 占有人申请登记时,应填明土地所有权人之现住址及登记簿所载之住址,如土地所有权人死亡者,应填明其继承人及该继承人之现住址。土地所有权人为祭祀公业、寺庙或神明会,而其管理人已死亡,应俟管理人变更登记后,于申请书内填明新管理人之姓名、住址。无人承认继承之土地,应依第1177条或第1178条第2项选任遗产管理人,并于申请书内填明遗产管理人之姓名、住址(第8点规定)。

(3) 占有人具备地上权取得时效之要件后,于申请取得地上权登记时,不因占有土地所有权之移转或限制登记而受影响(第9点规定)。

(4) 登记机关接受申请登记案件,经审查无误后,应即公告,并同时通知土地所有权人或管理者。土地经限制登记者,并应通知执行法院及限制登记请求权人。前项申请登记案件审查结果涉有私权争执者,应依"土地登记规则"第49条第1项第3款规定以书面叙明理由驳回之(第14点规定)。

(5) 依"土地登记规则"第113条第3项规定之通知应以书面为之,如应受通知人拒绝受领而无法律之理由者,应办理留置送达;如应为通知之处所不明者,以公示送达方式办理(第15点规定)。

(6) 土地所有权人或管理者在公告期间内有异议,应附具文件向该管县市登记机关以书面提出。因异议而生土地权利争执时,依"土地法"第59条第2项及"土地登记规则"第67条处理(第16点规定)。

须注意的是,依时效取得地上权登记请求权的占有人,得单独请求地政机关登记为地上权人(参照"土地登记规则"第26条第8款),不得诉请土地所有权人协同办理地上权设定登记,土地所有人无协同办理的义务。①

四、时效取得地上权的效力

因时效而取得地上权登记请求权者,于办妥登记时取得地上权,不溯及于占有开始之日发生效力。时效取得地上权性质上系属原始取得,故在同一土地上有地上权者,因其内容不能并存,应归消灭。时效取得地上权人必须支付地租。② 其地上权期间,由取得时效者决定之,得登记一定存续期间,无期限或永久存续。

占有人因时效取得动产、不动产所有权或地上权,系基于法律之规定,不成立不当得利。如前所述,时效取得地上权之效力不溯及占有开始之日发生,故占有之时,若系基于侵权行为,应负侵权行为损害赔偿义务,就其无权使用他人土地,并应负不当得利返还义务,不因时效取得而受影响,惟有消灭时效规定的适用,应予注意。

五、结　　论

时效取得地上权是实务上的重要问题,主要原因是由于"最高法院"认为时效取得地上权,不限于他人未登记的土地(不动产),于他人已登记的土地亦可时效取得地上权。支持此项见解的理由,不是所谓"地上权为土地他项权利,其登记必须于办理土地所有权登记同时或其后为之,如土地未经办理所有权登记,即无从为地上权之登记。故依据第 772 条准

---

① 此为实务上常遇见的问题,1981 年台上字第 831 号判决谓:"占有人依第 769 条或第 770 条规定,因时效而取得不动产所有权,系依据占有之事实而取得权利,并非使原所有权人负担义务,故原所有权人并不负'同意占有人登记为所有人'之义务。又依时效取得不动产他项权利之占有人,其因占有取得不动产之他项权利(所有权以外之权利),依第 772 条准用第 769 条或第 770 条规定之当然结果,本于前述因时效取得不动产所有权之同一法律上理由,占有人因时效取得他项权利,原所有人亦不负协同占有人取得他项权利之义务,亦即占有人因时效取得不动产所有权或他项权利时,得单独申请地政机关为所有权或他项权利之登记,其诉请原所有人协同办理所有权或他项权利之登记,则非法之所许。"可资参考。

② 参见 1978 年台上字第 379 号判决:"地上权非以地上权人交付地租为必要。原审仅以上诉人之前手无偿使用系争土地,即认上诉人不得主张因时效取得地上权,自有未合。""大法官会议"第 291 号解释(见本文附录)。

用时效取得之规定,申请为地上权之登记时,并不以未登记之土地为限。"而是物尽其用的经济考虑,即借着"准用"规定,排除了"他人未登记不动产"的限制,具有造法突破的意义。

因时效取得地上权者,仅得请求地政机关登记为地上权人,须经依法登记,始能取得地上权,因此如何办理登记,乃成为重要问题。"内政部"整理历年相关解释令颁订"审查要点",尚称周全,在理论上最值得商榷的是第4点规定:"占有人之占有之始,须有行为能力。"此项规定与时效的法律性质不符,衡诸时效取得制度的功能,亦无必要,应予删除。"土地登记规则"第113条所谓"合法"占有申请地上权取得登记,系指依"民法"规定之要件而占有,地政机关将之扩大解释为:"其建筑物应以合法建筑为必要",是否超越母法规定,妨碍时效取得,似有商榷余地。

附　录

关于本文所论及的问题,最近"大法官会议"作成第291号解释,录之如后,以供参照。其解释文为:"取得时效制度,系为公益而设,依此制度取得之财产权应为'宪法'所保障1988年8月17日函颁之'时效取得地上权登记审查要点'第5点第1项规定:'以建物为目的使用土地者,应依本规则第70条提出该建物系合法建物之证明文件',使长期占有他人私有土地,本得依法因时效取得地上权之人,因无从提出该项合法建物之证明文件,致无法完成其地上权之登记,与'宪法'保障人民财产权之意旨不符,此部分应停止适用。至于因取得时效完成而经登记为地上权人者,其与土地所有权人间如就地租事项有所争议,应由法院裁判之,并此说明。"其解释理由谓:"第768条至第772条关于因时效而取得所有权或其他财产权之规定,乃为促使原权利人善尽积极利用其财产之社会责任,并尊重长期占有之既成秩序,以增进公共利益而设。此项依法律规定而取得之财产权,应为'宪法'所保障。以有建筑物为目的而因时效完成取得他人私有土地之地上权登记请求权,与该建于他人土地上之建筑物,是否为'合法建物'无关。如非'合法建物',应依有关建筑管理法规处理。而地上权之登记与建筑物之登记,亦属两事。关于'土地登记规则'第70条第1项规定应提出使用执照;第2项规定:'实施建筑管理前建造之物,无使用执照者,如建物与基地同属一人所有者,应提出建筑主管机关或乡镇市区公所之证明文件或实施建筑管理前缴纳房屋税、水电费之凭证。建物与基地非属同一人所有者,并另附使用基地之证明文件。'系指'合法建物'之登记而言。1988 年 8 月 17 日函颁之'时效取得地上权登记审查要点',其第 5 点将此'合法建物'登记之规定,移用于地上权之登记,而于其第 1 项为'以建物为目的使用土地者,应依本规则第 70 条提出该建物系合法建物之证明文件'之规定,使已证明系以行使地上权之意思而长期和平继续占有他人私有土地,本得依法因时效取得地上权之占有人,因无从提出该项合法建物之证明文件,致无法完成其地上权之登记,与'宪法'保障人民财产权之意旨不符,此部分应停止适用。至因时效完成而经登记为地上权人者,土地所有权人既未丧失其所有权,而仍须承受税捐等之负担,为平衡双方权益,参照第 876 条之法理,当事人如就地租事项有所争议,应由法院裁判之,并此说明。"

关于邻地通行权之法律漏洞与类推适用

一、概　　说

最近,"最高法院"民事判决,出现一个重要的现象,那就是法律漏洞与类推适用案例的增加。举其重要的而言,例如:关于不完全给付,"民法"未设规定,应类推适用给付不能及给付迟延的规定。① 又如:第264条关于同时履行抗辩的规定对双务契约上具有实质牵连关系的债务,基于公平原则,亦应类推适用之。② 再如:所有人同意或委任第三人出租其所有物时,亦有第425条关于"买卖不破租赁"规定类推适用的余地。

应特别提出的是,1990年度第二次民事庭会议曾讨论两则"物权法"上具有争论的难题:一为第787条等关于邻地通行权的规定,得否类推适

---

① 1988年第七次民庭会议决议:"出卖人就其交付之买卖标的物有应负担保责任之瑕疵,而其瑕疵系于契约成立后始发生,且因可归责于出卖人之事由所致者,则出卖人除负物之瑕疵担保责任外,同时构成不完全给付之债务不履行责任。买受人如主张:① 出卖人应负物之瑕疵担保责任,依第360条规定请求不履行之损害赔偿;或依第364条规定请求另行交付无瑕疵之物,则在出卖人为各该给付以前,买受人非不得行使同时履行抗辩权。② 出卖人应负不完全给付之债务不履行责任者,买受人得类推适用第226条第2项规定请求损害赔偿;或类推适用给付迟延之法则,请求补正或赔偿损害,并有第264条规定之适用。又种类之债在特定时,即存有瑕疵者,出卖人除应负物之瑕疵担保责任外,并应负不完全给付之债务不履行责任,并此说明。"关于本件判决之评论,参见拙著:《物之瑕疵担保责任、不完全给付与同时履行抗辩》,载《民法学说与判例研究》(第六册),北京大学出版社2009年版,第87页。

② 1985年台上字第355号判决谓:"同时履行抗辩权,原则上固适用于具有对价关系之双方债务间。然而,虽非具有对价关系之双务契约而生之债务,其两债务之对立,在实质上有牵连性者,基于法律公平原则,亦非不许其准用或类推适用关于同时履行抗辩之规定。"参见拙著:《同时履行抗辩:第264条规定之适用、准用与类推适用》,载《民法学说与判例研究》(第六册),北京大学出版社2009年版,第108页。

用于基于债之关系而使用土地之人；另一为"土地法"第 34 条之一关于共有物处分的规定，得否类推适用于共有物的出租。① 此两则决议深具法学方法论上的启示性。本文拟先以邻地通行权为例，讨论法律漏洞与类推适用的基本问题。

二、1990 年度第二次民事庭会议的决议

(一) 决议内容

第 787 条规定："土地因与公路无适宜之联络，致不能为通常使用者，土地所有人得通行周围地以至公路。但对于通行地因此所受之损害，应支付赔偿金。前项情形，有通行权人应于通行必要之范围内，择其周围地损害最少之处所及方法为之。"（并请参阅第 788 条、第 789 条）。② 本条规定于地上权人间，或地上权人与土地所有人间（第 833 条），于永佃权人间，或永佃权人与土地所有人间（第 850 条），典权人间，或典权人与所有人间（第 914 条）均准用之。上开规定在适用或准用时发生两点疑问：

（1）地上权人与典权人间得否主张邻地必要通行权？

（2）土地承租人（或借用人）间，与地上权人、永佃权人、典权人或所有权人间得否主张邻地必要通行权？

关于第一个问题，尚未见到实务上的案例。关于第二个问题，实务上案例不少，数十年来迭生争议，迄无定论，"最高法院"为统一法律见解，特于 1990 年 5 月 29 日 1990 年度第二次民事会议提出讨论。

会议提议：土地因与公路无适宜之联络致不能为通常使用者，土地使用权人是否得通行周围地以至公路？有甲、乙二说。甲说认为，依第 787 条第 1 项规定主张对土地周围地有通行权之人，以该土地所有人为限，土

---

① 1990 年第二次民事庭会议决议："按'土地法'第 34 条之一系就共有土地或建筑改良物之处分，变更及设定地上权、永佃权、地役权或典权所设之特别规定，共有土地之出租乃共有物之管理行为，与上述规定所指情形不同，尚无该条规定之适用。共有土地之出租，既属共有物管理行为，则应适用第 820 条第 1 项之规定，除契约另有订定外，由共有人全体同为之。甲、乙、丙、丁共有某笔土地，既未约定管理方法，甲、乙、丙未经丁之同意，擅将该笔土地出租与他人，对丁应属不生效力。"

② 关于第 787 条规定解释适用的基本问题，参见史尚宽：《物权法论》，第 93 页；谢在全：《民法物权论》（上），第 220 页。

地使用权人不得径依上开规定,对土地周围地主张有通行权。乙说认为,依1981年9月17日台上字第3334号判决要旨:"查物权编关于土地相邻关系之规定,重在图谋相邻不动产之适法调和利用。邻地通行权之性质,为土地所有权人所有权之扩张,与邻地所有权人所有权之限制,是以土地所有权人或使用权人,如确有通行邻地之必要,邻地所有权人或使用权人,即有容忍其通行之义务,此为法律上之物的负担。土地所有权人或使用权人,基于物权之作用行使上开请求权时,其对象并不以邻地所有权人为限。"以观,似宜采肯定说。二说,应以何说为当,提请公决。

值得注意的是,提议中附有民事第三庭的研究报告,其内容为:按民事法律所未设之规定,苟非立法有意不予规定,即属立法时之疏漏或嗣后情事变更形式之立法不备,法官有义务探求其规范之目的,依第1条立法之授权,采用习惯或法理为之补充解释。查"民法"创设邻地通行权,原为发挥袋地之利用价值,使地尽其利,增进社会经济之公益目的,是以袋地无论由所有权或其他利用权人使用,周围地之所有权及其他利用权人均有容忍其通行之义务。第787条规定所有权人邻地通行权依第833条、第850条、第914条之规定准用于地上权人、永佃权人或典权人间,及各该不动产物权人与土地所有权人间,不外本此立法意旨所为一部分例示性质之规定而已,要非表示于所有权以外其他土地利用权人间即无相互通行邻近地之必要而有意不予规定。从而邻地通行权,除上述法律已明定适用或准用之情形外,于其他土地利用权人相互间(包括承租人、使用借贷人在内),亦应援用"相类似案件,应为相同之处理"之法理,为之补充解释,类推适用,以求贯彻。

本案提出经过讨论后,主席宣布,出席人数咸认原案乙说未尽周延,应采民三庭所提出之研究报告作为乙说,整理后之乙说变更如下:

乙说:民法创设邻地通行权,原为发挥袋地之利用价值,使地尽其利,增进社会经济之公益目的,是以袋地无论由所有权人或其他利用权人使用,周围地之所有权及其他利用权人均有容忍其通行之义务。第787条规定土地所有权人邻地通行权,依同法第833条、第850条、第914条之规定准用于地上权人、永佃权人或典权人间,及各该不动产物权人与土地所有权人间,不外本此"立法意旨"所为一部分例示性质之规定而已,要非表示于所有权以外其他土地利用权人间即无相互通行邻地之必要而有意不予规定。从而邻地通行权,除上述法律已明定适用或准用之情形外,于其他土地利用权人相互间(包括承租人、使用借贷人在内),亦应援用"相类似案件,应为相同之处理"之法理,为之补充解释,以求贯彻。

本案经整理后提出表决。决议采乙说。

(二) 问题的争点

本件决议的争点,在于"民法"关于邻地通行权的规定对土地使用权人得否类推适用。法律的类推适用,以对于某项问题,法律应设规定而未设规定(即法律有漏洞)为前提。上开院长提议中之乙说(1981年台上字第3334号判决),提经讨论后,与会人员咸认未尽周延,理由何在,未见说明。本文认为此说值得商榷之点,主要在于其系以法律概念的推演作为理由,而未以"法律漏洞及类推适用"的方法处理问题。所谓:"查'民法'物权编关于土地相邻关系之规定,重在图谋不动产之适法调和利用。邻地通行权之性质,为土地所有权人所有权之扩张,与邻地所有权人所有权之限制。"固属无误,但不能据此而当然认为:"是以土地所有权人或使用权人,如确有通行邻地之必要,邻地所有权人或使用权人,即有容忍其通行之义务,此为法律上之物的负担。"又所谓:"土地所有权人或使用权人,基于物权之作用行使上开请求权时,其对象并不以邻地所有权人为限。"亦难赞同。土地使用权人(例如承租人或使用借贷人)并非物权人,如何能够基于物权的作用行使请求权?

民三庭的研究报告开宗明义提出如下的论点:"按民事,法律所未设之规定,苟非有意的不予规定,即属立法时之疏漏或嗣后情事变更之立法不备,法官有义务探求其规范之目的,依第1条立法之授权,援用习惯或法理,为之补充解释。""最高法院"通过的决议删除此段文字,究系认为"不必要",抑或"不妥适",无从查知。实则,此段文字极具启示性,其重要性不亚于决议本身,决议(即经整理后的乙说)未录此段文字,显然降低了此项决议在法理层面上的深度。为此,本文亦将之纳入讨论:

(1) 法律漏洞的意义、发生类型及认定方法。
(2) 类推适用的意义、种类及功能。
(3) 第1条立法授权填补法律漏洞与法律的补充解释。

三、法律漏洞

(一) 方法论上的说明

1. 法律漏洞的意义

民三庭研究报告认为:"民事,法律所未设之规定,苟非立法有意的不予规定,即属立法之疏漏或嗣后情事变更形式之立法不备。"此涉及法律漏洞的意义及发生类型。在本件决议及其他历年判决似均未曾使用法律漏洞(Rechtslücke 或 Gesetzlücke)之概念,本文认为有采用的必要,因为法学的研究必须借助概念,而法律漏洞是法学上通用的概念。①

漏洞,在一般意义上指不完整性而言,例如水池有破口,茶壶有裂孔,辟建水池的目的(计划)在蓄水,制造茶壶的目的在盛茶,破口或裂孔乃违反水池或茶壶的计划,构成水池或茶壶的漏洞。就法律而言,所谓漏洞,系指违反规范计划的不完整性②,分两点加以论述:

(1) 民事法律所未设定的规定,并非当然即构成法律漏洞。对于某项问题,法律未设规定时,是否构成法律漏洞,应视其是否违反规范计划而定。因此与法律漏洞应该严格加以区别的是立法的有意沉默,兹举两例加以说明:其一,第 14 条规定:"对于心神丧失或精神耗弱致不能处理自己事务者,法院得因本人、配偶、最近亲属二人或检察官之申请,宣告禁治产。"关于酗酒或浪费,是否宣告禁治产,"民法"未设规定,此项沉默,系立法的有意不予规定,并未违反法律规范,不构成法律漏洞。其二,第 110 条规定:"无权代理人,以他人之代理人名义所为之法律行为,对于善意之相对人,负损害赔偿之责。"关于无权代表人之责任,未设规定,此项沉默,非立法者的有意不予规定,违反法律规范计划,系属法律漏洞,应类

---

① 参见 F. Bydlinski, Juristische Methodenlehre und Rechtsbegriff, 1982, S. 472; Canaris, Die Festellung von Lücken im Gesetz, 1982; Larenz, Methodenlehre der Rechtswissenschft, 5. Aufl. 1983, S. 354。台湾学者亦已广泛使用此项法学方法论上之概念,参见黄茂荣:《法律漏洞及其补充的方法》,1987 年;杨仁寿:《法学方法论》,1986 年;黄建辉:《法律漏洞与类推适用》,载《蔚理法律丛书》,1990 年。

② 参见 Canaris, aaO., S. 30; Larenz, aaO. S. 544. 黄茂荣,前揭书;拙著:《民法实例研习基本理论》,第 162 页。

推适用第 110 条规定加以填补。①

（2）法律漏洞所称法律，究系指第 1 条所称"法律"，抑或指实体法，兼括法律或习惯(法)在内，系属目的性考虑的问题。民三庭的研究报告认为立法的疏漏或不备，"应依第 1 条立法之授权，援用习惯或法理为之补充解释"，系采前说。就第 1 条言，此项见解固属正确，但从法学方法论言，所谓法律漏洞，亦可解为系指实体法(包括法律及习惯)而言，因其涉及的是法院造法的活动。易言之，即关于某项问题，法律或习惯未设规定时，应该如何处理。

2. 法律漏洞的种类

法律漏洞可依各种观点加以分类。民三庭将法律漏洞依其发生的时间，分为"立法时之疏漏"或"嗣后情事变更形成之立法不备"两类。所谓"立法时之疏漏"，学说上称为自始漏洞，此种法律漏洞，又可分为两种：一为有意识的法律漏洞，即立法者明知某项规定依规范计划应设规定，基于某种考虑而未设规定；一为无意识的法律漏洞，即立法者由于疏忽，或误认某项问题法律已设有规定，而未规定。一般而言，法律漏洞多属自始漏洞、无意识漏洞。

所谓"嗣后情事变更形成之立法不备"，学说上称为嗣后漏洞，即由于科技进步或经济发展产生新的问题，立法当时未能预见，但衡诸规范计划，应该加以规定。此种漏洞较为少见，实务上似无其例。

关于法律漏洞的分类，尚须说明的是学说上所谓的明显(公开)的漏洞及隐藏的漏洞。此项分类甚为重要。② 民三庭的研究报告并未提及，有补充说明的必要。所谓明显(公开)的法律漏洞，系指对于某项问题欠缺一个被期待的积极规定，例如：关于无权代表，应设类如第 110 条之规定而未设规定。所谓隐藏的法律漏洞，系指对于某种情形欠缺一个限制规定，例如对第 106 条关于禁止自己代理之规定，应增设一个"法定代理人对无行为能力子女为赠与者，不以此限"的但书规定，而未设规定。明显(公开)法律漏洞，通常是依类推适用加以填补；隐藏的法律漏洞则依目的性限缩加以填补。

---

① 参见拙著：《无权代理人之责任》，载《民法学说与判例研究》(第六册)，北京大学出版社 2009 年版，第 1 页。

② 详见拙著：《民法实例研习基本理论》，第 167 页。

3. 法律漏洞的认定方法

法律漏洞之存在如何认定？如何判断民事法律所未设之规定，系属立法时之疏漏或嗣后情事变更形成之立法不备，而非立法者有意的不予规定？关于此点，就本文所讨论的案例类型而言，应依平等原则以类推的方法认定之。[①]

类推通常被认为是填补法律漏洞的方法。上开民三庭研究报告及决议所谓："应援用相类似案件，应为相同之处理之法理，为之补充解释。"基本上亦采此见解。惟必须强调的是，类推是一种逻辑、目的性的推论过程，亦可用于认定法律规范计划是否不完整。

法律是一种价值判断，有其规范目的（Ratio legis）。当法律对于某构成要件（T_1）赋予某种法律效果时，则对于相类似的（T_2）构成要件，基于"等者等之，不等者不等之"的正义要求，亦应赋予相同的法律效果，从而可据此而认定，关于 T_2 构成要件法律未设规定，不是法律的有意沉默，而是属于规范计划的不完整，发生了法律漏洞，应将法律关于 T_1 构成要件所赋予的法律效果，援用于 T_2 构成要件上。由此可知，类推可以同时用于认定法律漏洞与填补法律漏洞，以贯彻法律的价值判断，并维持法律秩序的统一性。[②]

兹举一例加以说明。第360条后段规定："出卖人故意不告知买受人物之瑕疵者，买受人得解除契约或请求减少价金，而请求不履行之损害赔偿。"关于出卖人故意告知买受人物之事实上不存在的优点时，应负何种责任，"民法"未设规定。第360条后段规定的"立法意旨"在于保护买受人，即出卖人不应有意利用买受人的不知而达订约获利之不当目的。在出卖人故意告知买卖标的物事实上不存在优点的情形，此项立法理由亦属具备，应受相同之评价，从而得认定"民法"对此出卖人佯称买卖标的优点之案例类型，未设明文，系属法律漏洞，应该类推适用第360条后段的规定予以填补。[③]

[①] Canaris, aaO., S.71.
[②] 关于法律秩序统一性，参见 Engisch, Die Einheit der Rechtsordnung, 1935.
[③] 参见 Larenz, Schuldrecht Ⅱ, Halbband 1, Besonderer Teil, 13. Aufl. 1986, S. 59.

(二) 邻地通行权的法律漏洞

1. 否定说的检讨

关于法律漏洞的一般理论,已略如上述。兹应进一步探讨的是,"民法"关于邻地通行权,是否有法律漏洞存在。在上开决议,院长提议的甲说认为:"依第787条第1项规定主张对土地周围地有通行权之人,以该土地所有人为限,土地使用权人不得径依上开规定,对土地周围地主张有通行权",持否定的见解,在法学方法论上,系径采反面推论(Umkehrschluß)的方法,对法律规范目的未作较深入的讨论,不具说服力。

值得提出讨论的是,第一庭曾有一则研究意见,认为:"按第787条所规定之土地所有人之邻地通行权,其性质为土地所有人所有权之扩张,虽不限于相邻之土地所有人间始能适用,即地上权人间、永佃权人间、典权人间,以及各该不动产物权人与土地所有人间,依第850条及第914条之规定亦均准用。惟稽其性质,究亦系受通行之土地所有权内容,因相邻关系所受之法律限制,承租人、使用借贷人相互间,以及此等权利人与所有权人、地上权人、永佃权人、典权人间,法既无得准用之明文,自不宜扩张解释,认此等权利人(债权人)与所有权人(物权人)间,亦有其准用。本件原告经某单位核准于A眷舍居住使用,其以该土地与公路无适宜之联络(使用眷舍必使用其基地),对被告向市政府承租之土地,主张有必要通行权(使用借贷人与承租人相互间),诉请被告拆除其所有部分建物,留设通路,纵经审核与公路无适宜之联络,仍不应准许。研讨结果采甲说,尚无不合。"关于此项研究意见,有三点应予说明:

(1) 所谓"法既无得准用之明文,自不得扩张解释,认此等权利人(债权人)与所有权人等(物权人)间,亦有其准用",显然混淆了"扩张解释"、"准用"及类推适用等法律思考上的基本概念。①

(2) 法律对于某项问题设有规定,并有准用的明文,并不当然排除法律漏洞的存在。在此情形是否仍有法律漏洞,仍应依法律规范审慎认定

---

① 法律概念有所谓之核心(Begriffskern)或周边(Begriffshof)。所谓扩张解释,系指将法律概念扩大及于其周围,但尚在可能文义范围之内,仍属于法律解释之范畴,例如将第194条所称之子女解释为包括非婚生子女在内。所谓类推适用,系指将某项规定援用于类似之案例,以无法律可资适用为前提,超越法律解释的范畴,不应称为"类推解释"。至于"准用"在某种意义上虽可称为系法定之类推适用,但仍应严予区别,不宜混用。

之。在现行法上,法律设有准用的情形,例如关于买卖不破租赁(第425条、第426条)等,实务上肯定尚有类推适用的余地。① 基于所有权而生的请求权(第767条),学说上亦多认为于准用情形(第858条)外,对地上权亦应类推适用之。②

(3) 关于地上权人与典权人间是否得主张邻地通行权,"民法"未设规定,第833条所规定的为地上权人间,或地上权人与所有人间,第850条所规定的为永佃权人间,或永佃权人与所有人间,第914条所规定的为典权人,或典权人与土地所有人间,得准用第787条。此等规定,无论如何扩张解释,均不能认为其得适用或准用于地上权人与典权人之间。但法律既然明定地上权人间,或典权人间得主张邻地通行权,则依其规范目的及价值判断,自应承认地上权人与典权人间亦得主张邻地通行权,于此情形,有法律漏洞存在,实堪认定。

2. 法律漏洞的肯定

关于土地使用人(承租人或借用人)是否有邻地通行权,"民法"未设规定,是否属于法律漏洞,应依法律规范目的及平等原则认定之:

(1) 法律规范目的。第787条所以规定邻地之所有人之通行权,立法理由书作有如下的说明:"不通公路之土地,及通公路非常困难之土地,不得不于其四周围绕地之所有权,加以限制,故许此项土地之所有人于四周围绕地有通行权,所以全其土地之用也。"易言之,诚如"最高法院"上开决议所云,"民法"创设邻地通行权,在于发挥袋地之利用价值,使地尽其利,增进社会经济的目的。

(2) 平等原则。所谓平等原则,即相类似者,应为相同之处理,以贯彻法律之规范目的。关于邻地通行权,"民法"于地上权、永佃权及典权设准用规定。在地上权人与典权人间,法律未设准用第787条的规定,但应为相同的处理,前已论及。土地承租人或借用人,虽属债权人,而非物权人,但亦有通行邻地之必要,与地上权人等物权人并无二致,非赋予同

---

① 参见本书,"最高法院"判决及拙著相关论文。
② 第767条关于所有物返还请求权之规定,对地上权等物权得否类推适用,"最高法院"采否定之见解,1963年台上字第904号判例认为:"物上请求权,除'法律'另有规定外,以所有人或占有人始得行使,此观第767条、第962条之规定自明。地上权既无准用第767条之明文。则其行使物上请求权,自以设定地上权之土地已移转地上权人占有为前提。"多数学者认为应有类推适用余地,较详细之说明,参见谢在全:《民法物权论》(上),第161页。

样权利,亦难全土地之利用。

据上所述,依"民法"关于邻地必要通行权之立法目的,衡诸"相类似者,应为相同处理"的平等原则,"民法"对土地利用权人(包括地上权人与典权人间,承租人与承租人间,承租人与其他物权人间)未设规定,系违反规范计划,应构成法律漏洞,此种法律漏洞系属于所谓明显(公开)漏洞、自始漏洞(立法时之疏漏)。上开决议在结论上亦同此见解,可资赞同。

四、类推适用

法律漏洞的填补,因漏洞种类不同,在明显(公开)漏洞,主要系采类推适用的方法。所谓类推适用,系指将法律对某案例类型所设的规定,比附援引到一个法无明文但具有类似性的案例类型。两个案例类型是否具有类似性,应就其构成要件,依法律规范意旨加以认定。此项类似性的认定,在于探求相同的法律理由(Ratio legis),系属价值判断及利益衡量,旨在实现"等者等之"的平等原则,维持法律秩序的统一性,前已说明,兹再强调之。

类推适用可分为个别类推与总体类推。个别类推,系指一个个别规定的类推适用,例如将第110条关于无权代理人责任的规定,类推适用于无权代表人。所谓总体类推,系指多数规定的类推适用,即由多数规定中抽出其共同法律原则而为类推适用。

在决议,民事第三庭研究报告的末段谓:"从而邻地通行权,除上述法律已明定适用或准用之情形,于其他土地利用权人相互间(包括承租人、使用借贷人在内),亦应援用'相类似案件,应为相同处理'之法理,为之补充解释,类推适用,以求贯彻。"通过的决议文(整理后乙说)将类推适用删除之。"最高法院"所以删除类推适用,究系认为不必要,抑或不妥适,不得而知。本文认为应删除的是补充解释,至于类推适用,则应保留之。此项类推适用,究为个别类推(第787条),抑或总体类推(第787条、第833条、第850条、第914条),不无疑问。本文认为个别类推,虽无不妥,采总体类推较为坚强有力,上开决议似同此见解。[①]

---

① 第787条等规定应类推适用于其他土地使用权人,系学者的通说,参见姚瑞光,前揭书,第6页;谢在全,前揭书,第221页。较详细的论述,陈荣宗:《相邻地必要通行权》,载《台大法学论丛》第5卷第1期,第321页。

五、法律漏洞之填补与法律的补充解释

(一) 第 1 条的规范意义

民三庭研究报告的前言,一方面肯定法律漏洞的存在,另一方面亦强调"法官有义务探求其规范目的,依第 1 条立法之授权,援用习惯或法理为之补充解释。"此段文字于"最高法院"已公布的判例、判决、决议或研究报告中,未曾有之,虽称简要,实寓深意。

第 1 条规定:"民事,法律所未规定者,依习惯,无习惯者,依法理。"本条规定的主要意义在于肯定制定法具有漏洞,而其漏洞应依序由习惯或法理补充之,民三庭研究报告指出此为立法之授权,颇能说明本条规定的规范功能。1804 年的《法国民法》第 4 条规定,法官不得以法律无规定而拒绝审判。1811 年的《奥地利民法》第 7 条规定,民事案件不能依法律的文义而为判决时,得类推适用其他法律,无其他法律可类推适用时,则依自然法律原则处理之。1911 年之《瑞士民法》第 1 条规定,无法律规定时,依习惯法,无习惯法时,法院应斟酌稳妥的学说与判例,自居于立法者的地位而为裁判。① 第 1 条与诸此规定的用语虽有不同,其意义则无二致,均在克服法律实证主义所倡导之法律秩序无漏洞的教条,致力于在法律至上及自由造法之间求其平衡,具有历史性的意义及贡献。

(二) 类推适用与法理

就第 1 条规定言,类推适用非属法律的解释适用,亦非属"习惯",系属于"法理"的层次。何谓法理,学者通说认为系指法律的一般原理原则②,在规范功能上相当于《奥地利民法》第 7 条规定所谓适用其他类似

---

① 参见 Athur Meier/Hayoz, Der Richter als Gesetzgeber, 1951。日本学者石田穰:《民法学基础》(有斐阁,昭和 61 年),对《瑞士民法》第 1 条之意识形态作有详尽论述,足供参考。《日本民法》虽未设相当于《瑞士民法》第 1 条及台湾现行"民法"第 1 条规定,但明治 8 年 6 月 8 日第 13 号大政官布告第 3 条规定:"民事裁判,无成文法律时,依习惯,无习惯,依条理裁判。"对此规定,石田穰,前揭书,第 177 页以下论述颇详。大清民律草案第 1 条规定:"民事,本律所未规定者,依习惯法,无习惯法者,依条理。"似系仿上开日本大政官布告而制定。

② 最近资料,参见姚瑞光:《民法总则及第 1 条释论》,载《法令月刊》第 41 卷第 11 期,第 3 页(第 9 页)。

的法律规定,或自然的法律原则,或《瑞士民法》第 1 条所谓:"法官应斟酌稳妥的学说与判例,自居于立法者的地位,而为裁判。"相类似的案件,应为相同之处理,系基于公平或平等原则,公平或平等原则是法律的一般原则。

(三) 法律漏洞的填补原则与法律之补充解释

民三庭的研究报告认为,依第 1 条立法之授权,援用习惯(法),或法理补法律之不备,系属于所谓之补充解释。决议通过的修正乙说,亦采同样见解。又"最高法院"在若干判例亦将此种援用"相类似案件,应为相同处理",称为类推解释。① 此项见解虽不影响决议或判决的结果,但事关法律思维,法官与法律关系,法院的造法活动,应有澄清的必要。

首先,必须说明的是,法律的解释,在于探求法律的规范内容,但应以可能的文义作为扩张解释的范围,超越其可能文义时,则进入另一个阶段的法律活动。法律漏洞的填补,顾名思义,乃补法律之不备,属于"法律的补充"②,而非"法律的补充解释"。法律之补充,与法律之补充解释在意义、性质、功能及方法上均有不同,应予明辨。

其次,诚如民三庭的研究报告指出的,填补法律漏洞的第 1 条之立法授权,更足显示此非法律补充解释的问题。解释法律系司法的固有权限,不必立法者特别授权。习惯(法)系独立的法源,与法律(制定法)同属于所谓实定法,民事法律未规定时,应适用习惯法,称之为"法律之补充解释",衡诸第 1 条的规范意义,诚难谓妥。

又须注意的是,类推的过程在于探讨某个法律的规范意旨,比附援引的是该法律所蕴含的规范意旨,超越法律文义之外,非属解释的范围,乃属造法活动。类推在德文称为 Analogie,在英文称为 Analogy,均无"解释"的含意,称之为类推解释,或法律之补充解释,均非妥适。《奥地利民法》第 7 条将法律之解释适用与法律之类推适用分别加以规定,瑞士判例

---

① 例如 1950 年台上字第 105 号判例;1956 年台上字第 1433 号判例等。
② 大清民律草案第 1 条规定:"民事,本律所未规定者,依习惯法,无习惯法者,依条理。"该条之立法理由载:"条理者,乃推定社交上必应之处置,例如事君以忠,事亲以孝,及一切当然应尊重者皆是。法律中必规定(其适用)先后关系者,以凡属民事,审判官不得借口于地区律无明文,将法律关系之争论,拒绝不为判断,故设本条,以为补充法律之助。"其所谓补充法律之助,乃指补法律之不备,为法律之补充,而非法律之补充解释。

及学说亦认为类推适用系法官自居于立法地位的造法活动,而非法律之解释,可资参考。

最后应强调的是,以前司法者常谨守三权分立的原则,认为法院的任务在于依解释而适用法律。今日法院造法的功能已被肯定。"最高法院"认为援用习惯法或法理填补法律漏洞,系法律的补充解释,实在是高估了制定法,低估了法院造法,促进法律进步的职责,在某种意义上可以说司法者的谦卑自制、自我设限,应有突破的必要。①

六、结　　论

1990年第二次民事庭会议关于邻地通行权的决议,在法学方法论上具有重要意义,诚值重视,分四点综合言之:

(1) 所谓"民事法律所未设规定,苟非立法有意不予规定,即属立法时之疏漏或嗣后情事变更形成之立法不备",乃学说所称之法律漏洞,即具有违反规范计划的不完整性。

(2) 依第1条规定,民事,无法律时,依习惯(法),在此情形,乃习惯(法)之适用,不能认为是法律之补充解释。

(3) 法律漏洞,就其广义言,系指法律可资适用,就狭义而言,系指无法律或习惯(法)可资适用,此际应依法理填补之。以类推方法认定法律漏洞,并同时加以填补,旨在实践"等者等之"的正义要求,性质上为法律的补充,非法律之补充解释。

(4) 关于邻地通行权,第787条设有规定,可资适用,并准用于地上权(第833条)、永佃权(第850条)及典权(第914条)。是否类推适用于其他土地使用权人(尤其是承租人),向有争论,"最高法院"上开决议,探讨邻地通行权的"立法目的",援用"相类似者,应为相同处理"之法理,认定法律对此未设规定,系属法律漏洞,应类推适用第787条等规定加以填补,立论之深刻,在历来判例、判决及决议中,尚属罕见,实值赞同。

---

① 关于大陆法系国家法典之法律解释及法官造法的最近发展趋势,J. H. Merryman 所著之 The Civil Law Tradition(Second edition, 1985, Standford University Press),作有生动详细的论述,足供参考(尤其是第19页以下至第48页)。中译本,参见章孝慈:《大陆法系之传统》,1978年,华馨文化出版公司。

附条件买卖中买受人之期待权

一、序　　说

(一) 附条件买卖制度概述

1. 制度之起源

买卖契约当事人约定买受人虽占有标的物,但于价金一部或全部清偿前,出卖人仍保留其所有权者,此种制度之所由来,其源甚古,并非现代法律所独有。据学者研究,罗马法上曾有类似制度[①],德国普通法亦承认之[②],而在当时利用者寡,并不为世人所重视,因而1888年德国民法第一草案关于保留所有权并未设明文规定。1898年德国民法第二次委员会鉴于保留所有权(Eigentumsvorbehalt),当事人之约定,往往失诸暧昧且不完全,易起争端与疑义,乃决定增列一条解释规定加以补充。当时提会讨论者,计有三案,第一个提案:"动产出卖人为担保基于买卖契约所生之请求权而保留所有权,其标的物已交付于买受人者,视为保留因不履行之契约解除权。"第二个提案:"动产之出卖人于价金清偿前保留所有权者,有疑义时,应认为所有权之移转系以清偿全部价金为停止条件。买受人给付迟延时,出卖人得解除契约。"第三个提案建议将第二个提案之"停止条件"改为"解除条件"。委员会再三研究,认为第一个提案仅规定保留所有权之债权效力问题,难称完善;第三个提案之建议则未尽符当事人之意思及交易上之习惯,因此决定采用第二个提案,此即现行《德国民法》

---

① Endeman, BR, 1903, Bd. I. S. 935, Anm. 9, S. 972, Anm. 21. 但亦有采反对说者: Cohen, Grünhuts Zeitschrift, Bd. 21, S. 705.

② Vgl. Stulz, Der Eigentumsvorbehalt im in-und ausländischen Recht, 1930, S. 5f.

第 455 条之规定。①

现行"民法"之体例内容系以德国民法为蓝本,买卖制度之各项规定,更多仿自德国民法。1930 年制定新民法之际,保留所有权制度在德国工商界已甚为流行,法院判决与学者专著亦数见不鲜。当时的民法起草者,既未斟酌德国立法成例,亦未参考彼邦实务,予以规定,究系以为保留所有权之约定,事例殊少,无特别规定之必要,抑或认为保留所有权制度牵涉甚广,不宜轻率规定,以免阻碍判例学说之发展,文献不足,难以稽查。惟据吾人所知,现行"民法"实施之后,关于保留所有权之判例学说多付阙如。② 迨至 1963 年,为"适应工商业及农业资金融通及动产用益之需要,并保障动产担保交易之安全",制定动产担保交易法时,始设专章规定附条件买卖(保留所有权买卖)。自此,保留所有权制度,乃取得法律上明文依据,学者从事研究者,颇有其人,坊间并有若干论著问世。③

2. 功能

保留所有权制度昔时无足轻重,今日则备受重视。推究其故,约有二端,一为经济,一为法律,兹先就经济原因说明之。按现代经济系市场经济,厂商必须大量生产供应社会,始能获得利润,甚至维持其存在。在另一方面,人民之生活方式亦逐渐改变,消费欲望急剧增高,电视、冰箱、洗衣机、冷气设备与汽车等新产品,消费者莫不希望购置,以提高其生活水准。然而或由于商品过于昂贵,或因欲同时购置数物致无法一次清偿价金,故消费者若欲购置,唯有采分期付款方式。在此种商品供应消费状态下,如何使买受人于价金清偿前,得先占有使用标的物,一方面又能保障出卖人之价金债权,遂成为现代法律交易上一项重大之课题。经济活动逼迫法律提供解决之方法,而法律所能提供之最好方法系保留所有权制度。

何以保留所有权系解决分期付价买卖当事人间权益最佳之制度。关

---

① 关于《德国民法》第 455 条之立法经过,请参见 Mugdan, Die gesamte Materialen zum BGB, Bd. Ⅱ, S.780f.
② 参见史尚宽:《物权法论》,第 228 页。
③ 其主要者有:黄静嘉:《动产担保交易法》,1964 年;林咏荣:《动产担保交易法新诠》,1968 年;施文森:《动产担保交易》,载《铭传学报》第 7 期;《动产担保利益之次序》,载《政治大学学报》第 20 期;《动产担保契约与保全》,载《政治大学学报》第 21 期;《动产担保交易之标的》,载《政治大学法学评论》第 1 期;刘得宽:《分期付款买卖与法律问题》,载《政治大学学报》第 20 期;赖札:《"物权期待"之研究》,载《政治大学学报》第 21 期。

于此点,须再就债权担保制度加以观察。就现代法律交易活动而言,债权寻求担保为其主要特征之一。债权人为担保债权而奋斗(Kampf um Sicherheit)①,在法律交易上,尤其是在财产法方面,造成了极端复杂之局面。贷予金钱者,无论其为个人或信用机构,莫不致力于寻求担保债权之方法,商品供应者,对其未获清偿价金债权之维护,更是无所不用其极,以避免因债务人清偿不能而遭受损失。近年来,由于台湾债权,尤其是租税享有优先性制度之迭次建立,并有逐渐扩大其适用范围之趋势②,债权人寻求可靠债权担保方法,益形迫切。

现行"民法"规定设有两种特别担保制度,供债权人采择:一为人之保证,一为物之担保。所谓人之保证,系指"民法"第739条以下所规定之保证而言。保证人得与债权人约定,于主债务人不履行债务时,由其代负履行责任。保证人原则上系以全部财产供履行债务之担保,如此,债权人于主债务人外,更有保证人之全部财产供其债权之担保,债权之实现,至为确实。至于物之担保,其主要者,即不动产抵押权及动产质权之设定。担保物权系就债务人或第三人所提供之特定动产或不动产设定,不受人的因素影响,且具有优先、排他及追及等效力,其担保性尤胜于人之保证。

在一般分期付价买卖,采用上述两种担保制度,不无困难,盖人之保证可靠性较低,且不易寻觅;至于物之担保,非有资产之人,无法提供,纵或有之,亦不切实际,例如为电视机之分期付款而设定不动产抵押,目的与手段显不相当。"民法"明文规定之债权担保制度,于现代一般分期付价买卖,既有窒碍难行之处,出卖人乃另辟途径,采取保留所有权方式,以维护其债权。盖在此种制度,债权人之担保,既不必求于人,亦不必求诸他物,可径就买卖标的物为之,效力既宏,对当事人亦称简便。

保留所有权制度系现代经济活动之产物,其主要目的,在于确保出卖人对于买受人得主张之未偿价金债权,已详上述,至其实际功能,可分两方面言之:①买受人不依约定偿还价款时,出卖人可解除契约,或本其所保留之所有权取回标的物。②对买受人之其他债权人言,保留所有权之功能表现最称显著。例如某甲以分期付款方式将电视机让售予乙,若于

---

① Serick, Eigentumsvorbehalt und Sicherungsübertragung, Bd. Ⅰ, Der einfache Eigentumsvorbehalt, 1965, S. 13f.

② 参见金世鼎:《民法上优先受偿权之研究》,载《台湾大学法学论丛》第1卷,第1期(1972年10月),第165页以下,尤其是第170页。

价金清偿前,已移转所有权时,乙之债权人得对该电视机为强制执行,或在乙破产时,甲仅能以普通债权人之地位参加分配。反之,若甲与乙约定价款清偿前,仍保留所有权者,甲于条件成就前仍为标的物之所有人,故于乙之债权人对电视机为强制执行时,可依"强制执行法"第15条规定,提起异议之诉,于乙破产时,更可本于所有权取回标的物(参阅"破产法"第111条规定)。

保留所有权之主要功能,虽在于保障债权,但亦深具社会经济意义。盖出卖人之债权既获保障,可借分期付价方式大量出售货物,并可舍弃通常为保全价金而附加之各种苛严条款,其于增加生产,促进经济发展,改善民生,贡献甚巨。

3. 美国国法之继受及解释适用之基本原则

保留所有权制度对于保障价金债权,功效甚宏,前已述及,虽未设明文,但不能据此而谓"现行民法亦不承认先占有买卖之标的物,后取得其所有权"。① 盖依私法自治原则,当事人自能就其法律行为附以条件,将其效力之发生或消灭系于将来成否客观不确定之事实也。因此,当事人约定于价金全部或一部清偿前,出卖人仍保留所有权者,自非法所不许。既未设特别规定,若干问题之解决,势必产生疑难,但此并非不能克服之事,法律不备之际,正是判例学说从事造法,弥补缺漏之时。如前所述,《德国民法》关于保留所有权亦仅设第455条之规定而已,数十年来,经学说判例之补充,已蔚成完整之体系,灿然可观,迄今尚无将之成文化之迹象。

台湾于1963年制定"动产担保交易法",设立专章规定附条件买卖。在该法制定前,关于保留所有权应适用"民法"规定,自"动产担保交易法"实施后,则应先适用该法规定;如后所示,"动产担保交易法"之规定,内容颇多缺漏,许多问题之说明与解决,不能不求诸民法之基本原则。"动产担保交易法"第3条规定:"动产担保交易,依本法之规定,本法无规定者,适用民法及其他法律之规定。"即明示斯旨。

台湾"动产担保交易法"系直接继受美国法律之产物,其中附条件买卖一章实为《美国统一附条件买卖法》(Uniform Conditional Sales Act)之翻译,致其若干概念用语与既有法制体系之未尽契合,例如"附条件买

---

① 参见林咏荣:《动产担保交易法新诠》,第68页。

卖"一词,系直译英美法上之 Conditional Sale 而来,当事人约定出卖人于价金清偿前,仍保留所有权者,彼邦称之为 Conditional Sale 固有所据,但在"现行法"上,附条件买卖此一概念,则易引起误解,顾名思义,初无不以为系买卖契约附条件。实则,所谓附条件买卖者,买卖契约本身完全成立,并未附有条件,附条件者,系移转所有权之物权行为。因此,附条件买卖似宜改称为保留所有权买卖(Eigentumsvorbehaltskauf)①,既可避免误会,且可与吾人所习用之法律概念相符合。

"动产担保交易法"关于附条件买卖,规定最详细、最具特色之点,系第 28 条所规定之出卖人取回标的物制度。由于立法者未能详究取回制度在美国法上之功能,尤其与台湾地区其他法律制度,例如解除契约或强制执行之关系,予以明确规定,致其性质难明,疑义丛生,吾人直可将之喻为附条件买卖制度上之好望角,学者论述至此,鲜有不触礁搁浅者。

关于"动产担保交易法"立法之得失利弊,在此不拟详论,欲特别说明者,系对其解释适用之原则。按自清末变法以来,民事规章,多取法欧陆,经数十年之适用,根基业已建立,其体系概念亦早为吾人所习用,成为法律生活之一部分。民事立法于英美法制虽亦间有采用,但多属个别规定,初无关于宏旨。"动产担保交易法"独为例外,此为台湾法制重大变革,实值密切注意。立法者所以舍欧陆而就英美,欧陆(尤其德国)关于动产担保交易之法律,多散见于判例学说,迄未制成法律,参考非易,当为原因之一,与美国关系密切,交易频繁,法制受其影响,毋宁为必然趋势。此种现象自比较法及社会法学观点言之,实饶趣味,就法律解释学以言,条文之疑义,固应比较参考《美国统一附条件买卖法》,阐明其真义,弥补其缺漏,惟不可拘泥于英美法上之概念用语,切不可以美国法有某项规定,或某种学说,或某类判决,而在适用台湾有关规定之际,必辗转解释,强其必同。反之,应经由解释之途径将英美法之概念用语,纳入既有之法律体系,使之与"现行法"之概念用语相契合,盖法律为一有机体,部分应与整体调和,始能实现其规范之功能。台湾法制继受外域立法例者甚多,并有与日俱增之势,若个别法规定之基本概念,皆因循其所继受国家之法律理论,而不设法使之与整个体系相配合,融为一体,则法律秩序之崩溃,可计日而待。

---

① 参见郑玉波:《民法债编各论》(上),第 105 页。

4. 意义及基本概念

附条件买卖此一概念，就其通常字义而言，系指买卖契约附条件，即买卖契约之成立或消灭系于将来成否客观不确定之事实。惟"动产担保交易法"所称之附条件买卖，则别具意义。该法第 26 条规定："称附条件买卖者，谓买受人先占有动产之标的物，约定至支付一部或全部价金，或完成特定条件时，始取得标的物所有权之交易。"对此规定，应说明的是，担保交易一语，系美国法上 Secured Transaction 之翻译，是否妥适，暂不具论，但第 26 条称附条件买卖为一种交易，衡诸"现行法"概念，似未尽允洽，盖买卖为法律行为，系典型之双务契约，似应以契约称之。"称保留所有权者，谓约定买受人先占有动产之标的物，到支付一部或全部价金或完成特定条件时，始取得该标的物所有权之契约"。

现行"民法"区别债权行为与物权行为。债权行为与物权行为同属德国学者所称之给予行为（Zuwendungsgeschäft），即因行为之作成使他人之财产有所增加①，但二者之效力迥然不同。债权行为系以发生债务为内容之法律行为，而物权行为则系以物权之设定与移转为其内容之法律行为。因此，当事人约定一方移转财产权于他方，他方支付价金者，是为买卖，是为债权行为。出卖人交付标的物，移转其所有权于买受人者，则为物权行为。物权行为通常系债权行为履行之结果，而债权行为则为他方取得权利之法律原因。债权行为系要因行为，物权行为系无因行为，物权之移转或设定纵欠缺债权基础行为，亦得成立而发生效力，例如买卖契约因不合意而不成立，物权行为仍然有效，惟基础行为既不存在，物权之变动仍失其依据，权利取得人应依不当得利之规定，负返还责任。

依上述债权行为与物权行为之区别，可知就"动产担保交易法"所规定之附条件买卖制度而言，买卖契约系完全成立，而以保留所有权为其约款，其本身并不附任何条件，附条件者，系物权行为。按以移转标的物所有权为目的之物权行为，系由合意（Einigung）及交付（Übergabe）两个因素构成。标的物虽先交付，由买受人占有，但当事人约定于价金一部或全部清偿前，出卖人仍保留所有权，整个物权行为之效力系于将来不确定之事实。在英美法上，债权契约与物权契约两个概念并未严格分辨，于买卖契约成立时，即发生动产所有权移转之法律效果，故当事人约定价金清偿

---

① 参见梅仲协：《民法要义》，第 66 页以下。

前,买受人不能取得所有权者,系对买卖契约附以条件,并即发生保留所有权之效力,因而称之为 Conditional Sale①,与现行法制,仅物权行为附条件者,其概念固有不同也。

在附条件买卖制度上,附条件者系移转标的物所有权之物权行为,前已言之。法律行为所附之条件,依其效力又有停止条件与解除条件之分。法律行为附停止条件者,法律行为效果之发生系于不确定事实之成否,其条件成就时,发生效力。法律行为附解除条件者,法律行为效力之消灭系于不确定事实。关于出卖人保留所有权,究以采何种方式为宜,立法例与学说未尽一致,普鲁士邦法规定,当事人约定出卖人于价金清偿前仍保留所有权者,有疑义时,视为附解除条件。② 德国普通法时代,学者亦有主张应以附解除条件较为适当。③ 德国学者文德赛(Windscheid)认为,保留所有权之出卖人仍得基于其所保留之所有权处分标的物,而买受人虽已清偿大部价金,对标的物却无权利,衡诸双方当事人之利益,实有未合。④ 文德赛氏此种疑虑,今日已因买受人期待权理论之建立而失其依据。德国民法第二次委员会虽亦有"附解除条件"之建议,但现行德国民法明文规定,有疑义时,应认为所有权之移转系附停止条件。美国统一附条件买卖法规定,买卖标的物之所有权于买受人清偿价款之全部或一部,或履行约定之义务或特定事件发生时,始移转于买受人,亦系附停止条件。⑤

"动产担保交易法"第 26 条规定,买受人于价金一部或全部清偿或完成特定条件时,始取得标的物之所有权,物权行为之效力系于价金支付之事实,故亦为附停止条件。此项规定符合当事人之意思及交易上之习惯,实称允当。因此,当事人为保留所有权之约定,究属附停止条件或解除条件,有疑义时,应解释为附停止条件。

保留所有权之约定,欲发生债权及物权法上之效力,必须在买卖契约与物权行为分别约定。当事人于买卖契约已约定保留所有权者,于交付标的物时,虽未再为保留所有权之约定,解释上应认为移转所有权之物权

---

① von Caemmerer, Rechtsvergleichung und Reform der Fahrnisübereignung, in: Gesammelte Schriften, Bd. Ⅰ, 1968, S.166.
② Preußisches ALR. Ⅰ 11 §266, 269.
③ Vgl. Blomeyer, Studien zur Bedingungslehre, Bd. Ⅱ, 1939, S.192.
④ Windscheid, Pandekten, 1879, §172.
⑤ §1, Uniform Conditional Sales Act.

行为附有停止条件。买卖契约未为保留所有权之约定,于履行之际,出卖人始表示于价金清偿前,欲保留所有权者,此项意思表示在法律上有两个意义:① 出卖人欲改变买卖契约内容;② 对所有权之移转欲附停止条件。买受人予以同意者,就债权言,系同意改变买卖契约之内容,就物权言,系同意物权行为附停止条件;反之,买受人不同意者,物权行为不能成立,买受人纵受领标的物,亦不能取得其所有权。依"民法"第348条规定,物之出卖人负交付其物于买受人,并使其取得该物所有权之义务,在买卖契约既无保留所有权之约定,出卖人于交付之际片面主张,构成债务不履行,买受人得予拒绝,并请求依债之本质履行债务,其给付有确定期限者,出卖人自期限届满时起,负迟延责任("民法"第229条第1项);给付无确定期限者,则自受履行之催告时起,负迟延责任(第229条第2项)。

买卖契约未为保留所有权之约定,出卖人于履行时,亦无附条件之意思表示,买受人于标的物交付时,即取得其所有权,尔后出卖人再表示保留所有权者,其单方面之表示自不生效力。买受人为避免一次付款或因其他事由予以同意时,则依当事人之意思,买卖关系又恢复履行前之状态,即买受人虽先占有使用标的物,但于清偿价金或完成其他条件时,始取得其所有权。①

5. 成立要件

买卖当事人约定于价金清偿前保留所有权者,应践行如何要件,系整个附条件买卖制度最根本之问题,且为立法技术设计上最困难之工作,各国(地区)立法例颇不一致,主要者不外:① 意思主义;② 书面主义;③ 登记主义;④ 书面成立——登记对抗主义。对此四种立法主义之利弊得失,学者议论不一,于从事检讨各种制度之前,宜就保留所有权所涉及之各方面利益状态(Interessenlage),略加分析。

保留所有权之约定系现代法上权利分化(Rechtsteilung)之一种现象。② 出卖人取得一种隐藏于其所保留所有权之担保权,而买受人则享有对标的物之占有使用权,此种权利分化之状态深合当事人之利益,盖出卖人可以出卖标的物,无须立即要求支付全部价金,买受人于价金清偿

---

① Vgl. Larenz, Schuldrecht Ⅱ, 1968, S. 80; RGZ 49, 172; BGH NJW 1953, 217; Enneccerus/Lehmann, Schuldrecht, 1959, S. 478; Staudinger/Ostler, 11. Aufl. 1955, Anm. 14 zu §455.

② Baur, Sachenrecht, 1970, S. 542.

前,得占有使用标的物。此种制度之最大缺点在于欠缺公示性,第三人无由知悉标的物之权属状态。因此如何克服此项缺点,遂成为学者慎思研究之问题。于一般情形,物之占有人即为其所有人,在保留所有权买卖,其情形恰与之相反,所有权与占有发生分离现象,所有人未占有标的物,占有标的物者,非为其所有人,此种权利分化之结果,对买卖当事人及第三人各具不同之意义,常会引起权利关系人间之冲突:

（1）对出卖人言,依规定,动产所有权之移转,虽让与人无让与之权利,而第三人受善意占有之保护者,仍能取得其所有权("民法"第801条、第948条)。因此,占有标的物之买受人伪称自己系标的物之所有人,将之让与第三人时,第三人若为善意,即不知出卖人对标的物尚保留所有权之事实时,即可取得其所有权。在此情形,出卖人有丧失标的物所有权之虞。

（2）对买受人言,附条件买卖之买受人虽占有标的物,但出卖人因保留所有权仍为标的物之所有人,如将标的物再让与第三人时,买受人应如何加以保护？其地位如何？

（3）对第三人言,私人或信用机构常因附条件买卖之买受人占有标的物,以为其系物之所有人,而贷与金钱,一旦买受人清偿不能或破产时,始知库存货品,尽属他人所有,法律上应采何种措施,保护第三人免于遭受此种不测的损害？

保留所有权所涉及之各方面利益状态,已分析如上。在立法设计上所应采取者,系最能圆满解决上述因权利分化而引起权利冲突之制度。兹依此观点,试论各立法主义之利弊得失:

（1）意思主义:仅凭当事人意思之合致,即生保留所有权之效力,在债权行为或物权行为皆无须履行任何方式。德国民法采之,手续简便,为其优点,其最大缺点则在于欠缺公示性。德国学者有主张应采登记主义,但工商界反对甚烈,认为此将暴露其经济状况,妨害信用之流通。①

（2）书面主义:当事人为保留所有权之约定,除意思合致外,更须完成一定之书面。书面主义之主要功能在于使当事人之权利关系趋于明确,在某种程度,亦具有防止诈欺虚伪之作用,但欠缺公示之缺点,依然存在,未能克服。

---

① Serick, Bd. Ⅰ, S.5ff.

(3) 依登记主义:约定保留所有权,除当事人合意外,尚须践行一定登记方式,始生效力。登记公示之效力,又有积极与消极之分。登记具有积极公示效力时,出卖人于附条件买卖成立后,再为处分或买受人将标的物再让与第三人时,该第三人纵为善意,亦不能取得标的物上之权利。依瑞士民法,此项登记,仅具消极之效力,即保留所有权之约定,非经登记,根本不能成立,但登记簿并不具公示力,故自出卖人取得经登记之标的物时,并不能据此而相信其为真正之所有人。再者,此项登记亦不排除第三人之善意取得,法律亦不推定第三人知悉登记之事由。此外,保留所有权人亦不能对抗善意出租人之留置权。① 登记主义之最大优点,在于个人或信用机构可于贷与信用前,阅览登记簿。但登记制度本身亦有缺点,它会暴露当事人之经济状况,前已言之。而且,若所有附条件买卖必须登记,始能成立,则因动产品类复杂,恐不胜其烦。

(4)"动产担保交易法"第 5 条第 1 款规定:"动产担保交易,应以书面订立契约。非经登记,不得对抗善意第三人。"系采书面成立——登记对抗主义。现行法之所以要求约定保留所有权非经订立书面不能成立者,其目的似在使法律关系趋于明确,至其所以采取登记对抗主义之理由,一方面在于维持交易上之便捷,一方面亦在使当事人能斟酌情事,决定是否申请登记,以保障自己之权益。一般言之,标的物价值重大者,当事人多会申请登记,借以保护其权利,第三人则可因登记而明了标的物之实际权属状态。

台湾有学者认为,"动产担保交易法"所采之登记对抗效力,不仅不足以保护善意第三人,抑且有害于债务人,盖附条件买卖之出卖人,既得本于其所有权追及标的物于第三人,则善意第三人必受不测之害,慎重者将不敢贸然应买,一般以分期付价购货之中间商,将难以转售图利,因而主张:该法第 5 条之对抗效力,对于善意第三人应不适用。② 此种见解,与现行规定显有抵触,于解释上尚难赞同,惟自立法政策言,该法第 5 条登记对抗效力,确有过分保护债权人之处,而不利于善意第三人及交易上之安全。诚然,第三人于购买货品时,为避免因保留所有权人行使取回权致遭受损害,可以阅览动产担保交易登记簿,以查知标的物之实际权属状

---

① Vgl. P. Tuor, Das Schweizerische Zivilgesetzbuch, 1968, S. 593ff.
② 参见施文森:《政大学报》第 20 期,第 63 页以下。

态。此种见解,固言之成理,但实际上恐不易实现,盖动产买卖乃日常生活必要之事,经常查阅登记簿,非仅耗神费力,一般交易行为亦必因此深受妨害。惟制度之优劣良窳,常不能专凭法条论断,依商业上之习惯和一般人之交易观念,常为主要影响因素,时可弥补制度之缺陷。世上无绝对完美之制度,关于附条件买卖采书面成立——登记对抗主义,其设计与他种立法主义相较,颇称精密,实行以来,亦未见重大弊端,似难谓非良善之制度。

(二) 客体

1. 动产

动产担保交易法上附条件买卖之客体,限于动产。不动产所有权之移转,可否附以条件,规定不同,《德国民法》为维持不动产权属状态之明确,特于第925条明文禁止。台湾虽未设任何限制,但就实务而言,对不动产所有权之移转附以条件,尚无必要,事例甚少,此因出卖人为保障其未获清偿之价金债权,尽可就不动产设定抵押,或于土地登记簿为预告登记(参阅"土地登记规则"第96条规定)。债权或其他权利亦可为买卖之客体("民法"第345条),其让与亦得附以条件,但"动产担保交易法"之规定,原则上无准用之余地,盖系以有体之动产为客体,因而设有移转占有标的物、危险负担或取回等各项制度,债权及其他权利不具形体,无可供比较之基础。

附条件买卖系以动产为客体,但并非所有动产皆可为附条件买卖之标的物。"动产担保交易法"第4条第1款规定:"机器、设备、工具、原料、半制品、成品、车辆、农林渔牧产品、牲畜及总吨位未满二十吨之动力船舶或未满五十吨之非动力船舶,均得为动产担保交易之标的物",同条第2款规定:"前项各类标的物之品名,由'行政院'视事实需要及交易性质以命令定之。"依"行政院"1965年公布之动产担保交易的物品类表,共分九类,类下分项,第一类为农林畜牧渔产品;第二类为矿产品;第三类为食物饮料及烟酒;第四类为纺织品及其原料、皮革木材制品及其有关物品;第五类为非金属矿产制品;第六类为化学品;第七类为基本金属及铸制品;第八类为机器设备器材及工具;第九类为其他制品。其种类甚为普遍,交易上重要之动产,无非认其为代替物或非代替物,其为消费物或非消费物,皆已包括在内。①

法律所以授权"行政院"以行政命令,决定动产担保交易之客体及实施区域,系基于政策上之考虑,关于此点,"立法院"曾作有特别的说明:

"……目前产业不甚发达,过分提高生活,足以减少储蓄,影响开发基金之储蓄,因此,除参酌有关法例,规定附条件买卖,使卖售人在价款未取得清偿前,得保留售卖物之所有权,及买受人对卖售人因价款不能如期交付而对现卖售物之各项优先权利,以期兼顾外,对动产担保交易上之标的物及分别实施区域,授权行政机构,视事实需要及交易性质,分别订定公布并予增减,俾人民生活不致因本法成立而过分提高,而工商业间,则可因而较易进行其信用之交易,对产业之发展,自将有所裨益。"

2. 经设定动产抵押之动产

"动产担保交易法"第31条规定:"依本法设定抵押之动产,不得为附条件买卖之标的物。违反前项规定者,其附条件买卖契约无效。"例如甲在自己之动产设定动产抵押后,再将其以保留所有权之方式让售予乙时,依上述规定,附条件买卖契约无效,买卖契约既归无效,条件难以成就,买受人虽支付全部价金,终不能取得标的物之所有权。

以标的物所有权是否即时移转,区别买卖契约是否有效,此种规定,极为特殊,立法理由如何,颇值研究。按原拟之"动产担保交易法"草案中,并无是项规定,查系后来所增列。该条规定,依吾人推测,或有两个目的:① 就实体法言,旨在解决动产抵押权人与附条件买卖买受人间地位之冲突,并采绝对优先保护动产抵押权人之原则;② 就程序言,似在避免登记上之困扰,盖若不以后发生之附条件买卖为无效,则于当事人申请登记时,势必发生同一标的物上有动产抵押与附条件买卖双重登记之情形。

于论述第31条是否妥适之前,有一项基本问题,应先予究明,即若无该条规定时,动产抵押权人与附条件买卖买受人间之法律关系如何?在此种情形,应适用一般原则,即买受人为恶意或虽为善意但动产抵押业经登记时,抵押权人得占有标的物,实行抵押权;反之,如动产抵押未经登记而买受人又为善意者,抵押权人不得占有标的物。由是观之,第31条之主要功能,无非在排除附条件买卖善意买受人在动产抵押未经登记之情形,对标的物取得期待权,并因清偿价金,完成条件而取得其所有权,盖于

---

① 详细请参见台湾"动产担保交易标的物品类表"。

其他情形,法律对抵押权人之保护并无不周也。基此,该条规定于理论与实际似皆不无商榷余地,兹分两点言之:

(1) 附条件买卖买受人于条件成就前,对标的物之所有权取得一种期待之地位,学说上称之为期待权,此种期待权,通说认为具有物权之性质。第31条根本否定之,自立法政策以言,似有未当,盖动产抵押既未经登记,外人无由查悉,善意附条件买卖买受人,不受保护,遭受不测之损害,影响交易之安全,再就登记言,亦无使附条件买卖归于无效之理由,盖登记仅生对抗第三人效力,对当事人实体法上之权益,不生任何影响。

(2) 抵押权人有因债务人雄于资产,无不履行之虞,对于标的物再让与他人,根本不在意者,债务人亦有于附条件出卖标的物后,即为契约之履行或提供其他担保者,又附条件买受人于必要时,亦可代债务人向抵押权人清偿债务,动产担保交易法未顾虑此种情况,径以附条件买卖自始无效,不免扰乱当事人之法律关系。

3. 物之成分

物之成分者,指物之构成部分。物之成分可分为重要成分与非重要成分。何谓重要成分,现行"民法"未设规定,依《德国民法》第93条规定:"物之各部分,互相连合,非经毁损或变更其物之性质,不能分离者,则各该部分为物之重要部分。"例如,书页之于书,颜色之于画。除重要成分外,物之其他部分,均为非重要成分。物之重要成分不得单独为物权之标的,《德国民法》设有明文规定,台湾并无明文,但在理论上,应作相同之解释。

前述关于物之成分之理论,适用于附条件买卖时,可得两点结论:① 在物之重要成分上,不得为保留所有权之约定。② 原为保留所有权之标的物,因添附成为他物重要成分时,出卖人保留所有权即归消灭。

4. 从物、集合物与企业

"民法"第68条第1项规定,非主物之成分常助主物之效用,而且同属一人者,交易上无特别习惯者为从物,例如帆之于船,预备轮胎于汽车。为交易上之便利,同条第2项规定,主物所有人为主物之处分,当事人若无约定,其效力及于从物。因此,买卖当事人得约定,仅于从物为保留所有权。若仅就主物约定保留所有权,于从物所有权之移转是否附有条件,应依解释契约定之,有疑义时,应认为保留所有权之约定及于从物。

集合物者,单独物之集合,例如工厂之全部,仓库之货物全部。集合物虽得在一个买卖契约总括出售,但物权之移转,仅能就个别之物,分别为之。附条件买卖以集合物为标的物者,仅能就个别单独物为保留所有权之约定,因之出卖人总括出售仓库存货,而约定保留所有权时,应认为系于个别商品保留所有权,其以企业全部出售而约定保留所有权者,则亦应分别企业所组成之财产,究为动产、不动产、债权或其他权利,分别决定适用之法律。

(三) 本文研究问题之说明

保留所有权制度既具保障债权及多种之社会经济作用,因此日益盛行,而其形态亦层出不穷,台湾各方对此制度近亦力加提倡,惟尚在发达之中途。目前台湾分期付价买卖采用保留所有权制度,尚未普遍,其原因固有多端,立法得失,姑不具论,工商业及一般人民对此新制度欠缺充分认识,当亦为主要因素。法院于处理有关问题时亦难免时感困惑。盖保留所有权制度之内容,甚为复杂,涉及"民法"、"动产担保交易法"、"刑法"、"强制执行法"及"破产法"等各种法律,其关于买受人期待权之理论,尤称邃密,并为附条件买卖制度之中心问题,其意义、性质及效力等尚有待于深入检讨。

在附条件买卖,买受人虽先占有标的物,并得依通常方法予以使用,惟出卖人在价金一部或全部受偿前,保留其所有权,论其性质,系属最典型之附条件法律行为,即买卖标的物所有权之移转系以价金一部或全部之支付为条件。按附条件之法律行为于条件成就前,其效力发生与否,虽处于未确定之状态,然当事人一旦完成条件即可取得权利,此种地位之性质如何?究为单纯之希望抑或权利,向有争论。陈克生氏等曾认为此种地位仅系单纯之希望,盖以"当事人于条件成就前,仅居于得因条件成就而得权利免义务之地位,如未受法律保护,不过由事实上之状态,变为法律上之状态,不具权利应有之实质,毋宁谓为单纯之法律状态"。[①] 今日学说,则几一致认为,此种地位非仅为一种单纯之希望,而为一种权利,其中以附条件买卖买受人之地位,最具代表性,盖其地位既受"民法"第100条"附条件之法律行为当事人,于条件成否未定前,若有损害相对人因条件成就所应得利益之行为者,负赔偿损害之责任"规定之明文保护,且具经济价值,买受人支付价金愈多,其地位之财产价值亦愈高。例如买卖标

---

① 参见胡长清:《中国民法总论》,第320页。

的物之价金为 10 万元，分 10 期支付，而买受人已支付 8 期者，其地位甚具财产价值，买受人时有对之为处分之必要，其债权人亦希望能对之为强制执行，满足债权，故其地位应以权利待之，使具权利之性质，得为法律交易之客体。

自"动产担保交易法"实施后，台湾学者对于期待权，尤其是附条件买卖买受人之期待权，论述甚多，实不乏卓见，但尚欠缺较有系统之说明。附条件买卖买受人之期待权，系德国民法学上讨论最多之问题，自 1900 年德国民法实施以来，有关期待权之判决，数以百计，学者之论著，更是汗牛充栋。Bauer 教授曾言："在民法学上，未曾有一问题，若保留所有权买卖买受人期待权，如此受重视，如此深入被研究者"①，诚非虚言。保留所有权买卖在德国工商业被普遍使用，固为学说判例热心研究之原因，但期待权本身，具有特殊性，对此研究，足以阐发现行"民法"上若干基本问题，实亦为吾人就此详细叙述之主要理由。期待权所涉甚广，内容极称精微，其间若干问题，经德国学说数十年之检讨，犹聚讼未已。本文特斟酌诸家理论，别其异同，参附己见，组成体系，并以此为中心，讨论保留所有权买卖所涉及之各项问题，用供判例学说之参考。

二、期待权之一般理论

（一）学说发展史

期待权之概念，系德文 Anwartschaftsrecht 一语之翻译，素为台湾学说、判例所习用，但据吾人所知，在"现行法"上使用期待权此一概念者，似未有之。德国民法及其他民事法规亦未使用期待权一语，其他法律，亦仅《遗产税法》第 2 条及第 6 条提到继承人之期待权而已。

期待权之概念及其理论系由学说判例所建立，19 世纪德国普通法对于附条件或期限法律行为之研究，虽极精密，但迄未能建立完整期待权之概念。② 德国民法第一次草案第 132 条明文规定：附条件之权利及附条件

---

① Baur, Sachenrecht, S. 573.
② Karlowa, Das Rechtsgeschäft und seine Wirkung, 1873, S. 93; Enneccerus Rechtsgeschäft, Bedingung und Anfangstermin, 1889, Beilage, Ⅲ, 600ff.; Leist, Die Sicherung von Forderungen durch Übertragung von Mobilien, 1889, S. 42ff.

之义务,得依适用于未附条件权利或未附条件义务之规定继承之(Das bedingte Recht und die bedingte Verpflichtung sind nach der für das unbedingte Recht und die unbedingte Verpflichtung geltender Vorschriften vererblich)。德国民法第二次委员会决议删除该条规定,其理由略谓:"条件成否未定期间之期待权(Anwartschaft)构成一种财产价值,与其他财产同,得移转于继承人,并无疑义,就此特设明文,实无必要。盖若如此,则亦须就其让与性及可设定质权,加以规定也。"①基此决议,德国民法遂无是项规定,而期待权此一概念,终未能表现于法典之上,就此立法史观之,德国民法将条件成否前之地位视为权利,得为法律交易之客体,实无疑义,但当时立法者尚未能认识此项制度所涉及之多方面当事人间利益状态,及其在今日实务上之重要性。②

德国学者对于期待权理论之建立,贡献最大者,厥推 Zitelmann 教授。Zitelmann 教授于1898年出版之《国际私法》一书中,曾专章讨论期待权,其主要贡献在于融合上述普通法基于附条件法律行为所建立 Anwartschaft 与德意志固有法上 Warterecht 两个概念。③ 依德意志固有法,家产共有,家父仅系家产之受托人,对家产,尤其是不动产之处分,非经继承人之同意,不生效力,所谓 Warterecht 者,即系用来说明此种土地继承人之地位。自 Zitelmann 将此两个概念融合之后,Anwartschaft 一语,遂为学者所通用。此后民法学者,致力于期待权之研究者,颇有其人,钻研愈深,理论体系愈臻精密,后由德国学者 von Tuhr 于其名著《德国民法总则》一书,集诸家之大成。④ 继 von Tuhr 之后,研究期待权之学者,主要有 Brecht⑤、Radke⑥、Semeka⑦ 诸氏,其中最值重视者系 Würdinger 1938年之慕尼黑大学博士论文,Die Privatrechtliche Anwartschaft als Rechtsbegriff(《私法上期待权之为法律概念》),从理论上深入批评传统之见解,对以

---

① Protokolle der Kommission für die zweite Lesung des Entwurfs des Bürgerlichen Gesetzbuches, Bd. I, 1897, S. 181.
② Georgiades, Die Eigentumsanwartschaft beim Vorbehaltskauf, 1963, S. 4.
③ Zitelmann, Internationales Privatrecht, Bd. II, I, Hälfte, 1898, S. 50ff.
④ von Tuhr, Allgemeiner Teil, Bd. I, 1910, S. 180ff.
⑤ Brecht, Bedingung und Anwartschaft, Jher. Jb. 61, 1912, S. 263ff.
⑥ Radke, Anwartschaften und Anwartschaftsrechte des Bürgerlichen Rechts, Dissertation Strassburg, 1913.
⑦ Semeka, Das Warterecht, Archbürg R. 35(1910), S. 121ff.

后学说之发展,影响甚巨。1939 年 Blomeyer 氏著:Studium zur Bedingungslehre(《条件论》)2 卷,极力驳斥期待权之概念,备受学界重视。

战后德国学说,判例论述期待权,较前更为精微,更为深入,并多以保留所有权买卖买受人之期待权为研究之重心,主要著作有 1961 年 Raiser 教授之《物上期待权》(Dingliche Anwartschaften),1962 年 Forkel 之《私法上期待权理论之基本问题》(Grundfragen der Lehre vom privatrechtlichen Anwartschaftsrecht),1963 年 Georgiades 之《保留所有权买卖上之所有权期待权》(Die Eigentumsanwartschaft beim Vorbehaltskauf),1964 年 Serick 教授曾以专书讨论保留所有权买卖与担保让与(Eigentumsvorbehalt und Sicherungsübereignung)。至于民法教科书讨论期待权者,以 Larenz 教授之《民法总则》及《债法》(下册,第 83 页以下)与 Esser 教授之《债法》(下册,第 64 页),最值得参考。

(二) 期待权之概念

"期待权"一语系德国学说所创设,已如前述,然何种法律地位,始足构成期待权,此则为 19 世纪以来法学者间论争之中心,近年来学者间虽有若干共同之基本认识,但于细节方面,仍多争论。期待权种类繁多,其理论与实际,尚在演变之中,因此对其作一确定之界说,恐难周全,最好的方法系观察判例学说上所承认各类型期待权之性质,分析其共同特征。依此,所谓期待权者,系指因具备取得权利之部分要件,受法律保护,具有权利性质之法律地位,兹更就此析述如下:

(1) 学者对于期待权之概念及如何将之纳入私法体系,虽然意见不一,但于众说纷纭之间,有一个共同的基本观点,即将期待权与民法上之权利之概念结合,而以期待权系取得权利之"权利"。现代民法体系,系以权利为中心,德国学者 von Tuhr 曾言:"权利系私法之中心概念,且为法律生活终极之抽象化。"[1]学者于建立期待权之概念时,遂以之为基础,一方面以期待权为取得某种私权之法律地位,一方面又认为此种地位本身亦具权利之性质。近年来权利概念虽又呈现不确定之现象[2],但吾人于

---

[1] Zentraler Begriff des Privatrechts und zugleich die letzte Abstraktion aus der Vielgestaltigkeit des Rechtslebens(von Tuhr, aaO. S.53.).

[2] Vgl. Raiser, Dingliche Anwartschaften, 1961, S.4.

放弃权利概念前,期待权概念与权利概念之结合,实为不可避免之事。

(2) 具备取得权利之部分要件。取得权利可分为两种情形:① 权利之原始取得,即不基于他人所有之权利,独立取得新权利之谓,例如遗失物之取得、时效取得、无主物先占;② 继受取得,即因他人所有之权利而取得权利,继受取得,因其取得状态不同,又可分为移转与设定取得及特定与概括取得。然不论其取得之态样如何,权利之发生须具备法律所规定之一定的条件。法律要件完备,有仅须一种事实之存在者,然通常必须多数之事实悉行具备,取得权利之法律要件,始行完成。此项多数取得权利应具备之事实,一般言之,多非必在同一时间发生,可依时间之先后,逐渐完成。因此,部分要件一旦具备,则取得权利之过程业已开始,例如契约系由要约及承诺两个事实所组成,完全具备时,债权债务随即发生。在一方当事人向他方当事人为出卖某物之要约时,于他方当事人承诺前,契约虽未成立,但权利取得之过程,业已开始进行,若相对人对之为承诺,惟将契约之生效,附以期限,而原要约人对之为同意时,则权利之取得,业已更进一步矣。

据上所述,可知期待权可自两方面观察之:自消极方面言,取得权利之过程尚未完成,权利迄未发生;自积极方面言,权利之取得,虽未完成,但已进入完成之过程,当事人已有所期待。此种期待,因具备取得权利之部分要件而发生。在此之前,当事人固亦可盼望取得某种权利①,例如孩童盼望外祖父于新年时购赠衣物,或商号盼望财源兴隆,然此均属心理上主观之希冀,在法律上原不具任何意义。惟若外祖父某日表示于新年时赠给一套西装,则取得权利之要件业已开始具备,该孩童之希望,已由纯粹主观心理之意欲,进入法律之领域矣;由是可知,期待权之发生必因完成取得权利之部分要件而开始,与事实之企盼,其性质截然不同。

(3) 受法律保护之地位。因具备取得权利部分要件之地位,吾人称之为期待(Anwartschaft),但并非所有此种地位皆具有权利之性质,而可称为期待权(Anwartschaftsrecht)。然则,单纯之期待与期待权之区别果何在乎?换言之,应具备何种取得权利之要件,始得称为期待仅?此实为极难解答之问题,学者不一其说。有纯依形式之观点而立论者,认为取得权

---

① Hans Forkel, Grundfragen der Lehre vom privatrechtlichen Anwartschaftsrecht, 1962, S. 18.

利如尚欠缺最后要件时,则其地位具有权利之性质①;亦有认为,应视取得权利要件之"质"而定,已具备重要要件者,为期待权,反之,是为纯粹之期待;②亦有主张,应分别成立要件,与生效要件而断定,若已具备成立条件,则为期待权。③ 以形式观点区别期待与期待权,实难赞同,盖何谓最后要件,何谓成立生效要件,事实上颇难确定,不足以说明何以此种取得权利地位,应赋予权利性质之实质理由。

应具备何种取得权利要件之地位,始足构成期待权,应依实质之观点论断。应予考虑者有二:即:① 此种地位是否已受法律保护;② 此种地位有否赋予权利性质之必要,兹就此分述之。

权利因具备法律所规定之要件而发生,要件尚有欠缺时,权利尚未发生,此时法律常赋予各种不同之效力,学说称之为先效力(Vorwirkung)。此种先效力在确保权利取得之实现,或使要件之完成,得顺利进行,不受阻碍,或使其将来取得之权利,不至于丧失或减少其价值,要约拘束力之规定,即其著例。依第154条规定,要约一经生效,要约人即受其拘束,在要约拘束期间,要约人不得撤销、扩张、限制或变更其要约。④ 然最具代表性者,厥为附条件之法律行为,当事人不得单方撤回其意思表示而使条件无法成就,又依第101条规定,因条件成就而受不利益之当事人如以不正当行为阻其条件之成就者,视为条件已成就。由是可知,此种法律地位,当事人已不能依单方之行为,予以侵害,法律设有保护规定,足称为期待权。若其地位,至为脆弱,他方当事人可随时予以毁灭,则认为其具权利性质,更无任何实益。

期待之地位,既与其所期待之权利有别,而判例学说所以赋予权利之性质者,盖基于经济及社会之观点,有使之成为法律交易客体之必要⑤,此系价值判断问题,学者对于期待权类别见解不同,实渊源于此。Flume教授言:"保留所有权买卖,若未普遍,而仅属个别行为时,则关于买受人

---

① Vgl. Oertmann, Rechtsbedingungen, 1924, S. 10, 63ff.
② Vgl. Rudolf, Eigentumsvorbehalt und Eigentumsanwartschaftsrecht, ein dogmatischer Beitrag zur zivilrechtlicher Anwartschaftslehre, 1938.
③ Enneccerus/Nipperdey, Allgemeiner Teil des BGB, 1960, S. 857f. ; Larenz, Allgemeiner Teil des BGB, 1967, S. 469, 486;并参见李宜琛:《民法总则》,第289页。
④ 参见梅仲协:《民法要义》,第89页。
⑤ Raiser, S. 7.

之地位,尽可依附条件法律行为之规定处理,无须特别考虑,而使之成为法律交易上'财货'。保留所有权买卖,流行既广,吾人不能不使买受人之地位,成为权利,得为法律交易之客体也。"①

如上所述,事实上之希望(Hoffnung)、单纯之期待(Anwartschaft)与期待权(Anwartschaftsrecht)各具不同之意义,为期醒目,兹将其关系图示如下:

希　望→单纯主观之心理状态。
↓
期　待→因具备取得权利部分要件而生之地位。
↓
期待权→因具备取得权利部分要件,受法律保护,且依社会经济观点,使之成为交易客体,特赋予权利性质之法律地位。
↓
权　利

(三) 期待权之法律性质

1. 序说

期待权,系属权利,已如上述,然其性质如何,对此学者意见分歧,尚无定论。自19世纪以来,学者常用诸种形象语言(Bildsprache),描述期待权,有称为权利之胚胎(Keim eines Rechts oder Rechtsembryo)②,有称为权利所投射之影子(vorausgeworfene Schatten eines Rechts)。③ 其后则多称之为处于发展中之权利(In der Entwicklung begriffenes Recht)④、将来之权利(künftiges Recht)⑤、权利之发展阶段(Entwicklung oder Vorstufe des Rechts)。⑥ 今日之判例学说,则又以次类之权利(Recht minderer Art)⑦或"对于完全权利,并非异类,而系同质之缩型"(Im Verhältnis zum Vollrecht

---

① Flume, Allgemeiner Teil des BGB, Bd. Ⅱ, 1965, S.389.
② Böhmer, RGPraxis, Ⅱ, S.298.
③ Brecht, S.273.
④ Schwister, JW 33, 1857.
⑤ RG Warn, 1929, Nr. 151.
⑥ Oertmann, Rechtsbedingung, S.125; JW 34, 38; AcP 123, 160.
⑦ Vgl. Oertmann, AcP 123, 160.

kein aliud, sondern ein wesensgleiches minus)①称之。诸此用语,虽亦可说明期待权所具之若干特性,但未足表明其本质,尤其在现行权利体系(Rechtssystem)上之地位。②

现行"民法"以权利为中心,权利可依种种不同之区别标准,加以分类③,通常学者恒以权利之作用,将权利分为支配权及形成权两种。在支配权,权利人得以其法律所赋予之权力,支配他人或财产。依其受支配之人之范围或大或小,又可分为绝对权与相对权,绝对权者,得以对抗一切之人之权利也,物权、人格权及亲属权等属之;相对权则异是,其权利之效力,只及于个别特定人,故仅得对于此等人而行使,债权为其著例;至于形成权者,谓权利人得利用法律所赋予之权利,以单方行为,使权利发生变动,例如终止权、承认权、选择权、撤销权及解除权等属之。此种体系,可图示如下:

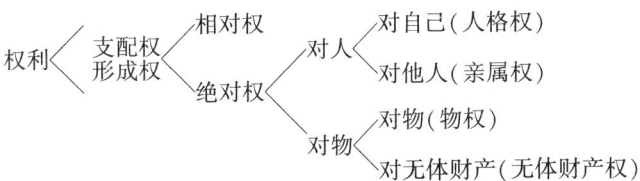

权利之体系阐明如上,于此应研究者,即期待权在此种体系上所具之地位,申言之,期待权究为形成权抑或为支配权?如为支配权,则究为相对权抑或为绝对权?

2. 学说判例之见解

(1) 期待权与形成权。期待权与形成权之关系如何,学者意见极不一致,有认为期待权,系属形成权④;有认为期待权为类似形成权之一种权利⑤;亦有认为,期待权与形成权,性质各异,不相类属。⑥ 学说之歧异,系由于着眼点之不同。按形成权者,系依权利人一方之意思表示,可使权

---

① 首先使用此一概念者为 Schwister, JW 33, 1764, 2547;现在 Staudinger/Berg, §929 Anm. 280 亦采用此项概念。
② Forkel, Grundfragen, S. 122f.
③ 参见梅仲协:《民法要义》,第25页;郑玉波:《民法总则》,第44页;洪逊欣:《民法总则》,第52页。
④ Vgl. Enneccerus/Nipperdey, §73 I 3a E.
⑤ von Tuhr, I, S.171; Semeka, Archbürg R 35, 186, 187; Radke, Anwartschaften, S.6f.
⑥ Würdinger, S. 73ff.; Hopp, S. 126ff.

利发生变更,但在期待权,权利之取得,或因时间之经过,或因条件之成就,期待权人固不能因享有期待权之故,即得基于此种权利,而以一方之意思表示,创造具体之权利义务关系。再者,形成权因其行使而消灭,但期待权则因完成必要条件强化变成完全权利(Vollrecht)。此两点差异系学者否认期待权为形成权之主要理由。①

期待权与形成权,其结构上有不同之处,已如上述,但两者亦有若干相似之点,即期待权系属一种取得权利之地位,而形成权系可发生某种具体法律关系之权能,就此点观之,两者均属取得权利发展过程中之中间形态,其性质极为相近;学者黄右昌所以认为期待权为类似形成权之一种权利,其理由或在于此。② 德国学者之主张期待权类属形成权,亦系基此事实。德国权威民法学者 Enneccerus Nipperdey 更提出"变更权利之权利"(Rechtsänderungsrecht)此一概念,与支配权相对称,并用以兼括期待权与形成权。③

(2) 期待权与支配权。期待权与支配权之关系如何,争论亦多,有认为系绝对权,有认为系相对权。通说则认为,期待权之性质,应依其将来可取得之完全权利定之,因之期待权旨在取得债权者,应归入相对权;反之,如以取得物权为目的时,则具有绝对权之性质。v. Tuhr 教授早在 1910 年其名著《民法总则》即倡此说,今日 Raiser 教授犹同此观点。④

3. 本文见解

期待权之性质如何,学者聚讼,甚难确定,具如上述。学者胡长清氏称之为特殊之权利⑤,实有其理由。期待权之性质,难予究明也如此,可否径以特殊权利称之,而不必穷究其在权利体系上之地位? 换言之,学者汲汲致力论究期待权之法律性质,究有何种意义? 自概念法学遭受自由法学派、利益法学派之攻击后,在私法上,学者论及某法律制度之本质或性质时,皆甚敏感,疑虑不安。诚然,概念法学上之方法,仍然残留于今日判例学说之上,用演绎之方法,自法律之概念中,探求解决问题之倾向,依然到处可见,但若因法律概念或本质偶遭"滥用",吾人即应满足于个别

---

① Raiser, S. 10f.
② 参见黄右昌:《民法总则诠解》,第304页。
③ Enneccerus/Nipperdey, §82 Ⅱ 4, §73 Ⅰ 3.
④ Raiser, S. 12.
⑤ 胡长清:《中国民法总论》,第320页。

问题之解决,放弃体系之认识与说明,此种见解,亦难赞同,盖法律上之体系,由于其本身亦系建立于价值判断之上,故亦具有规范之内容。合乎社会需要、结构严谨之法律体系,对于法律生活,具有规范之功能。反之,概念不清,体系不明,法律制度之性质难以究明,则于解决具体问题,势必疑难丛生,混乱与不确定,将接踵而起矣。[①]

期待权之性质,其在权利体系上地位,应予究明,已如上述,自其演变、发展之过程观察之,期待权旨在取得权利,故与形成权颇相类似,此为学者认为期待权为形成权或类于形成权之主要理由。惟应注意者,期待权人所期待者,并非系某种抽象之权利,而系种类不同,内容互异之具体权利,或为债权,或为物权,或为无体财产权。诚然,取得债权之期待权并非即为债权,取得物权之期待权并非即为物权,但据此而否认期待权不具其因完成权利而可取得之权利之性质,亦难令人赞同。基此见解,期待权之性质如何,在如何范围内,享有其未来完成权利之权能,应就个别期待权观察分析之。在讨论保留所有权买卖买受人期待权之前,拟先就期待权之类型稍加观察,以增加吾人对期待权之认识。

(四) 期待权之类型

1. 序说

期待权系取得权利之"权利",权利依其内容,可分为财产权与非财产权,然依余所信,于非财产权上发生期待权,似不可能,盖非财产权包括人格权与身份权,人格权系维持人之资格所必要之权利,与生俱来,身份权则系维持一定身份所必要之权利,其发生恒与权利人之身份密切不可分离。此二者,既均不能成为法律交易之客体,承认有取得此种权利之期待权,更无何意义。

期待权于财产权上皆会发生,财产权一般分为债权、物权及无体财产权。准此,期待权亦可区别为债权之期待权、物权之期待权及无体财产权之期待权。然此仅系形式之分类,而未及其实质,以下拟略叙在学说、判例上被承认之民法上期待权,先介绍德国法,再论述我国台湾现行"民法"。

---

① Vgl. Raiser, S. 45f. 关于体系之概念及功能,参见 Larenz, Methodenlehre der Rechtswissenschaft, 1969, S. 348f.; Canaris, Systemsbegriff und Systemsfunktion in der Rechtswissenschaft, 1968.

2. 德国民法上期待权之种类

何种法律地位,始足被称为期待权,在德国学说与判例上,既有争论,则期待权之种类,亦随各人见解不同,而生差异,自极显然。vonTuhr 氏集早期期待权理论之大成,前已提及。von Tuhr 系以某种安定性(ein gewisser Grad der Sicherheit)之有无,为区别期待权与事实上期待之标准。von Tuhr 氏认为民法上期待权种类甚多,全部列举,自所不能,其重要者计有:① 基于附条件或期限法律行为而生之权利。② 权利(尤其债权)之完成尚欠某项事实,而此项事实当事人不得随意变更,系依法律关系或法律规定,为权利发生之要件者,例如未到期之租金(die noch nicht fälligen Mietzinsen)。③ 后位继承人之地位(Rechtsstellung des Nacherben)。④ 继承权(die Rechtsstellung des Erben)。⑤ 时效取得占有人(Ersitzungsbesitzer)及遗失物拾得人之地位。⑥ 不动产登记前让与合意受领人之地位。⑦ 抵押权业已登记,债权尚未发生前债权人之地位等。①

今日德国学者之观点略有不同,Raiser 教授认为,时效取得占有人之地位及遗失物拾得人之地位,至为薄弱,其经济地位亦极微小,称为权利,实无必要。在严密检讨各种取得权利之方式后,Raiser 氏认为,德国民法上之物上期待权主要有三种:① 保留所有权买卖买受人之地位。② 不动产登记前,让与合意受领人之地位。③ 抵押权人于债权发生或证书交付前之地位。② 德国权威学者 Larenz 氏在其《民法总则》一书中,对于期待权亦有所论述③,认为附条件及期限之权利,尤其是保留所有权买卖买受人之地位,不动产登记前让与合意受领人之地位及后位继承人之地位皆属期待权,但遗失物取得人之地位,因尚不稳定,故不得以期待权称之。

据上所述,德国学者对于民法上期待权之种类,意见虽未一致,但对若干取得权利前之地位,认为系属期待权,则有相同之见解,此即上述 Larenz 教授所指之三种期待权。保留所有权买受人之期待权,将于下节详论。于此先叙述其他两种期待权。

(1) 不动产登记前,让与合意受领人之地位:土地所有权之移转,

---

① von Tuhr, Bd. Ⅰ, S. 136ff.
② Raiser, S. 13ff.
③ Larenz, Allegemeiner Teil, S. 235.

应经让与人与受让人之合意,并于土地簿册上为权利变更之登记。此项合意应须由双方当事人同时到场,向主管机关以表示为之,《德国民法》第 925 条第 1 项设有明文。又依《德国民法》第 873 条第 2 项规定,合于方式之让与之表示,具有拘束力(bindende Kraft),不得撤回(unwiderruflich)。让与人不得阻止受让人提出登记申请以取得权利,受让人于登记完成时,即取得标的物之所有权,其地位至为确定,是以德国通说认为此种因合意发生拘束力后,在登记前之受让人之法律地位,系为期待权,得为让与或扣押。

(2) 后位继承人之地位:依德国民法规定,遗嘱人得指定继承人,使其于他人先为继承人后,始由其为继承人,法律称之为后位继承人。此项制度,肇自罗马法,指定后位继承人之原因,并非遗嘱人对前位继承人之不信任,而系由于不愿任其遗产归属于前位继承人之继承人。前位与后位继承人系为前后继承人(nacheinander),而非共同继承人(nebeneinander)。后位继承人之权利,亦系直接来自遗嘱人,故非前位继承人之继承人,后位继承人于后位继承开始时,以遗嘱人概括继承人之身份,当然取得遗产(《德国民法》第 1922 条)。德国民法对于此种地位设有保护规定:原则上前位继承人不得处分属于遗产之标的物(《德国民法》第 2112 条),前位继承人就属于遗产之土地或土地上之权利,或就遗产中已经登记之船舶或建造中之船舶为处分,若其处分有害于后位继承人之权利,或使其权利失其效用者,于后位继承开始时,其处分不生效力。前位继承人以无偿行为处分遗产标的物,或为履行其赠与之约定为处分者,亦同(《德国民法》第 2113 条)。又依《德国民法》第 2108 条规定:"经指定之后位继承人,于继承开始后,后位继承开始前死亡者,除可认为遗嘱人另有意思外,后位继承权移转于其继承人。"基此,德国通说认为,后位继承人之地位系属期待权。Coing 教授对此种期待权之性质,论述较详,认为其系属一种绝对权利(absolutes subjektives Recht),得于土地簿上登记,得为让与,得为继承,并受侵权行为法之保护。[①]

3. 台湾现行"民法"上之期待权种类

现行"民法"对于期待权虽未设明文,但判例及学说皆承认之,然在

---

① Coing, Erbecht, 1964, S. 224f.

"现行法"上可认为系期待权之法律地位,其种类如何,迄未见系统之叙述。根据各家见解,被承认为期待权者,计有:① 基于附条件或期限法律行为所生之法律地位;② 遗失物拾得人之地位;③ 继承开始前继承人之地位,兹分别说明如下:

（1）基于附条件或期限法律行为所生之法律地位:"民法"对此等法律地位既设明文保护,应认为系属期待权,毫无疑义。其中以保留所有权买卖买受人之期待权最称重要,而此即为本文论述之对象。

（2）遗失物拾得人之地位:依"民法"第807条规定,遗失物拾得后6个月内所有人未认领者,拾得人即取得该物之所有权。对此种将来有取得所有权之地位,学说认为系属期待权,其性质与附条件或期限法律行为当事人之期待权相同,有财产价值,得处分或继承,并得为侵权行为之标的。① 德国学者昔时亦持同样见解,但近时采否定说者,颇有其人。依余所信,遗失物拾得之地位,应不得认为系属期待权,盖此种期待地位,极不稳定,法律亦乏保护之规定,原物主为认领时,拾得人之希望,即归消灭。反之,于附条件法律行为当事人,不能以单方意思,撤回其意思表示,以破坏相对人之地位,其性质与遗失物拾得人之地位,显有不同,似不能相提并论。

（3）继承开始前,继承人之地位:继承人之地位于民法上有两种不同之意义:① 继承开始前,继承人之地位(或应称为继承人之权利);② 继承开始后,继承人之地位,即为因继承而取得之权利。继承开始后之地位为权利,毫无疑问,至继承开始前继承人之地位,究为权利抑或仅系一种希望,学说上颇有争论。学者有认为推定继承人,只要无继承权丧失之事由,任何人均不得剥夺其地位;其特留分权利受法律之保护,直系血亲卑亲属又得代位继承;直系血亲卑亲属为推定继承人时,被继承人不得指定继承人;推定继承人之地位被否认时,推定继承人亦得提起确认诉讼,因此推定继承人之地位,亦为法律所保护,故为期待权,但此继承期待权之效力,极为薄弱。② 于继承开始前,继承人之地位,因其死亡或继承权丧失而被剥夺,先顺序或同顺序继承人之出现时,其全部或一部即归消灭;再者,继承人在继承开始前,对于被继承人

---

① 参见史尚宽:《物权法论》,第123页;郑玉波:《民法物权》,第203页。
② 参见史尚宽:《继承法论》,第84页;戴炎辉:《继承法》,第16页以下。

之财产,未有任何权利,故不发生被侵害之问题,亦不得为处分之标的,其地位薄弱如此,应不得以权利待之。纵视之为权利,亦无何实益。

三、附条件买卖买受人期待权之法律性质

(一) 德国法之理论

1. 判例

(1) 帝国法院(RG)时代。德国帝国法院虽在1920年即明白承认保留所有权买卖买受人之地位系属期待权,但对其性质,始终未有明确肯定之说明。帝国法院于RGZ 140, 233一案始则表示,附条件权利究为期待权抑或为一种业已取得之财产权(ein bereits erworbenes Vermögensrecht),实难确言,而于他处又谓:"买受人期待权本身非为物权,盖现行法律仅承认一定数目之物权,取得所有权之期待权并不属之。"RGZ 170, 167一案,虽承认买受人所享有之权利,可视为《德国民法》第823条第1项所称之权利,但却慎重地避免称之为期待权。

(2) 联邦法院(BGH)时代。第二次世界大战后,联邦法院BGHZ 10,69(1952年),虽提及买受人之期待权,但否认其为具有对世效力之物权。在1954年另一判决中,联邦法院虽承认买受人之期待权正在进行,可变为所有权,但认为其本身非即属物权(NJW 1954,1325)。1955年之BGHZ NJW 1955,544判决,曾阐释期待权之意义,认为出卖人无法以单方之意思,毁灭买受人之地位,故买受人之地位可称为期待权,但对其性质,则未论及。依1956年BGHZ 20,98之判决,买受人之期待权系属一种权利,可以让与,其性质与完全权利(Vollrecht)颇为相近。1958年BGHZ 28,16(21)表示,买受人之期待权,仅系所有权之前阶段,与所有权相较,非为异类体,而系本质相同之缩型体(Eine blosse Vorstufe des Eigentums, im Vergleich zum Eigentum, kein aliud, sondern ein wesengleiches),BGHZ 30,374一案之说明较详,略谓:"买受人之期待权并非为物权,亦非系存在于他人物上具有对世效力之权利,盖现行法仅承认一定数目之物权也。买受人之期待权仅系一种效力极强之权利,为所有权之前阶段,其地位颇为稳定,与真正之物权,已甚接近。"

综上所述,可知德国判例虽肯定保留所有权买卖买受人之地位为

期待权,得为让与,并受侵权行为法之保护,但皆不承认其为物权,盖以德国民法系采物权法定主义,物权之种类,法有明文规定,当事人不得任意创设。

2. 学说

保留所有权买卖买受人之地位系一种权利,虽为德国学说所公认①,但其性质若何,在物权体系上之地位如何确定,则意见分歧,实可谓百家争鸣,莫衷一是。② 各家见解,详予论述,既不可能,亦无必要,故仅介绍具有代表性之 Blomeyer 及 Raiser 两位教授之理论,前者否认期待权之观念,后者肯定买受人之期待权系属物权,适成尖锐之对比,实饶有趣味,兹先叙其内容,再加评论。

(1) Blomeyer 教授之保留所有权系质权说。Blomeyer 教授在其于 1939 年发表之《条件理论之研究》(Studien zur Bedingungslehre) 第 2 卷 (附条件之处分行为),曾深入研讨保留所有权买卖买受人之地位,认为出卖人所保留之所有权,论其性质,与质权系属相同(die Identität vom Vorbehaltseigentum und Pfandrecht),买受人因物之交付而取得所有权,出卖人所取得者,系不占有标的物,附有流质约款之质权,并借此以担保其未获清偿之价金债权。③ 在 1953 年及 1963 年,Blomeyer 氏于 AcP 杂志再度著文,为其观点辩解。④ Blomeyer 教授系借比较法之分析支持其见解,并以《美国统一附条件买卖法》为其主要依据。美国商法学者 Void 氏对于附条件买卖,曾提出区分所有权利益之理论(The theory of divided property interest),认为出卖人与买受人分享买卖物之利益,二者结合互相补足而成为完全所有权,买受人所享有者,系占有使用及取得等权能,而此亦可视为系所有权人之地位,出卖人所享有者,系担保债权之权利。⑤ 依 Blomeyer 氏观察,德国民法理论并未进步至此地步,但在两种重要情形,学说上亦承认出卖人得变卖标的物:① 买受人不依

---

① Esser, Schuldrecht Ⅱ, 1968, S. 64; Larenz, Schuldrecht Ⅱ, S. 83f.; Serick, Eigentumsvorbehalt Ⅱ, S. 241ff.

② Georgiades, Die Eigentumsanwartschaft, S. 5 mit weiteren Nachweisen.

③ Blomeyer, Bedingungslehre Ⅱ, S,. 186ff., 237.

④ Eigentumsvorbehalt und gutgläubiger Erwerb, AcP 161, 239; Die Rechtsstellung des Vorbehaltskäufers, AcP 162, 193.

⑤ Blomeyer, Bedingungslehre Ⅱ, S. 214f. (217);关于 Void 之理论,参见 Divided Property Interest in Conditional Sales, 78 U, of Pa. L. Rev. 713.

约定清偿价金时,出卖人得依强制执行拍卖法拍卖标的物;② 买受人破产时,出卖人得依原物变卖之原则,处理标的物。Blomeyer 氏认为,由此而至一般承认保留所有权出卖人对标的物享有变卖之权利,路程甚近,而其主要障碍,系出卖人尚系标的物所有人之理论,但此障碍,应予排除。依买卖契约,买受人履行给付价金义务时,即可取得标的物之所有权,故应认为买受人系为所有权人,而出卖人所取得者,系一种特别质权。① 于此,Blomeyer 教授特别强调担保目的(Sicherungszweck),出卖人附条件移转所有权之目的,既在担保未获清偿之价金债权,则其所保留者,应非系所有权,而系担保物权,论其实质殆与质权无异。②

依 Blomeyer 氏之理论,买受人既为标的物之所有人,则期待权之观念,自无存在之余地,故此说亦可称为期待权否定说。依此理论,所有与期待权有关之若干理论与实务上之困难问题,皆可迎刃而解,盖质权在现行法上有明文依据,在解释应用上较期待权容易处理。然而此种理论与现行制度究否符合,颇值研究。对此问题,应依两项标准加以判断:一为当事人之意思;一为实体法之规定。就前者言,Blomeyer 氏之理论,与当事人之意思,显有违背,极为显然,盖出卖人为保留所有权之约定时,其目的非在取得某种担保物权,而系在于价金未清偿前,保留其所有权;再者,此种保留之所有权,对于出卖人言,亦难谓仅具有就标的物变价受偿之功能,因出卖人有时亦愿解除契约取回标的物,再为出卖;又依《德国民法》第 1204 条以下规定,当事人不得以占有改定方式,设定质权,第 1229 条更明文禁止流质约款,Blomeyer 氏之理论与此实体上之规定,皆相抵触。"保留所有权即质权"说之主要目的,在于克服性质难定、迭生困扰之期待权此一怪物,依 Blomeyer 之理论,"怪物"虽被制服,但当事人之地位在现行法上却失其正当依据,其说之难予赞同,不言可喻。③

(2) Raiser 教授"买受人期待权系物权"之理论。Tübingen(杜平根)大学教授 Raiser 氏,于 1959 年德国民法教授协会(Tagung der deutschen Zivilrechtslehrervereinigung),以物上期待权(dingliche Anwartschaften)为

---

① Blomeyer, AcP 162, 197f.
② Blomeyer, AcP 162, 203.
③ Flume, Die Rechtsstellung des Vorbehaltskäufers, AcP 161, 389f.; Raiser, S. 51f.; Serick, Bd. Ⅰ, S. 207ff.

题,发表演说,力倡保留所有权买卖买受人之期待权系属物权之理论。该文后经补充,印成专书①,流传甚广,影响至巨。Raiser 教授认为,判例学说所以尚犹豫不愿承认买受人之期待权系属物权,其理由不外二点:① 物权法定主义;② 物权之独立性。Raiser 教授提出诸种理由,试证明此两项物权法上原则,均不足妨碍承认买受人期待权系属物权。

兹先就物权法定主义言之。所谓物权法定主义者,指物权非依法律,不得创设。近世各国法律为贯彻公示原则及简化与土地有关之法律,对物权种类,设有限制。《德国民法》虽未设明文,但物权类型法定亦系物权法上之基本原则,学说判例上从无异议。Raiser 教授认为,民法所以采物权法定主义,其目的非在于僵化物权,使其局限于 1900 年之状态,阻止法律之发展。物权法定原则,旨在以类型之强制限制当事人之私法自治,避免当事人任意创设具有对世效力之新的法律关系,借以维持物权关系之明确及安定,但此并不排除于必要时,得依补充立法或法官造法之方式,创设新的物权,盖法律必须与时俱进,始能适应社会之需要,承认期待权系属物权,系一种法律发展,并不藐视法律,与物权法定主义之精神实无抵触,学者有认为期待权,法律既无规定,自不得承认为物权,第一次世界大战前,德国民法尚处于注释法学时期,此种见解,尚有所据,今日犹执是说,实难令人信服。②

再就物权之独立性言之。所谓物权之独立性者,即物权之存续,不为其基础行为(尤其是债权行为)所左右。申言之,即物权之发生、存续与消灭,不受其基础行为瑕疵之影响,原因行为虽为无效,物权本身仍可独立存在。独立性系物权之通性,欠缺之者,即不得称为物权,于保留所有权买卖,买受人期待权之存否,系于其基础行为,即买卖契约本身,买卖契约无效或者被撤销时,买受人之期待权即归消灭,通说认为期待权既欠缺独立性,自难承认其为物权。Raiser 教授虽亦承认独立性系物权之特征,但认为质权对于被担保之债权,亦具有从属性,故由此例可知现行法对此亦认许有例外:"期待权与买卖契约之结合,其功能与债权及质权间目的共同体之功能,并不相同,以期待权之从属性称

---

① Raiser, Dingliche Anwartschaften, 1961. 参见刘得宽、赖札:《物权期待之研究》,载《政大学报》第 21 期,第 117 页。
② Raiser, S. 55f.

之,易滋疑义,但由此种比较,可知一种法律地位对于某种债之关系虽具依存性,但此种依存性,若不妨碍其对第三人及占有之保护时,则依现行法规定,实不足为其享有物权性之阻碍,因此称基于保留所有权买卖所生之期待权,系支配标的物之物权,实无何顾虑可言。"①

在承认买受人之期待权系物权之后,Raiser 氏更进而检讨此种物权之性质。按物权依其对于标的物之支配范围,可分为所有权与定限物权,前者系得全面支配其标的物之物权,后者乃仅于一定界限之内,支配其标的物之物权,所有权以外物权,如用益物权与担保物权皆属之,然而买受人之期待权,究为所有权抑或为定限物权? Raiser 氏认为,买受人期待权具有特殊性质,故不能依"非此即彼"方式加以处理,乃提出时间区分所有权之理论,主张买受人与出卖人依时间先后共有所有权,故为前后所有人(vor und nach Eigentümer)。Raiser 认为:时间区分所有权之思想(der Gedanke der Teilung der Eigentumszeit),对现行物权法之理论而言,尚属陌生,此系由于传统之物权法深受罗马法影响,以规范永久之关系为主,过分重视静态关系,致忽视时间因素,在其他法律,尤其英国普通法上不动产、时间等因素,颇受重视。因此,在现行物权之法律制度上,强调"时间"此一因素,并非骇人听闻之事,对期待权而言,取得权利要件渐次完成之时间因素,至为重要,权利随时间之经过,逐渐变更其主体。Raiser 教授谓:"在此种替换过程中(Ablösungsvorgang),让与人与买受人各握取一部分所有权(ein Stück Eigentum in der Hand)。买受人之地位,虽为物权,但基于诸种原因,在法律上出卖人仍应被认为尚属所有权人,买受人之权利虽与所有权甚为接近,但尚非为完全所有权,仅系所有权之期待权(Eigentumsanwartschaftsrecht)。"②

Raiser 教授主张,物权法定主义并不排除以习惯法创设新物权。此项观点,甚为正确,应可赞同,盖物权法定主义过于硬化,难以适应社会经济之发展,故于习惯法上新生长之物权,若具有适当公示方法者,自不妨予以承认。惟 Raiser 欲借质权之从属性以说明独立性非系物权必具之性质,此点则难苟同。盖买受人期待权存在之系属于基础法律行

---

① Raiser, S.68.
② 同上。

为(即买卖契约),与某种物权依法律规定,从属于其所担保之债权,其性质截然不同,不能相提并论。①

再就所有权区分(Eigentumsteilung)理论而言。所有权可有各种区分之形态(Teilungsformen),如数人得共同享有一个所有权,其形态或为分别共有,或为共同共有,此时各共有人所享有之权能,系属同类(gleichartig)。有时亦得将所有权所具之个别权能,自所有权人分离,使其独立,而创设限制所有权之物权,如用益物权或担保物权等即是。至数人以时间前后共有一所有权,分别享受所有权之某种权能,如 Raiser 氏所倡导者,不论其在法制史上有无此种制度,但就德国民法及台湾现行"民法"而言,皆乏依据。盖于此情形,谁为标的物所有权人,势将难以确定,与物权关系明确原则,显有未符。② 又 Raiser 先则主张,出卖人与买受人依时间前后共有标的物之所有权,继则又认为对出卖人仍应以所有人待之,而买受人所享有者仅系"所有权之期待权",其理论上亦欠一贯,何以因所有权分化而取得所有权一部分之出卖人尚系完全所有权人? 是否由于出卖人所取得之部分所有权较为重要之故? 我们于分析 Raiser 基于此种理论所推论之法律效果时,发现事实并非如此,买受人之权能远较出卖人所享有者广泛而强大,例如买受人占有标的物,系属自主占有,于解除契约前,出卖人不得请求返还标的物。③

(二) 台湾"现行法"之解释

在附条件买卖,标的物所有权之移转附停止条件,其成就系于买受人之支付价金;买受人并先占有标的物,其地位受法律之保护,具有财产价值,有使成为法律交易客体之必要,故特赋予权利性质,称之为期待权,此种期待权因系以取得标的物之所有权为目的,故又属物权期待权。精确言之,更可称为所有权之期待权。然此种期待权本身是否亦为物权抑或为其他性质之权利? 对此,法院迄未著有判例,无从论断。有学者谓:"此种期待权系以取得所有权为目的,则有关所有权之规定,可类推适用。"④此项论点,颇嫌笼统,对其性质,未为明确说明于解释

---

① Blomeyer, Ac P162, 195; Serick, Bd. Ⅰ, S. 207ff.
② Georgiades, S. 102ff.
③ Serick, Bd. Ⅰ, S. 247.
④ 黄静嘉,前揭书,第 44 页;林咏荣,前揭书,第 77 页。

适用之际,不免发生疑义。

就现行物权体系而言,物权可分为两类,即所有权及限制物权,任何物权非彼即此,体系严明,故关于买受人期待权之地位,首应依此体系加以判断。买受人之期待权非为所有权,甚为显然,盖当事人明白约定,于条件成就前,出卖人仍保留其所有权。其次,期待权亦非属民法上任何类型之限制物权,就其性质而论,亦难认为系为限制物权,盖买受人之期待权,系指取得所有权之地位,而所谓限制物权者,系以于一定界限支配标的物之权利,二者内容判然有别,实难相提并论。

然则,我们可否认为买受人之期待权系为一种特殊物权,法律虽未明白规定,但为判例或学说所创设,具有习惯法之效力?此点依余所信,亦难赞同,其理由并非因其违反物权法定主义之故。第 757 条规定,物权除本法或其他法律有特别规定外,不得创设。学者有认为,该条所谓法律,兼指习惯法,盖非如此,不免使物权类型过于硬化,难以适应社会生活之需要。① 吾人之所以认为期待权非即为物权者,系因其本身并未具备物权性质之故。

何谓物权?其性质若何?虽尚多争论,但依通说,系指直接支配标的物而享有其利益之具有排他性之权利。② 基于物权而生之对物支配,必具有独立性,自其所由发生之债权关系脱离,不受其影响。附条件买卖买受人对物之支配,并非因其享有期待权之故,而系基于买卖契约,系以债之关系为其媒介,为债权行为所左右,买卖契约无效或被撤销时,期待权即无所附着,而归于消灭。由是观之,买受人之期待权显然欠缺物权所应具之独立性,就现行法之体系以言,实不能认为其系属物权,申言之,即在民法所承认之各种物权外,并无买受人期待权此种类型物权之存在。

买受人之期待权自其发生以言,因买卖契约而成立,并与买卖契约同其法律上之命运;自其目的或功能以言,旨在取得标的物之所有权,系取得所有权之前阶段,因条件成就变为所有权。故在体系上,横跨债权与物权两个领域,兼具债权与物权两种因素之特殊权利,系一种"物

---

① 参见郑玉波,《民法物权》,第 16 页。
② 参见郑玉波,前揭书,第 11 页;史尚宽:《物权法论》,第 7 页。

权",但其具有债权上之附从性,系一种"债权",但具有物权之若干特性。① 此种特殊权利,在法律交易上如何处理,即为以下论述所拟研讨之重点,于讨论所涉及之各项问题时,应斟酌此种特殊权利之特色及功能,务期能符合当事人间之利益状态。

四、买受人之期待权与基础法律行为

(一) 出卖人履行债务问题

1. 清偿时

依"民法"第 348 条第 1 项之规定,物之出卖人负交付其物于买受人并使其取得该物所有权之义务。在附条件买卖,出卖人虽应使买受人先占有标的物,但无立即移转所有权之义务,所有权之移转系以价金清偿为条件,条件成就时,买受人即取得标的物之所有权,当事人无须再为任何表示,亦不问出卖人是否尚有让与之意思。兹有一问题焉,即出卖人依约定将标的物之所有权附停止条件移转于买受人,使其取得期待权时,是否即已清偿其债务,抑或必俟条件成就,买受人取得标的物所有权时,始算清偿?

对此问题,德国学说上则颇有争论。② 通说认为,欲解决此项问题,应先区别主观之给付行为(Leistungshandlung)与客观之给付效果(Leistungserfolg)。前者系指债务人已践行清偿债务所必须完成之行为;后者则指债务人已取得依债之关系所应获得之给付。③ 有学者认为,保留所有权之出卖人依买卖契约之内容仅负使买受人取得"附条件所有权"(bedingtes Eigentum)或期待权之义务,出卖人已将标的物之所有权附条件移转于买受人时,则无论从给付行为或给付效果以言,皆已为清偿。④ 亦有认为,依法律规定,出卖人负有使他方取得所有权之义务,附条件买卖之出卖人并不例外。当事人之约定保留所有权,其意义系指

---

① Georgiads, S. 113; Serick, Bd. I, S. 244ff.
② Serick, Bd. I, S. 116f.; Larenz, Schuldrecht II, S. 81; Esser, Schuldrecht II, S. 62f.; Georgiades, S. 120f.
③ Blomeyer, Schuldrecht, 1970, S. 8ff.
④ von Caemmerer, Umstellungsfragen, SJZ 1949, 816, 827; Kress, Schuldrecht, 1934, S. 414, Fussnote 59; Wiethölter, JZ 1961, 693, 694; Georgiades, S. 120f.

出卖人于价金清偿前虽先为给付,但其内容受有限制,即对所有权之移转附以条件,非可据此而认为出卖人所出售者系"附条件所有权"。①余亦以此说为是。准此,出卖人将标的物所有权附条件移转于买受人时,虽已完成给付行为,但于条件成就前,给付效果并未发生。至出卖人何时始为清偿,应视法律于个别规定所称之清偿或履行究系指给付行为或给付效果而定。"民法"第 309 条第 1 项规定:"依债务本旨,向债务人或其他有受领权人为清偿,经其受领者,债之关系消灭。"该条所谓之"清偿"系指给付效果而言;至于"民法"第 219 条所称之"履行债务"系指给付行为而言。

2. 权利瑕疵担保义务

依"民法"第 349 条之规定,出卖人应担保第三人就买卖标的物,对于买受人不得主张任何权利,出卖人不履行此项义务时,买受人得依债务不履行之规定行使其权利。然则出卖人应于何时履行此项担保义务? 于出卖人附条件移转标的物之所有权并使买受人取得期待权之时? 抑或于条件成就,买受人取得所有权之际? 在解答此项问题之先,首应确定第 349 条对第 348 条第 1 项而言,究系就其给付行为或给付效果予以补充。在附条件买卖,买受人自出卖人丧失标的物所有权而归由其取得时起,始得主张权利瑕疵担保之权利。盖在此之前,出卖人仍为物之所有人。因此,出卖人于条件成就,给付效果发生时,始应履行瑕疵担保义务,惟在条件成就前,第三人就买卖标的物主张权利,使买受人于条件成就时,有不能取得其所有权之虞者,出卖人应即排除之,盖出卖人即将标的物所有权附条件移转于买受人,依契约内容,应注意给付效果亦能发生。②

(二) 买受人之期待权与基础行为之关系

在附条件买卖,所有权之移转系以支付价金为条件,故使条件完成者并非系任何金钱之支付,而系价金之给付,从而出卖人因买受人给付迟延或其他原因而解除契约者,则买受人纵再支付全部价金亦不能发生条件成就之法律效果,申言之,即买受人之期待权终不能变为所有

---

① Vgl. Seriek, Bd. I, S. 16ff.
② Serick, Bd. I, S. 126.

权。在出卖人依法撤销契约之情形,亦然。由是观之,期待权之存续,能否强化而成为完全权利,完全系于基础行为之效力。至出卖人在解除或撤销契约后,再接受买受人所提出之价金者,在解释上应认为系重新缔结买卖契约及所有权之移转行为。在此情形,所有权移转之效力,应就支付价金之时期决定之,自不待言。①

尚有应注意者,买卖契约无效而买受人仍为价金支付者,出卖人固得拒绝。若出卖人接受价金而双方皆不知买卖契约无效者,基于物权行为无因性之原则,应认为所有权仍为移转。若仅出卖人知悉其为无效者,则似宜认为出卖人系以买受人完成取得所有权之条件受领价金,而有其效力。反之,若仅买受人知悉买卖契约无效,而出卖人不知者,则不发生所有权移转之效果,因此,"民法"第101条明定,因条件成就而受利益之人,如以不正当行为促其条件之成就者,视为条件不成就。

五、占有关系与出卖人之取回权

(一) 当事人之占有关系

1. 期待权与占有关系

在附条件买卖,于条件成就前,出卖人仍为标的物之所有人,但买受人已先占有标的物,因此,在当事人间产生了特殊占有关系,成为一项颇具争论之问题。于此最重要而首应说明者,系买受人占有标的物之法律基础。买受人之占有标的物系基于买卖契约,纯为债权上之关系,故当事人间之占有关系亦应依此而决定。在主倡期待权为物权之学者,则多认为买受人基于此种具有物权性之期待权,对于标的物享有物的占有权,具有绝对、直接对抗出卖人之效力。② 此种观点,实难赞同。买受人之期待权非为物权,前已述及。其次,在保留所有权买卖,出卖人于买受人违约时,得不解除契约而取回标的物,此为德国判例及学者之通说,其在台湾地区,更有明文规定(参阅"动产担保交易法"第28条)。在设定质权之情形,质权人纵未尽善良管理人之注意,保管质

---

① Flume, AcP 161, 388.
② Bauknecht, NJW 1955, 1251; Zunt, NJW 1956, 1420; Westermann, Sachenrecht, 1966, S. 216; Bauer, S. 545; Raiser, S. 62, 73f.

物,所有人亦不得主张取回标的物,在附条件买卖,法律状态判然有别,由是可知,买受人之期待权并不具有对世之效力。

2. 占有之形态

占有依占有人于事实上是否占有其物为标准,可分为直接占有与间接占有。占有人事实上占有其物者,为直接占有,其本于一定之法律关系而对事实上占有其物之人有返还请求权者,谓之间接占有(参阅"民法"第941条)。在附条件买卖,买受人基于附条件买卖契约事实上占有标的物,为直接占有人,出卖人为间接占有人。买受人依约定履行契约,尤其依约定支付价金时,享有占有标的物之权利,并为有权占有,出卖人不得请求返还占有物。当买受人不依约定偿还价款或有其他违约行为致妨害出卖人之权益时,其占有即变为无权占有,出卖人得依"动产担保交易法"第28条规定行使取回权。

占有以占有人之意思为标准,可分为自主占有与他主占有,以所有之意思而占有其物者,谓之自主占有(Eigenbesitz);反之,为他主占有(Fremdbesitz)。在附条件买卖,条件成就前,买受人之占有标的物,系属他主占有,即非以所有之意思占有标的物,盖其明知于给付迟延,而出卖人解除契约或行使取回权时,应返还标的物。

德国通说亦认为,保留所有权买卖之买受人占有标的物系为他主占有,自20世纪初期以来,时有学者否认出卖人系间接占有标的物,极力主张买受人自主占有之理论,但其所持见解,亦未尽一致。1902年Thiesing认为,在条件未成就前,出卖人不得行使取回权,买受人仅于给付迟延而出卖人解除契约,条件不能成就时,始无占有标的物之权利,故原则上应认为买受人系自主占有。① 此说显然忽略了买受人给付迟延时,出卖人得不解除契约,而仅为担保之目的而取回标的物。1909年,Kress教授于其《占有》一书中,虽承认保留所有权买卖合于《德国民法》第868条(相当于台湾"民法"第941条)之文义,但否认出卖人系间接占有人②,其目的旨在阻止出卖人依让与间接占有之方式,使善意第三人取得标的物之所有权,致买受人之权益遭受损害。自今日期待

---

① Vgl. Thiesing, Ist der Veräußerer einer beweglichen Sache, die er dem Erwerber unter Eigentumsvorbehalt übergeben hat, unmittelbarer Besitzer? Arch Bürg R 20(1902), S.240, 224.

② Kress, Besitz und Recht, 1909, S.167, 193.

权之理论以言,Kress 之顾虑已失其依据,盖依通说买受人之期待权,应视为系第三人对物之权利(Das Recht eines Dritten an einer Sache),出卖人以指示交付方法移转所有权者,准用《德国民法》第 936 条第 3 项规定,买受人之期待权仍不消灭。1933 年 Brodmann 赞同 Kress 氏之论点①,基尔克(Gierke)虽引述 Thiesing 之见解,但皆未说明理由。② Blomeyer 及 Raiser 或基于保留所有权系为质权,而买受人为所有人之理论,或基于共有所有权之观点,强调买受人系自主占有标的物,自为其学说之当然结论。又最近 Serick 教授采取折中之态度,略谓"买受人于条件成否未定期间,应尊重出卖人所有权,故以他主占有标的物……但其基于期待权,依自己权利得将标的物视为自己所有范围内,系为自主占有"。③ Larenz 教授对此持有异议,认为买受人一方面为他主占有,同时又以期待权人身份自主占有标的物,此种状态,诚难想象。④

综上所述,关于附条件买卖之占有关系,可概述如次:买受人之占有标的物系基于具有附条件内容之买卖契约,而非基于期待权,买受人于条件成就前,虽享有期待权,但尚非为标的物之所有人,故为他主占有,并为直接占有,在其依约定履行契约时,并为有权占有,出卖人不得请求返还标的物。

(二) 出卖人取回标的物之制度

1. 序说

在附条件买卖,买受人先占有标的物,应以善良管理人之注意保管或使用标的物("动产担保交易法"第 13 条),未经出卖人之同意更不得擅自将之出卖、出质或为其他处分。盖出卖人借保留所有权以担保其债权,故标的物价值或状态之保持与维护,对出卖人之利益,所关至巨,买受人之行为足致损害时,则法律不能不有救济之道,此出卖人取回标的物制度之所由设。

依"动产担保交易法"第 28 条规定,标的物所有权移转于买受人前,买受人不依约定偿还价款,完成特定条件或将标的物出卖、出售或

---

① Vgl. Plank/Brodmann(1933), § 868 BGB Anm. 2b.
② Vgl. Gierke, Privatrecht Ⅱ, 1905, § 114, 5.
③ Serick, Bd. Ⅰ, S. 235.
④ Larenz, Schuldrecht Ⅱ, S. 82, Fussnot, 5.

为其他处分,致妨害出卖人之权益者,出卖人得取回标的物。买受人不于一定期间内履行契约回赎标的物者,出卖人得将标的物再行出卖。此种取回及拍卖程序,系"动产担保交易法"关于附条件买卖,规定最详细、最具特征,也是在解释适用上争论最多之制度,其中尤以取回权之法律性质,最难究明。因之,拟略述德国法及美国法上相关之制度,以资比较,借以显示问题之所在,并作为吾人论证之依据。

2. 取回制度之比较研究

(1) 德国法。《德国民法》对于保留所有权及解除契约虽设有规定,但对于出卖人取回标的物,则无明文,学说判例认为,基于保留所有权之本质及其担保债权之功能,买受人不依约定履行义务,清偿不能或其行为违反契约,尤其因不当使用标的物,致危害出卖人之担保利益时,出卖人得取回标的物(Rückforderung der Sache)①,至于取回标的物后之法律效果,学者见解颇不一致。早期有德国学者认为,出卖人取回标的物时,契约并未解除,标的物之价值与出卖人可得请求之价金债权相当者,买受人之债务视为业已清偿,标的物之价值低于出卖人可得请求之价金债权者,买受人就其差额仍负有给付之义务,但超过时,则应返还于买受人;亦有认为出卖人取回标的物后,得为买受人之计算,依关于质权之规定,变卖标的物,以满足自己之债权。② 此两种理论欠缺法律之直接依据,且有混淆质权与保留所有权之处,致未被普遍接受。依判例及学界通说,出卖人取回标的物后,买卖契约依然存在,价金请求权未因时效而消灭者,出卖人仍可请求,并于买受人给付价金时,再返还标的物,故出卖人于买受人给付迟延时,不解除契约而主张取回标的物者,其目的系取消自己关于移转占有之先给付(Vorleistung),以恢复同时履行之状态。③

以上系就一般保留所有权之情形而言。保留所有权买卖属于分期付价行为法之分期付价行为者,依《德国民法》第5条规定,出卖人基于保留所有权取回标的物时,得为解除契约。该条立法目的,系在保护买

---

① Larenz, Schuldrecht Ⅱ, S. 81; Serick, Bd. Ⅰ, S. 183f;关于德国联邦法院最近见解,请参见 BGH JZ 1971, S. 184, mit Anmerkung von Jürgen Blomeyer(慕尼黑检察官,与前述 Arwed Blomeyer 并非同一人)。

② Vgl. Jaffe, Der Eigentumsvorbehalt beim Kauf, 1910, S. 75f.

③ Larenz, Schuldrecht Ⅱ, S. 82 mit Nachweisen.

受人,盖于分期付价买卖,出卖人原多索价金,买受人所以愿意支付高金者,系由于清偿前,得先占有使用标的物。出卖人取回标的物后,买受人已无法使用,若必须支付全部价金,始能取得标的物所有权,衡诸情理,实有未妥,故法律明定,出卖人取回标的物者,视为解除契约,使当事人负返还受领给付之义务。

(2) 美国法。《美国统一附条件买卖法》(以下简称《统一买卖法》)对于出卖人取回标的物,规定甚详。该法共计38条,其中关于取回制度者,约占三分之一。《美国统一附条件买卖法》(简称《统一买卖法》)于1911年开始实施,但为1952年制定之《统一商法》(Uniform Commercial Code)所取代。台湾现行"民法"所参考者系《统一买卖法》,故以下专就此说明之。《统一商法》之规定,因限于篇幅,特为省略。①

依《统一买卖法》第25条规定,买受人届期未偿付价款,或不履行其取得物品财产权应履行之条件,或违反其经明示如有违反即得由出卖人取回标的物之承诺时,出卖人得依和平方法或经由司法途径,取回附条件买卖之物品。出卖人得在取回前20日以外、40日以内之期间,将因买受人违约而欲取回物品之意思,以书面通知买受人,买受人经通知后不于所定取回之期限内履行其已经违反之义务时,出卖人得取回物品(《统一买卖法》第26条)。如出卖人未依《统一买卖法》第26条之规定,将取回之意思为通知时,出卖人应将取回之物品,在该物品于取回时所在地之州内保存10日,在该10日期间内,如买受人对在取回时已届清偿之契约金额及其利息为给付或为给付之提出,或对取得物品财产权之停止条件为履行或为履行之提出,或对经明示如有违反即

---

① 《统一商法》制定前,动产担保之方式甚多,主要者有附条件买卖、动产抵押以及信托占有等,其内容未尽一致。《统一商法》于第9条规定担保交易(Secured Transaction),其目的在于简化及统一诸此上述经济发展中所形成之各种不同担保交易制度。《统一商法》仅规定一种担保方式,即担保约定(Security Agreement),并以之取代附条件买卖、动产抵押及信托占有等概念。《统一商法》第9条共分5节:① 简称、适用性及定义。② 担保约定之效力及当事人之权利。③ 已完成保全及未完成保全之担保利益、位次之规则。④ 登记。⑤ 债务人不履行。关于债权人取回标的物系规定于第5节内。施文森氏曾多次著文详为介绍,颇值参考:《动产担保交易》,载《铭传学报》第7期;《动产担保利益之次序》,载《政大学报》第20期;《动产担保契约与保全》,载《政大学报》第21期;《动产担保交易之标的物》,载《政大法学评论》第1期。

得由出卖人取回物品之承诺为履行或为履行之提出,并偿付因取回、保管及储藏所生之费用时,买受人得回赎物品而恢复其对该物品之占有,并继续履行其约定(《统一买卖法》第 27 条),出卖人取回物品后 10 日内,买受人不为回赎,且买受人于取回时,已偿付债款达买卖之半数者,出卖人应在取回后 30 日内再出卖之(《统一买卖法》第 28 条)。在取回时,买受人所付之价款未达物品买价之半数者,出卖人无依第 28 条规定为再出卖之责任,但在取回后 10 日内,买受人得请求出卖人再出卖标的物(《统一买卖法》第 29 条)。再出卖所得之价金,应依下列顺序分配之:① 再出卖之费用。② 出卖人得请求之取回、保管及储藏费用。③ 契约之应付余额。依上项顺序分配后,其剩余之价金应返还买受人(《统一买卖法》第 30 条)。再出卖所得价金不敷分配时,出卖人得向买受人或承当买受人义务之人,请求偿付(《统一买卖法》第 31 条)。物品不为再出卖时,出卖人得将物品视同自己所有而保留之,并且不负向买受人为计算之义务,买受人之一切履行义务亦免除之(《统一买卖法》第 32 条)。

(3) 结语。《德国民法》及美国《统一买卖法》,关于附条件买卖出卖人取回标的物之规定,已略述如上。分析比较之,可得以下结论:

就取回标的物之原因言,德、美两国规定,大致相同,至于取回标的物后之法律关系,德国早期部分学说与美国法之规定,有若干类似之处,即出卖人得出卖标的物,就其价金满足债权。但今日德国通说,则与美国法不同,盖依前者,取回标的物后,关于双方当事人之权义,恢复同时履行之状态,依后者,买受人不履行契约回赎标的物时,出卖人得出卖标的物,就其价金受清偿。再就买卖契约之存续以言,德国通说明白承认,除保留所有权买卖应适用分期付价行为法者外,买卖契约依然存在,并未解除,关于《美国统一买卖法》,美国学者亦有采相同之解释,盖契约若已因取回而解除,出卖人不得主张价金债权,无设立再出卖制度之必要。因之,依该法规定,取回及再出卖,系实现契约,而非解除契约(Enforcement of contract, not rescission of it)。整个制度系实现契约之简易救济方法(A summary remedy for the enforcement of the contract）。①

3. 取回之法律性质

台湾现行"动产担保交易法"上附条件出卖人取回标的物之法律性质若何？此为附条件买卖制度上学者间论争之重要问题，其见解之不同，直接影响法律之解释适用，故有详予究明之必要。

（1）学说之检讨。

① 解除权效力说。林咏荣先生于其《动产担保交易法新诠》一书，曾对取回之法律性质，作如下说明：契约当事人之一方迟延给付者，他方当事人得定相当期限，催告其履行，如于期限内仍不履行时，得解除其契约，此为"民法"第254条所规定关于契约解除之原则。附条件买卖契约，亦为契约之一种，本条之规定，原可适用之，惟"动产担保交易法"第28条第1款第1项对于买受人不依约定偿还价款，亦即迟延给付者，已另定其行使物权与债权之方法，亦即取回标的物，并以之再行出卖，所订附条件买卖契约，因之而失其效力（"动产担保交易法"第29条）。此项契约之失效，乃基于取回权之行使，故取回权之行使，亦生解除权之效力。基此，《德国分期付价行为法》第5条，直以标的物之取回权，视为解除权而行使之也。②

此种观点，颇值参考，但尚有若干疑义，有待研讨。所谓"附条件买卖契约之失效，乃基于取回权之行使，故取回权之行使，亦生解除权之效力"。此句命题，其所表现之逻辑结构为："（A）出卖人行使取回权者，附条件买卖失其效力；（B）附条件买卖失其效力者，生解除权之效力；（C）取回权之行使，亦生解除权之效力"。依吾人之分析，（B）项前提缺欠实体法上之依据，似难成立。或谓：依民法规定，当事人解除契约者，契约失其效力，由于"动产担保交易法"第29条规定，标的物取回后附条件买卖失其效力，故取回权之行使亦生解除权之效力。通说认为，解除权之行使，契约之效力溯及自始消灭，此项理论，尚有待检讨。③

---

① 参见 Vold, Law of Sales. 1959, p. 295: "The seller's power of retaking for default is only a summary informal foreclosure of asecurity interest."
② 林咏荣，前揭书，第705页以下。
③ 参见拙著，Die Anwendbarkeit der §§346ff. BGB auf den gesetzlichen Rücktritt im Bürgerlichen Recht, 1968（ungedruckte Münchener Dissertation）, S. 9ff. ; vgl. Larenz, Schuldrecht Ⅰ, 20ff.

纵认为解除权之行使致契约失其效力，依吾人见解，亦不能因"动产担保交易法"第29条有"附条件买卖失其效力"一语，即据以主张取回权之行使亦生解除契约之效力。再就其体系而言，该法第29条"附条件买卖契约失其效力"一语，仅指出卖人取回标的物，未受买受人再行出卖之请求，或于30日之期间内，出卖人未为再出卖之情形而言。对于出卖人已再出卖标的物之情形，并不适用之。如此，取回权之行使是否生解除权效力，将因标的物再出卖与否而不同矣。标的物再出卖时，不生解除权之效力；反之，则生解除权之效力，此项见解实难赞同。或曰：第29条第2项"附条件买卖契约失其效力"一语，应类推适用于第一项标的物再出卖之情形，此项解释，显与法律规定不合，盖依现行"民法"规定，再出卖之程序在使出卖人得就卖得价金受偿，契约若因行使取回权而解除，出卖人对买受人未偿价金已失其请求权，依法根本不得再出卖标的物，就其卖得价金受偿。

② 附法定期限解除契约说。黄静嘉先生于其《动产担保交易法》一书，对取回权之法律性质说明甚为详尽，立论最称一贯，深值注意。依其见解，取回系附有法定期间之解除契约，出卖人取回买卖契约标的物，契约尚未解除，须至回赎期间已过，买受人不为回赎时，契约始行解除。买受人不待回赎期间经过，即为再出卖之请求，或因有急迫情事，出卖人不待买受人回赎，径行再出卖者，亦生同样效果。解除契约后，原则上双方应负恢复原状之义务，出卖人取回标的物，其所受领之标的物应返还买受人，买受人对使用标的物之代价及所致之损害应负赔偿责任。因使用标的物之代价及损害赔偿，往往不易确定，故法律采用再出卖之方式以清算解约后双方之权利义务关系。换言之，再出卖仅为确定请求范围之方法，出卖人由自己受领，但因契约解除而应返还之价金中，扣除经由再出卖所确定买受人使用标的物之代价及损害赔偿，如有余额，应返还买受人，如有不足，出卖人仍得继续追偿。买受人不于一定期间内为再出卖之请求，而出卖人亦于取回标的物后之30日内未再出卖者，系双方放弃清算，出卖人无偿还买受人已付价金之义务，出卖人亦失其费用及损害赔偿请求权。①

此项见解，构思极称精妙，对于若干问题之说明，亦颇能言之成理。

---

① 参见黄静嘉，前揭书，第44页以下。

惟将再出卖程序解释为确定买受人使用标的物之代价及损害赔偿范围之方法,与法律规定相违,似难赞同。盖"动产担保交易法"第30条规定:"……第18条至第22条,对于附条件买卖之出卖人及买受人准用之"。依此,附条件买卖标的物为可分割者,于拍卖得价足以清偿债务及费用时,应即停止(准用"动产担保交易法"第19条第2项规定),买卖标的物卖得之价金,应先抵充费用,次充利息,再充原本,如有剩余应返还买受人,如有不足,出卖人得继续追偿(准用"动产担保交易法"第20条规定)。此项见解很为呆板,准用"动产担保交易法"第20条规定,实不可通,应作合理解释。① 依余所信,准用"动产担保交易法"第20条,其内容与前述《美国统一附条件买卖法》第30条之规定相当,并无不通之处,所以认为不可通者,盖由于其拘泥于取回系解除契约之故。解释法律应以法律规定内容为依据,若先有定见,再变更法律以适合自己之构想,难谓妥适。

再者,认为再出卖标的物,仅为确定请求范围之方法,与一般经验法则,亦有违背,盖为确定标的物使用之代价及损害赔偿之范围,尽可依估价之方法为之,其他民事法规,莫不如此,利用耗时费力,手续复杂之再出卖程序,似无必要。

(2) 本文之观点:就物求偿说。"动产担保交易法"关于附条件买卖所规定之取回制度,应解释为系出卖人就物求偿价金之特别程序。出卖人保留所有权之目的既在于保障价金债权,故出卖人基于保留之所有权,取回标的物者,其目的亦在满足未偿之价金债权。再从整个取回制度以言,其内容与强制执行,基本上似无差异。"动产担保交易法"之取回,类似"强制执行法"之查封;买受人之回赎类似"强制执行法"之撤销查封;出卖程序类似"强制执行法"之拍卖程序。至于"动产担保交易法"第19条第2项及第20条规定,系分别参照"强制执行法"第72条及第74条拟定,立法理由书曾有说明。因此,无论从保留所有权之功能及制度之内容以言,"动产担保交易法"关于附条件之出卖人取回标的物之规定,系实现价金债权之程序,应无疑义。

论者或曰:"标的物既为出卖人所有,自无就自己所有物变价受偿之理"。此为对上述见解所可提出之最大疑义,亦是学者犹豫不愿承认取回

---

① 参见黄静嘉,前揭书,第51页注4。

系出卖人就物求偿程序之主要原因。实则,此项疑义不足为虞,可以借解释方法排除之。吾人可认为,出卖人于取回后再出卖时放弃保留之所有权,条件因而成就,买受人取得物之所有权。① 亦可认为,"动产担保交易法"既然规定出卖人得就自己之物变卖求偿,则法律拟制标的物之所有权已移转于买受人。更可认为,此系法律规定之制度,而不必再为理论上之解释。总之,无论如何说明,就现行"动产担保交易法"规定之内容以言,取回制度,系出卖人就标的物求偿其对买受人可主张价金债权之程序,实无庸置疑。

4. 取回标的物之要件及实施

(1) 取回标的物之原因。附条件买卖之出卖人何时得取回标的物,如何取回,对当事人权益影响甚巨,宜由法律明文规定之。"动产担保交易法"第28条第1项规定:标的物所有权移转于买受人前,有下列情形之一,致妨害出卖人之权益者,出卖人得取回占有标的物:① 不依约定偿还价款者。② 不依约定完成特定条件者。③ 将标的物出卖、出质或为其他处分者。所谓其他处分,应认为除法律上之处分外兼指事实上之处分,尤其是买受人未尽善良管理人之注意或使用标的物之情形在内,始能与第13条之规定前后呼应,以维护出卖人之担保利益。

(2) 取回标的物之实施。关于标的物取回之实施,依"动产担保交易法"第30条规定,应准用动产抵押权人实施占有抵押物之程序。依之,出卖人实行取回标的物前,应于3日前通知买受人交付之,此项通知应说明事由并得指定履行契约之期限,如债务人到期仍不履行契约时,出卖人得出卖标的物,出卖后,买受人不得请求回赎标的物(第18条、第17条第1项)。买受人拒绝交付时,出卖人得声请法院假扣押。如经登记之契约载明应径受强制执行者,得依该契约声请法院强制执行之(第17条第2项)。出卖人已将标的物出卖或出质于第三人时,出卖人可否对其行使取回权,应视该第三人是否为善意及附条件买卖已否登记而定。第三人为恶意,或虽为善意,但附条件买卖已登记者,出卖人得追踪标的物之所在地而占有之(参阅第5条)。

所谓声请法院强制执行,其意义如何,颇多争论。有谓系指由法院强制取回标的物归由出卖人占有,有谓系指由法院依"强制执行法"之规定

---

① Vgl. Serick, Bd. Ⅱ, S.319f.

占有及拍卖标的物。① 主倡前说者认为本法对于抵押权人(附条件买卖之出卖人)取回标的物,其回赎或出卖,设有详细规定,则其所指之强制执行自系指由法院取回标的物归债权人占有,使其得进行求偿之程序,实务亦采此见解。②

(3) 买受人之回赎标的物。出卖人取回标的物后,买受人得于一定期限内履行契约,并负担占有费用,回赎标的物。回赎之目的,在于阻止出卖人就标的物实现债权,回赎之结果,在于使买受人得一面依契约之约定履行债务,完成取得标的物所有权之条件,一面继续占有使用标的物。

买受人回赎标的物之期间,可分为法定期限及出卖人指定期限两种,法定期限为出卖人取回标的物后 10 日内("动产担保交易法"第 18 条第 3 项)。关于出卖人所指定之期限,"动产担保交易法"未设任何限制,原则上,出卖人得自由定之,不得妨害买受人回赎标的物之利益,故出卖人指定买受人应于数分钟内履行契约者,其行使债权之方法,显然违背诚实信用原则,应不生效力。

买受人未于上述法定或出卖人提出之期限内回赎标的物时,于拍卖日前可否再为回赎,法无明文,应认为回赎期限之主要目的,既在限制出卖人提前再出卖标的物,借以保护买受人,且拍卖之目的,又无非在于满足出卖人之债权,故买受人于拍卖日前负担费用,履行契约回赎标的物,无妨害出卖人债权之虞者,为保护买受人之利益,应无不许之理。

买受人回赎标的物,依"动产担保交易法"第 30 条准用第 18 条之规定,除负担出卖人取回标的物之费用外,尚须履行契约,至其内容,因取回原因之不同而生差异,兹分别情形论述之:

① 因买受人之迟延给付而取回标的物者,如买受人之迟延给付为最后一期价金,买受人应为该项最后一期之给付,并因其完成条件而取得标的物之所有权。倘买受人之迟延给付非为最后一期时,则"动产担保交易法"所谓之"履行契约",究系指契约之全部履行,抑仅指迟延给付部分之履行,颇滋疑义。③ 惟本法所定之"履行契约",似不应解释为买受人应履行全部之给付,盖于分期付价买卖,价金原较一般市价为高,若买受人因

---

① 参见黄静嘉,前揭书,第 34 页注 2。
② 1971 年台上字第 3206 号判决。
③ 参见黄静嘉,前揭书,第 46 页以下。

一期之延迟给付,即应清偿全部价金,对于买受人之保护,实欠周密,且将抵触"民法"第 389 条关于期限丧失约款之规定。然则,吾人可否准用"民法"第 389 条之规定,即原则上买受人应为全部清偿,但于买受人并未有连续两期给付之迟延,而迟延之价款,亦未达全部价金五分之一者,则依原契约之定期履行之。① 对于此点,吾人亦有疑义,盖"民法"第 389 条之规定,系对"约定买受人有迟延时,出卖人得即请求全部请求支付全部价金"之限制。换言之,该项之适用,系以当事人有约定为前提,当事人若无约定,似难准用。职是之故,所谓履行契约,在解释上似应认为系指偿还已迟延之给付而言,故标的物之被取回之原因,为当期给付迟延者,买受人得仅为当期之给付,而恢复标的物之占有。出卖人若感不便或恐其权益受妨碍,自可依规定解除契约。

② 因买受人不依约定完成特定条件,或将标的物出卖、出质或为其他处分,致妨害出卖人之权益而取回标的物者,所谓履行契约,究系指支付全部价金,抑或指完成特定条件或改正违反契约行为而言,亦颇有疑问。解释上应采后说。因此出卖人于回赎期间内,完成约定之特定条件,如提供适当保证人者,应属履行契约。

(4) 标的物之再出卖与当事人之权益关系。买受人得于出卖人取回标的物 10 日内,以书面请求出卖人将标的物再行出卖,出卖人纵无买受人之请求,亦得于取回标的物后 30 日内将标的物再行出卖("动产担保交易法"第 29 条第 1 项)。再出卖之实施,应准用动产抵押权实行之规定("动产担保交易法"第 30 条),标的物有败坏之虞,或其价值显有减少,足以妨害出卖人之权利,或其保管费用过巨者,出卖人于取回后得立即出卖("动产担保交易法"第 30 条准用第 18 条第 3 项后段),除上述急迫情形,须立即出卖者外,标的物之再出卖应经 5 日以上公告,就地公开拍卖之,并应于拍卖 10 日前以书面通知买受人。标的物可分割者,拍卖得价足以清偿债务及费用时,应即停止。出卖人本人或其他家属亦得参加拍卖,买受标的物,至于出卖程序,除本法规定外,并应依"民法债编施行法"第 14 条规定办理。出卖人占有或出卖标的物,未依上述程序办理者,买受人得请求损害赔偿。

附条件买卖出卖人就标的物为拍卖时,对于拍卖物应否负瑕疵担保

---

① 参见黄静嘉,前揭书,第 47 页。

责任,说法不一。主肯定说者谓:依"动产担保交易法"所施行之拍卖,性质上为"私的拍卖",从而拍卖物买受人对于物的瑕疵,有担保请求权。① 学者主张应采否定说者,其主要理由略谓:"'动产担保交易法'上之拍卖人——附条件买卖之出卖人,动产抵押权人或信托人——在通常情形下,既未占有拍卖物;而其在实行占有时,如发现其有瑕疵者,依本法规定又可将其立即出卖,故对拍卖物应不负瑕疵担保责任,如此始足以贯彻本法之精神。"②

对于上述正反两种见解,本书认为应采后说,但立论略有不同,即不以拍卖人是否占有拍卖物,为其应否负瑕疵担保之标准,而认为应另寻依据。查学说所以认为司法机关所为之拍卖,拍卖物买受人就物之瑕疵,无担保请求权者,其所持理由为:司法机关所为之拍卖,系属公法上之处分行为,如仍适用"民法"所定之一般原则,承认买受人对于物之瑕疵,有担保请求权,则拍卖程序,将受其阻碍。且在拍卖动产,须先经公告,应买人于拍卖期日之前,亦有充分机会,阅览拍卖物之种类、数量与品质,倘有瑕疵,应可察觉,买受人之利益,不致受到重大妨害。③ 吾人认为,诸此理由,在"动产担保交易法"上之拍卖,亦可适用。盖于附条件买卖标的物之拍卖,虽由出卖人私人为之,但系基于法律之规定,为实现其债权之法定方式,与"民法"债编第 391 条以下所规定之拍卖,其法律上之性质,固有不同。拍卖之能顺行无碍,对于出卖人权益关系甚巨,况于"动产担保交易法"上之拍卖,亦须有 5 日以上之公告,应买人于拍卖前,亦有充分阅览拍卖之机会,基于上述观点,吾人认为,"动产担保交易法"上附条件买卖出卖人对于拍卖物亦不应负物之瑕疵担保责任。

标的物出卖后,其卖得价款应如何处理,因学者对取回之法律性质见解不同而生差异。黄静嘉先生认为,附条件买卖因取回而解除,并失其效力。再出卖之目的仅为确定出卖人得向买受人请求使用标的物代价及损害赔偿范围之方法。经取回再出卖之标的物,系出卖人所有物,其卖得价款,应归出卖人,受领价金则于扣除费用、上述经再出卖确定之标的物使用代价及损害赔偿后,如有余额,应返还买受人,如有不足,出卖人得继续

---

① 参见黄静嘉,前揭书,第 34 页。
② 林咏荣,前揭书,第 112 页。
③ 参见汪祎成:《强制执行法实用》,第 211 页;孙德耕:《强制执行法实用》,第 184 页。

追偿。依吾人见解,买卖契约并未因出卖人取回标的物而解除。出卖人对于受领之价金不必返还,再出卖标的物系出卖人对于买受人未依约定支付价金就物求偿之方法。其卖得之价款于扣除费用、利息及买受人应偿还之价金外,如有剩余,应返还买受人,如有不足,出卖人仍得继续追偿。此项见解之理论依据前已述之,兹不重赘。

(5) 标的物未再出卖时当事人之权义关系。依"动产担保交易法"第29条第2项规定,出卖人取回标的物后,未受买受人再行出卖之请求,或于30日内未再出卖标的物者,出卖人无偿还买受人已付价金之义务,契约失其效力。依此规定,出卖人得保有业经附条件移转所有权于买受人之标的物,不必再为给付,且无向买受人为计算之义务。买受人亦免除履行价金及对标的物损害赔偿之义务。"动产担保交易法"第29条第2项"附条件买卖契约失其效力"一语,意义不甚明显,依余见解,系对上述当事人权利义务关系之说明,学者有据此而认为,取回权之行使亦生解除权之效力者,其说未见其是。按本项规定,系由"动产担保交易法"草案第34条演变而来。依该条规定:"……30日之期间内未再出标的物者,出卖人无偿还买受人已付价金之义务,所订附条伴买卖契约失其效力。"该条所谓解除契约规定之责任,系指免除买受人继续支付价金义务,自极显然,与"民法"第254条以下所规定之解除契约,其意义固有不同。又查"动产担保交易法"第29条第2项规定,系仿自《美国统一附条件买卖法》第32条:"……物品不再出卖时,出卖人得将物品视同自己所有而保留之,且无向买受人为计算之义务,买受人亦免除一切履行之义务。"由是可知,立法草案及立法例,皆足支持前述之见解。

(三) 定型化契约条款与取回制度

1. 附条件买卖与定型化契约条款

"动产担保交易法"关于附条件买卖设有若干强制规定,依该法第14条之规定:"债务人抛弃本法所规定权利之约定无效。"除此之外,当事人原则上可依合意约定彼此间之权利义务关系。如前所述,保留所有权之制度系现代经济之产物,而现代企业订立契约多以定型化契约条款为之,即由企业者事先订定一种典型标准之文件,详载当事人间之权义关系,而由相对人对之为承诺,因此保留所有权之约定仍与定型化契约条款互相结合,难以分离矣!

"动产担保交易法"实施后,企业厂商为保留所有权之约定而使用定型化契约条款者,堪称普遍;和泰汽车股份有限公司、台湾胜家实业股份有限公司、大同股份有限公司等皆其著例。此等厂商之产品营销台湾各地,其所订立之各项条款,关系一般人民权益至巨,实有特别提出讨论之价值。

综观目前各厂商所使用之保留所有权约款,可归为两类:① 在契约书上明白表示其为"动产担保交易法"上之附条件买卖,和泰、胜家等公司皆采用此种方法;② 仅在申购交款保证办法中加以规定,如大同公司在其分期付款订购大同电器产品申购交款保证办法第7项第2款规定:"本货品买方未完全付清全部价款前,应负妥为保管之责,并不得出让转售,经发现上节情形,卖方得收回本货品,并要求一切赔偿,其所有权属于卖方。"

再就所订立之条款实质内容分析之,则多在保障出卖人自身之利益,其中尤以有关取回标的物为显著,兹摘其要点分述如次:

(1) 加重买受人取得所有权之条件,例如买受人履行契约书条款之规定后,须再经出卖人书面承诺,始取得标的物所有权。

(2) 强化出卖人之取回及处分权,例如出卖人取回标的物前,得不先通知买受人,取回后得径予处分。

(3) 除保留所有权外兼采人之保证,并订明须为连带保证,有多达6人者,对债权之保障,可谓极尽其能事。

(4) 剥夺买受人之期限利益,例如规定买受人对于分期付款,如有一期不履行即视为全部到期,出卖人得即追偿全部货款或无偿取回标的物。

(5) 未到期之分期付款预开支票给付,并订明买受人所交付之票据因存款不足,拒绝往来户或其他原因致被退票者,出卖人得即请求全部价金。其所以要求买受人开具支票者,除结算之方便外,亦具有加强买受人心理负担,促其履行契约之作用,盖支票若不获兑现,买受人须负刑事责任,必尽力维护其信用。

2. 定型化契约条款之成立、性质、解释原则与内容之控制①

定型化契约条款通常系由企业或厂商将印妥之文件交予相对人,张

---

① 关于定型化契约条款(Allgemeine Geschäftsbedingungen,简称 AGB),文献甚多,其最重要者为 Ludwig Raiser, Das Recht der allgemeinen Geschäftsbedingungen, 1965; Weber, Allgemeine Geschäftsbedingungen, 1967, mit umfassenden Nachweisen.

贴于营业所或以其他方法公告周知,原则上定型化契约条款之订定人于缔约时,应将其事实告知相对人,但某种企业如保险或运输等于交易上有使用定型化契约条款之惯例,而相对人可得而知者,制定人无特别告知之义务。相对人于缔约时,对定型化契约条款,无论知悉其内容与否,未表示异议者,解释上应认为默示同意。① 至于企业使用定型化契约条款订立契约,其主要原因不外三点:① 统一规定契约之履行时、履行地及法院管辖地,使企业经营合理化。② 保障债权,出卖人于价金清偿前,约定保留对标的物之所有权,或加强取回或处分权,即其著例。③ 移转或限制企业之责任及危险,其中以免责条款、失效条款或失权条款,最具代表性。

定型化契约条款系适用于多数不特定营业行为之一般规则,故亦具有规范之性质,但企业并无制定法律之权限,定型化契约条款,亦难谓为公民法律意识所支持,故其本身并不具有法律规范之效力(normative Geltung des objektiven Rechts),是以定型化契约条款必须基于当事人之合意,始能发生拘束力,故形式上亦属契约法之范畴。惟就实际情形观之,定型化契约条款之成为契约内容,并非基于地位相等双方当事人之自由磋商之合意,系由企业一方所制定,相对人对其内容并无讨价还价之余地,与契约自由原则,实多未符。诚然,相对人对不合理之条款得予拒绝,但于今日社会,水电等事物,固为人人所必用,其他电器用品,缺之生活亦难圆满,拒绝缔约,势为不可能,故实际上,相对人缔约自由,亦不克保有!

定型化契约条款具有规范之性质,适用于不特定之法律行为,因之于所有适用之案件,应采统一解释原则。德国帝国法院认为,定型化契约条款之使用范围,超过一个高等法院之管辖区域时,关于其解释之疑义,得作为第三审上诉之理由。② 战后联邦法院亦采同样见解,并认为解释定型化契约条款应适用关于解释法律之方法,即应依客观之原则,探求契约之内容,斟酌契约之经济目的,不能拘泥于个别案件之特性及当事人主观之见解。③ 此外,条款内容有疑义时,原则上亦应作有利于相对人之解释,定型化契约条款之制定人应负担其意思表示不完全而生之不利益。

定型化契约条款之使用虽系基于企业合理经营之需要,但企业常挟

---

① Larenz, Schuldrecht Ⅰ, S. 67.
② RGZ 81, 117; 124, 332; 13, 62.
③ BGHZ 22, 113; BGH MDR 1959, 120.

其优越经济地位,订定不利于相对人之条款,相对人或疏于注意或迫于情事,予以接受,其中尤以免责条款、期限利益条款最受批评。因此,如何控制此等不利于相对人之条款,乃成为现代各个国家或地区法律之重大课题。① 关于此点,可分立法、行政及司法三方面言之。立法机关可制定必要之强制规定,不容当事人放弃或以合意变更之。"动产担保交易法"第14条规定:"契约约定动产担保交易之债务人,抛弃本法所规定之权利者,其约定为无效。"即其著例。至于所谓行政控制,主要系指企业所制定之定型化契约条款,非先经主管行政机关核准,不得使用。此种控制方法,在保险业已有先例,依"保险业管理办法"第29条规定,各种保险费率及保险条款,除情形特殊,有国际性质之保险外,均应先呈经"财政部"核准始得出单。"动产担保交易法"并无相当规定,故关于附条件买卖定型化契约条款效力之控制,仍由法院负担其主要责任。条款内容有悖于公共秩序、善良风俗者("民法"第72条),法院可宣告其无效,自不待言。此外,一般契约条款并应受诚实信用原则之规律,亦无疑问,故其内容显与契约正义(Vertragsgerechtigkeit)相抵触时,法院应否认其效力。惟应注意者,个别条款虽经宣告无效,全部契约并不因之而失效,原契约并不因之而失效,原契约仍继续存在,至其无效部分则依契约解释或由法律任意规定补充之。

3. 实例分析

关于定型化契约条款之解释及其内容之控制,已略如上述,兹就台湾地区厂商所订之若干条款,试作实例分析。

(1) 取回后径予处分之约定。如汽车股份有限公司附条件买卖契约书第4条订定,出卖人于买受人违约时得不先通知乙方,"取回后得径予处分",如有不足买受人应即"补足差额"。所谓得径予处分者,其真义若何,实费猜测,若系指出卖人得不依动产担保交易法所规定再出卖之程序处分标的物,则依"动产担保交易法"第14条规定,应认为无效;盖出卖人取回标的物,原则上应在占有标的物后一定期间内为公告,并应于拍卖前10日以书面通知买受人("动产担保交易法"第30条,准用"动产担保交易法"第19条),俾买受人得行使其回赎权,立法目的旨在保护一般薄

---

① 参见 Eike von Hippel, The Control of Exemptional Clauses, The International and Comparative Law Quarterly, 1967, pp. 591-612.

于资力、缺乏交易经验之买受人也。

（2）期限利益丧失条款。如台湾厂商使用保留所有权约款,几皆订明："买方不于约定日期给付任何一期价款时,本公司得请求给付全部价金。"依"民法"第 389 条之规定："分期付价之买卖,如约定买受人有迟延时,出卖人得即请求支付全部价金者,除买受人迟付之价额已达全部价金五分之一外,出卖人仍不得请求支付全部价金。"本条系属强制规定,不容当事人以自己之意思,任意变更,故前述价金一期迟延,出卖人得即请求全部之约款,仍应受本条规定之约束。

（3）无偿取回货品并请求折旧费。如依分期付款订购大同电器产品申购交款办法第 7 项第 3 款规定,申购人拖欠货款两期以上时,全部价款视为到期,卖方得无偿收回货品,并请求"折旧费",所谓无偿收回货品并请求"折旧费",在解释上究应认为系解除契约或"动产担保交易法"之取回,颇滋疑义。查前开大同交款办法对于收回货品之程序,买方之回赎,及再出卖之期间,皆无规定,似难认为其所约定者,系"动产担保交易法"上之取回权,应解释为系解除契约,较合乎当事人之本意及其利益状态。

六、买受人期待权之让与

（一）期待权之让与性

保留所有权买卖之买受人于条件成就前之地位,具有财产价值,价金偿还愈多,其价值愈大,此种地位,若能成为法律交易上之客体,对买受人甚为有利。基此理由,学说及判例特承认买受人地位为期待权。再者,承认期待权人得处分其法律地位,对其他当事人言,亦无何不利之处。期待权受让人于条件成就时,即取得标的物所有权。对出卖人言,条件成就时,由何人取得标的物所有权,一般言之,亦无甚利害关系可言。

在德国法上,买受人得处分其期待权,曾经历长期之发展阶段,最初判例认为,买受人仅得处分其"所有权取得请求权"（Eigentumsverschaffungsanspruch）,或仅能依出卖人之授权,处分其尚保留所有权之标的物。其后经学说详尽之研究,帝国法院于 1933 年承认期待权得为让与之客体,但尚认为此项让与应得出卖人之同意。直至 1956 年,联邦法院（BCHZ 20, 88f.）经学者极力之敦促,始放弃此项买受人处分其期待权,应得出卖人同意之要件。至台湾学者论及买受人期待权者,皆明白肯定其让与性。①

期待权之让与系买受人对自己财产之处分,其所让与者,系自己之权利,无须出卖人之同意或协力,故与无权处分标的物所有权之情形,其性质迥然不同,应严予区别。于条件成就前,买受人以自己名义处分标的物所有权者,系属无权处分,此项处分于出卖人再让与授权范围内为之或事后经其承认者,完全有效。反之,则不生效力,但买受人于处分后,因偿还价款,完成条件而取得标的物所有权时,其处分自始有效(参阅"民法"第118条)。至善意第三人能否在此之前取得标的物所有权,依现行规定,应视附条件买卖已否登记而定。附条件买卖未登记时,善意第三人取得其所有权。反之,若附条件买卖业经登记者,因具有对抗效力,出卖人仍得行使取回占有之权利。

(二) 让与之方式与占有之问题

买受人期待权让与之方式,应类推适用关于动产所有权之规定,依"民法"第761条之规定,动产所有权之让与,应以交付标的物为要件。民法上之交付有"现实之交付"与"观念之交付",前者乃让与人将其对动产之现实的直接管领力,移转于受让人之谓。后者非真正之交付,乃占有之观念上移转,系为交易上之便利而采取之变通办法,其情形有三种,即简易交付、指示交付及占有改定,于期待权之让与,亦应适用。

在期待权之让与,既须交付标的物,故标的物通常系由受让人占有之,然依当事人所缔结之买卖契约,常明白约定买受人非经出卖人同意不得将标的物移离买方之现住址,违反者,出卖人得解除契约或取回标的物。纵无此种约定,解释上亦常可认为买受人非经同意,擅将标的物交由他人占有,致有损害出卖人利益之虞时,出卖人得本于其所保留之所有权取回标的物,盖任意移动标的物,难免损坏其完整性,有碍权利之行使,对出卖人之利益,关系至巨。职是之故,关于期待权之让与,自债权法之观点以言,应得出卖人之同意,否则出卖人得对占有人行使取回权,惟此对期待权让与之效力,并不生影响。至买受人依担保让与之方式,即为担保债权之目的,依信托约款将期待权让与债权人时,则不在此限,盖此时买

---

① 参见黄静嘉,前揭书,第44页;林咏荣,前揭书,第77页。

受人仍占有标的物,于契约义务并无违反。①

(三) 期待权让与之法律效果

期待权之受让人虽因让与而取得所有权之期待权,但不因此当然继受买受人基于买卖契约所生之地位,出卖人只能向买受人请求价金,对期待权受让人则不得主张任何契约上之权利,惟受让人得经出卖人同意,以契约承担之方式(Vertragsübernahme),概括承受基于契约关系所生之债权、债务及其他附随之权利义务。契约承担与仅让与债权或承担债务,在本质上有所不同,民法就此未设规定,但交易上颇多适用,尤其是在双务契约,第三人概括继受附条件买卖买受人之地位,即其著例。②

在期待权让与之情形,受让人于买受人完全清偿价金,完成条件时,即取得标的物之所有权,受让人之取得标的物所有权,究系由出卖人直接取得,抑或经由买受人之财产而取得,关系当事人利益甚巨,在学理上尚有争论,兹举一例以说明之:商人某甲向四海汽车公司,以附条件买卖方式购买白马牌汽车一辆,约定于价金全部清偿前,由出卖人保留标的物之所有权,其后甲为担保之目的,将其期待权让与乙,在价金清偿前,汽车因车祸受损,由甲送往车厂修理,依间接取得说,车厂对于其修缮费,得就汽车主张留置权,盖条件成就时,买受人先取得标的物之所有权,留置权因而成立。惟依直接取得说,期待权受让人,系由出卖人直接取得所有权,并不经过买受人之财产,故不成立留置权。二说之间,依余所信,应以后说为当③,盖非如此,不足保护受让人之利益。

七、买受人期待权之保护

附条件买卖买受人期待权所受之损害有来自出卖人,亦有来自第三人。关于其保护亦应分别此两种情形讨论之。

---

① 关于此项问题请参见 Serick, Bd. Ⅰ, S. 260ff.; Georgiades, S. 24f, 124f.
② 关于契约承担,参见郑玉波:《民法债编总论》,第 495 页; Esser, Schuldrecht Ⅰ, 1969, S. 95; Larenz, Schuldrecht Ⅰ, S. 361ff.
③ 对此问题,德国判例学说争论甚烈,自联邦法院 BGHZ 22, 20, BGHZ 22, 88 等判决之后,直接取得说已成为通说,详细请参见 Serick, Bd. Ⅰ, S. 266; Raiser, Dingliche Anwartschaften S. 23; Baur, Sachenrecht, S. 461f.

(一) 出卖人侵害之保护

1. 概说

"民法"对于附条件权利设有保护规定,依第 100 条规定,附条件之法律行为之当事人于条件成否未定前,若有损害相对人因条件成就所应得利益之行为者,负赔偿责任;又依第 101 条第 1 项规定,因条件成就而受不利益之当事人,如以不正当行为,阻其条件之成就者,视为条件已成就。诸此规定,于附条件买卖亦应适用之,自不待言。出卖人损害买受人之利益,有基于事实行为,例如毁损或减少标的物之价值;亦有基于法律上之处分者,例如出卖人将附条件买卖标的物再让与他人,或在其上设定质权、动产抵押,或使发生留置权,因而导致买受人与其他权利人间严重利益之冲突,如何解决,殊值研究。①

2. 出卖人再让与标的物

在附条件买卖,出卖人于价金清偿前,仍保留其对标的物之所有权。在条件成就前,出卖人将标的物再让与第三人时,即发生两个问题:① 第三人能否取得所有权? ② 买受人之地位如何保护? 此项问题,系属附条件权利保护之范畴,故应先就此说明之。

附条件权利在条件成就前,应受保护,一般皆设有规定,惟其保护之方法与范围,则不尽一致。附条件权利之侵害为事实行为者,例如,甲与乙约定将某物附条件赠与乙,其后甲将该物故意毁损时,依法、瑞等国民

---

① 现行"民法"历规定之动产担保物权计有两类,即质权与留置权。留置权系由法律规定而发生,系属法定物权,故动产担保物权基于当事人意思而发生者,实仅质权而已,期类至为贫乏。因之,立法者另创设动产抵押权及具有担保物权性质或效力之附条件买卖与信托占有。具有担保性物权之种类既多,因而形成各种冲突之类型。就附条件买卖而言,买卖当事人得出卖标的物、出质、设定动产抵押等,并可能发生第三人对标的物主张留置权。诸此权利冲突之情形,如何圆满解决,诚属不易。推其原因,约有三端:① 学者对于"民法"上若干制度之解释适用,意见未尽一致,留置权能否善意取得,即其著例。② 附条件买卖之买受人于价金清偿前,对于标的物享有期待权,固为通说所承认,但其性质如何,迄无定论。此种状态,对于解决附条件买卖当事人与第三人间所发生之权利冲突,增加甚多困难,学者对于若干问题,见解之歧异,实渊源于此。③ "动产担保交易法",关于动产抵押权与其他权利间之位次,设有较详之规定(参阅该法第 24 条、第 25 条及第 31 条之规定),但于附条件买卖,则多乏明文,因之,关于动产抵押权之规定,在何范围之内,可予准用,迭生疑义,并因动产抵押本身之规定,未够周详,而益增其复杂性,关于此点,俟后再予详论,兹略而不赘。

法,甲应负损害赔偿责任①;其损害行为系属法律行为者,如在前例,甲将约定赠与乙之物出卖予第三人时,其法律效果如何,规定互有出入,依《德国民法》第161条规定,当事人之处分于减损附条件处分标的物法律行为效力之范围内,失其效力,惟因处分行为而受利益之第三人为善意且无过失时,仍受法律保护。台湾未设与《德国民法》第161条相当之规定,学者解释,颇有不同。有认为附条件权利之保护,仅具有债权效力,相对人只能对加害人基于侵权行为之规定,主张损害赔偿请求权,而不能向第三人请求返还其应得之利益②;有认为侵害附条件权利之法律行为,如为物权行为且具公示方法,得对抗第三人者,则有害于附条件权利之处分无效。③

上述关于因法律行为损害附条件权利而生之保护问题的争论,应以后说为是,即附条件之法律行为如已具备公示方法而得对抗第三人者,其侵害附条件权利之处分无效。基此观点,附条件买卖之出卖人出卖标的物时,其效力如何,应视附条件买卖已否登记而定。兹分别情形说明之:

(1) 附条件买卖业经登记。附条件买卖契约业经登记者,依"动产担保交易法"第5条规定,得对抗善意第三人。因之,附条件买卖登记后,出卖人将标的物,再让与第三人时,则如前所述,其处分因侵害附条件权利而无效。然此项效果,须俟条件成就时,始行确定,自属当然。故在此情形,第三人纵为善意,亦不能取得标的物所有权,只能向出卖人请求损害赔偿。

(2) 附条件买卖未经登记。出卖人于附条件买卖关系存续中,将标的物让与第三人,而附条件买卖契约未经登记时,其法律效果,依吾人见解,应视出卖人让与所有权之方式,究为现实交付或指示交付而定。

① 以现实交付方式让与所有权。在附条件买卖,买受人占有标的物,是为原则,但于若干情形,出卖人亦常占有标的物,如因标的物有瑕疵,由出卖人取回修理,即其著例。在此种情形,出卖人以现实交付方式将标的物让与第三人时,该第三人若为善意,其能取得所有权,固无问题;若为恶意,则其能否取得所有权,不无疑问,关于此点,可有肯定与否定两

---

① 参见洪逊欣,前揭书,第426页;李宜琛,前揭书,第289页;郑玉波:《民法总则》,第277页及第278页所附各国立法例。
② 参见梅仲协:《民法要义》,第97页。
③ 参见洪逊欣,前揭书,第426页;郑玉波:《民法总则》,第277页。

种见解。依肯定说,第三人系自所有权人受让权利,自应能取得所有权,但第三人既明知附条件买卖之事实,而受让其权利,故依其情形,常可构成侵权行为。依否定说,第三人既明知甲已将标的物所有权附条件移转于他人之事实,其恶意受让所有权,应不受保护。二说之间,余较赞同后者,盖附条件买卖非经登记,虽不得对抗善意第三人,但对恶意第三人仍得对抗之。

② 以指示交付方式让与所有权:在附条件买卖通常系由买受人占有标的物,在此种情形,出卖人将标的物让与第三人时,系采指示交付之方式,此即"民法"第761条第3项"让与动产物权,如其动产由第三人占有时,让与人得以对于第三人之返还请求权,让与受让人,以代交付"之规定。出卖人以指示交付之方式将附条件买卖标的物让与第三人时,第三人能否取得所有权,殊值研究,论述之前,应先说明一项原则,即,出卖人以指示交付方式让与所有权时,第三人于标的物上之权利,是否消灭。关于此点,《德国民法》第936条第3项设有明文。依该条规定,以返还请求权方式让与所有权,第三人对标的物享有权利者,其权利对善意第三人仍不消灭。① 台湾虽无明文,但应作相同解释,故某甲以己物移转占有于乙设定质权后,再以指示交付方式将标的物让与第三人时,乙之质权并不消灭。同理,留置权成立后,所有人以指示交付之方法将留置物之所有权让与第三人时,留置权仍然存在于第三人取得物之上。

据上所述,以指示交付方式让与标的物者,第三人对于该物之权利并不消灭,所谓第三人对标的物之权利,原则上系指质权或留置权等物权而言。买受人之期待权既具有物权效力,前述原则,对其应有适用余地,故附条件买卖之出卖人以指示交付之方式将标的物再让与第三人时,买受人之期待权仍然继续存在于该物之上,并于清偿全部价款,完成条件时,取得标的物之所有权。②

3. 在标的物上设定质权

附条件买卖之标的物,通常系由买受人占有使用,若于例外情形,出卖人占有标的物而将之出质于第三人时,第三人能否取得质权,依现行规

---

① Baur, S. 419, 461, 564f.; Westermann, S. 241f.
② Vgl. Serick, Bd. Ⅰ, S. 445. 参见刘得宽:《分期付款买卖与法律问题》,载《政大学报》第20期,第103页。

定,应视附条件买卖已否登记及质权人是否为善意而定。附条件买卖业经登记者,或虽未经登记,而质权人为恶意时,出卖人设定质权之处分,害及附条件买受人之期待权,应属无效。

4. 在标的物上设定动产抵押

"动产担保交易法"第31条规定:"经依本法设定抵押之动产,不得为附条件买卖之标的物。违反前项规定者,其附条件买卖契约无效。"出卖人于附条件买卖成立后,再就标的物为其他债权人设定动产抵押时,其法律效果如何?法无明文。应视附条件买卖是否已登记而定其效力。

5. 在标的物上发生第三人之留置权

附条件买卖标的物原则上由买受人占有,在例外情形,出卖人为修理标的物而取回,但因自己无法修理,转交某工匠代为修理时,该工匠对于修理费可否主张留置权?在动产抵押之场合,"动产担保交易法"第25条规定,抵押权人实行占有抵押物时,不得对抗依法留置标的物之善意第三人,善意第三人因而享有优先于抵押权人之位次。由是可知法律系优先保护善意留置权人。此项立法原则,于附条件买卖似亦应适用之,故出卖人占有标的物后,送请他人修缮或因其他事由发生留置权,而主张留置权人为善意时,附条件买卖纵经登记,亦不得对抗之。

(二) 第三人侵害之保护

1. 占有之保护

在附条件买卖,标的物通常由买受人占有,故为直接占有人,应受占有规定之保护。其占有被侵夺或妨害时,得行使自力防御。占有物已被侵夺者,买受人得就地或追踪而向加害人取回之(参阅"民法"第960条)。此外,买受人基于其直接占有,尚有占有物返还请求权及妨害除去或预防请求权("民法"第962条),可参考民法得之,无须详论。

2. 侵权行为法之保护

关于买受人期待权在侵权行为法上之保护问题,首应究明者,系此项期待权是否为"民法"第184条第1项所称之权利。学者对本条所称之权利,论述至称详尽,但对于第三人侵害期待权,可否构成侵权行为,似多未提及。买受期待权既属权利,且具有财产价值,与物权、准物权、无体财产权同,可成为侵权行为之客体,实无疑问,在德国已成为通说。①

买受人期待权应受侵权行为法保护,虽无疑问,然由于标的物之所有权,仍为出卖人所保留,因此当标的物受损害而减少其价值时,究竟何人得向加害人请求赔偿,尚有争论。在德国学说判例上,几乎所有可能解决之方法,皆曾被提出研讨,主要者:① 有谓加害人仅于条件成就时,始须赔偿期待权人所受之损害。② ② 有谓加害人应即向期待权人赔偿。③ ③ 有谓加害人应即向保留所有权人赔偿。④ ④ 有谓期待权人及保留所有权人为连带债权人,然由于债务人对于标的物之价值,仅须为一次之赔偿,故对何人为之,得自由选择。⑤ ⑤ 有谓应适用不可分债权之规定,使加害人向保留所有权人及期待权人共同为清偿。⑥ ⑥ 德国帝国法院认为,期待权人得依"第三人损害"(Drittschadensliquidation)之理论,请求赔偿。⑦ ⑦ 德国联邦法院在其关于此项问题之唯一判决(BGHWM, Teil IVB 57 515)中,另辟解决途径,认为期待权人得依自己之权利请求标的物之价值利益(Sachwertinteresse),但其赔偿额,仅限于侵权行为时已支付之价金,换言之,在期待权人与保留所有权人间产生了一种损害分配,而各人仅能请求其对于物之价值所享有部分之利益。因此,出卖人所能请求之赔偿,不得超过其尚可向买受人主张之价款,其超过部分应归期待权人所有。兹以一例说明之,假设买卖标的物之价金为 500 马克,买受人已给付 150 马克,尚有 350 马克未支付,而标的物毁损时价值为 300 马克。在此种情形,加害人应对保留所有权人赔偿 300 马克,买受人不能请求任何赔偿;反之,若标的物受损害时之价值为 400 马克,则买受人尚可分得 50 马克之赔偿。⑧

---

① Vgl. von Caemmerer, Wandlung des Deliktsrecht, in: Juristentagsfestgabe, Bd. Ⅰ, 1960, S.82; Flume, AcP 161, 399; Raiser, S.82ff.

② Georgiades, S.46; Serick, Bd. Ⅰ, S.273.

③ Vgl. Enneccerus/Nipperdey, Ⅰ, §197 Ⅰ 3; Oertmann, §823 BGB, Anm. 3h. 132; Wolff/Raiser, Sachenrecht S. 12.

④ Flume, AcP 161, 385, 400.

⑤ Prausnitz, Besprechung von Rühl, Eigentumsvorbehalt und Abzahlungsgeschäft, ZHR 99 (1934), S.97, 105f.

⑥ Serick, Bd. Ⅰ, S.278.

⑦ RGZ 170, 1(6). 关于 Drittschadensliquidation 之最新资料请参见 Horst, Drittschadensliquidation im Wandel der Rechtsdogmatik, 1971.

⑧ 此例采自 Raiser, S.80, Anm.194 而略加变更。

前述诸说之间①③⑥之见解,尚难赞同,盖既承认买受人之地位,系属权利,则当受他人侵害时,期待权人自得于条件成就前,即可主张其自己之损害。②说忽视保留所有权人之担保利益。④说主张由被害人自由选择,未能顾及买受人及保留所有权人对于标的物存有共同利益,亦难称允洽;德国联邦法院之判决,虽能斟酌当事人之权益,其缺点则在于保留所有权人及期待权人对于加害人得请求之数额,将因其内部清偿关系,时生变动,法律关系,不易确定。依余所信,应以⑤说最称允当,适用不可分债权之规定(第292条及第293条),使保留所有权人及买受人仅得为其共同利益向加害人请求损害赔偿,而加害人亦仅得向其债权人全体为给付,此不但符合当事人之利益,且能顾及其内部清偿关系,至于赔偿价金如何分配,当事人得自由决定。①

八、买受人期待权在强制执行法上之地位②

(一) 出卖人对买卖标的物之强制执行

1. 出卖人对买卖标的物变卖权之承认

标的物所有权移转前,买受人不依约定清偿价款时,出卖人可不解除契约,得于取得执行名义后,对买受人之财产为强制执行。在原则上,出卖人仅得请求到期之价金,附条件买卖如为分期付价买卖,纵约定买受人有迟延时,出卖人得即请求全部价金者,依"民法"第389条规定,除买受人迟付其价额已达全部价金五分之一外,出卖人仍不得请求支付全部价金。

出卖人就其价金债权,得就买受人之财产为强制执行,固无问题。若买受人无其他财产,或虽有财产但执行不易时,买受人可否径就买卖标的物求偿? 依"动产担保交易法"之规定,附条件买卖买受人不依约定偿还价金时,出卖人得取回占有标的物。出卖人取回占有标的物,若买受人未于一定期间回赎者,出卖人得依法定程序再出卖标的物,就卖得价金求偿。此种得就买卖标的物求偿之规定,对于出卖人颇为有利,理论上不免

---

① Vgl. Serick, Bd. Ⅰ, S.290f.
② 参见陈荣宗:《对于分期付款买卖标的物之强制执行》(上),载《台大法学论丛》第4卷,第1期(1974年10月),第221页。

有若干疑义之处,今由明文规定,实称允当。

兹有一问题焉,若出卖人得请求之价金债权已罹于时效者,出卖人是否仍得取回占有标的物,再为出卖,就其卖得价金求偿?按依"民法"第145条规定,以抵押权或质权担保之请求权,虽经时效消灭,债权人仍得就其抵押物取偿。① 德国有学者认为,出卖人之保留所有权具有担保物权之功能,其效力且较质权为强,故民法上有利于质权人之规定,对于保留所有权人亦应适用之,因而《德国民法》第223条之规定(相当于台湾"民法"第145条),对于保留所有权人亦有适用余地②,判例亦采同样见解。③

上述德国学者关于保留所有权买卖价金债权时效问题之见解,其结论应可赞同,但吾人对此之说明,则略有不同。时效之完成,并不使权利人之权利或请求权归于消灭,仅使债务人得主张时效抗辩权,拒绝其债权法上应为之给付而已。在保留所有权买卖,出卖人价金债权之请求权虽罹于时效,但出卖人所保留之所有权并未消灭,买受人因未依约定支付价款而变为无权占有,出卖人自得基于其所保留之所有权,行使物上请求权,取回标的物。质权与其所担保之债权具有从属关系,保留所有权与其所担保之债权并不具此性质,类推适用关于质权之规定,理论上仍有未妥。依"动产担保交易法"第28条规定,买受人不依约定偿还价金者,出卖人得取回标的物,故价金债权纵完成时效,出卖人仍得基于其所保留之所有权,行使取回权,出卖人取回标的物后,买受人不于法定或指定时期履行契约,回赎标的物者,出卖人仍得再出卖标的物,就其卖得价金受偿债权。

2. 依强制执行法变卖标的物

应再研究说明者,系出卖人除依"动产担保交易法"规定,取回占有标的物,再行出卖外,是否尚得依"强制执行法"之规定,对于买卖标的物依强制执行法之规定,予以查封变卖,就其卖得价金受偿?按"动产担保交易法"上之取回再出卖制度与强制执行程序相较,在基本结构上,颇多类似之处。强制执行之查封,相当于"动产担保交易法"之取回,查封后,

---

① 参见洪逊欣,前揭书,第634页。
② Vgl. Serick, Bd. Ⅰ, S.349ff.
③ BGHZ 34, 192.

债务人得于拍卖日前,提出现款,声请撤销查封,与买受人之回赎标的物,亦颇相类似;至执行处拍卖动产与出卖人再出卖标的物,其细节虽有不同,但基本思想,并无二致,"强制执行法"第72条及第74条两个条文,于"动产担保交易法"亦有相当规定(参阅"动产担保交易法"第23条)。至就二者主要不同言之,"强制执行法"第53条设有禁止对特定动产查封之规定,又依同法第69条,拍卖物之应买人就物之瑕疵无担保请求权,此二者,"动产担保交易法"皆无明文规定。综观此两种制度之后,可知"动产担保交易法"所规定之程序,较为简单,对于保留所有权之出卖人,较为有利。惟若出卖人不愿自己取回占有及再出卖标的物,欲假诸执行法院,对买卖标的物求偿时,自法律观点以言,是否可行?

对此问题,应采肯定之见解,其理由为:① "强制执行法"系规定人民实现其权利之通常制度,债权人可随时利用,不因其他法律另设有救济程序,而排除其利用。② 依"民法"第893条第1项规定:"质权人于债权已届清偿期,而未受清偿者,得拍卖质物,就其卖得价金而受清偿。"此种拍卖依1933年第980号解释,"质权人得径行为之",如不自行拍卖时,亦得声请法院拍卖,但应先取得执行名义而已("民法院大法官会议"1955年释字第55号)。由是可知,在"现行法"上,自行拍卖与依强制执行法声请法院拍卖,可以并行不悖。因此"动产担保交易法"特设规定,附条件买卖契约载明因不履行契约应径受强制执行者,出卖人得依该契约声请强制执行("动产担保交易法"第30条准用第17条规定)。依1972年度第一次民刑庭总会决议,对此项强制执行应径为许可与否之裁定。最值疑虑者,系出卖人对标的物尚保留所有权,因而产生一项问题,即在法律上债权人可否对自己所有之标的物为强制执行?"动产担保交易法"已明认出卖人得再出卖标的物,就其卖得价金求偿,在"强制执行法"上自应为相同解释。此项问题在德国亦颇有争论,通说认为,标的物既为买受人所占有(gewahrsam),则出卖人无论就未偿之买卖价金或其他债权,皆得对标的物为强制执行。强制拍卖产生了公法上征收标的物之效果。并为以后出卖人变卖标的物之基础。买受人系强制执行之债务人,并非《德国民事诉讼法》第771条(相当于"强制执行法"第15条)意义之第三人,故不得提起异议之诉,此项观点,可供参考。

兹应再予检讨者,系出卖人对标的物为强制执行之实体法上效果。由于出卖人之强制执行,致条件不能成就,买受人无法取得标的物之所有权,在此情形,出卖人之行为是否违反契约义务,致给付不能,应对买受人负损害赔偿责任("民法"第226条规定)？出卖人之行为得否认为系损害相对人因条件成就可得之利益,而应负损害赔偿责任("民法"第100条)？对此问题,应采否定说,甚为显然,盖出卖人对标的物为强制执行,系行使法定之权利;再者,买受人对于价金之偿还,既有迟延,则出卖人对标的物行使权利,满足其债权,致买受人因此不能取得其所有权,其行为难谓系属可归责,应不发生损害赔偿责任。

(二) 出卖人之债权人为强制执行

1. 对买卖标的物为强制执行

在附条件买卖,出卖人于价金清偿前,保留其对标的物之所有权,故尚为标的物之所有人,故其债权人原则上得基于此种权属关系对标的物为强制执行,在此种情形,买受人可否依"强制执行法"第15条规定,向执行法院提起异议之诉？该条所谓足以排除强制执行之权利,系指所有权或其他足以阻止交付或让与之权利而言,通说认为,除所有权外,质权及留置权皆有排除强制执行之效力,地上权、永佃权,仅能主张标的物拍卖后或管理中,其权利仍然存在,或行使优先受偿之权利,并无排除强制执行之效力。① 然则买受人之期待权可否认为系属足以排除强制执行之权利？

对此问题,台湾学者论述尚少。有学者认为,应依外观上之登记或登录是否可知孰为形式之所有人,而决定买主可否提起"强制执行法"之异议之诉。其说略谓:"于分期付款买卖契约里,于标的物交付同时,该标的物从卖主的财产分离,代之而产生买卖价金债权。卖主之一般债权人只得对价金债权予以强制执行;对标的物为执行时,买主得提起第三人异议之诉,为标的物为具有登录之动产(如汽车)时,由外观登记或登录即可知悉孰为形式上的所有人,这时,为对信任登录之卖主的债权人加以保护,买主对债权人之标的物执行,不得提起第三人异议"。② 此种见解,在现行法上并无依据,尚难赞同。

依吾人见解,买受人可否依"强制执行法"第15条规定,提起异议之

---

① 参见汪祎成:《强制执行法实用》,第82页。
② 参见刘得宽,前揭书,第109页。

诉,端视其期待权是否为足以排除强制执行之权利。对此问题,应采肯定说,买受人之期待权系取得标的物所有权之先阶段,于条件成就时,即变为所有权,是故出卖人之债权人对标的物之强制执行,势必侵害期待权人之利益,甚为明显,盖强制执行,必然剥夺买受人占有使用标的物,而占有使用标的物,系买受人分期付款支付高价之主要目的。再者标的物拍卖后,买受人纵依约定支付价金,亦无法取得其所有权,"强制执行法"第15条规定第三人异议之诉之法理,旨在使权利人之占有不因强制执行而受侵害,而维护其利益,由是观之,买受人之期待权,在解释上应认为系属该条所称足以排除强制执行之权利。[1]

2. 对价金债权为强制执行

附条件买卖出卖人之债权人对标的物为强制执行时,买受人得依"强制执行法"第15条规定提起异议之诉,已如前述。若果如此,则出卖人之债权人岂非毫无所得,只有自受损失?曰:不然,因附条件买卖之出卖人对于买受人尚享有价金债权,债权人得对之为强制执行。依"强制执行法"第115条规定,就债务人对于第三人之金钱债权为强制执行时,执行法院应依职权禁止债务人收取或为其他处分,并禁止第三人向债务人清偿,执行法院亦得以命令准许债权人收取,或将该债权移转于债权人,如认为适当时,得命第三人向执行法院支付转给第三人。

诚然,出卖人之债权人尚得对于出卖人之标的物返还请求权或交付请求权为执行,但买受人已依约定履行契约时,得拒绝出卖人之所有物返还请求权,故出卖人之债权人,事实上恐仅能对出卖人之残存价款为强制执行。

(三) 买受人之债权人为强制执行

1. 对买卖标的物为强制执行

在附条件买卖,通常系由买受人直接占有标的物,故买受人之债权人对买卖标的物为强制执行,在实务上最易发生。由于附条件买卖标的物之完整不受侵害,对出卖人之权利,关系甚巨,故买受人基于契约上之附

---

[1] Serick, Bd. I, S. 296f.

随义务(Nebenpflicht)①,于其债权人对标的物为强制执行时,除须提出证明,尽力阻止强制执行之实施外,并应即时通知出卖人,违反之者,依情形应负损害赔偿责任。出卖人因受买受人通知或其他事由,知悉他人正对其尚保留所有权之标的物为强制执行时,得证明自己之权利,请求买受人之债权人解除查封,停止强制执行,出卖人并得于强制执行程序终结前,向执行法院对债权人提起异议之诉。

强制执行程序终结后,对标的物保留所有权之出卖人不得提起异议之诉,仅能依"民法"规定,寻求救济。在此首应研讨者,系执行法院误将他人所有物查封并拍卖时,拍定人是否因拍定而原始取得拍卖标的物之所有权,抑或须具备善意取得之要件始能取得标的物之所有权,此点甚为重要,盖倘若拍定人不能取得标的物所有权,则出卖人得向其请求返还标的物。德国通说认为,拍卖系公法上之处分行为,不论拍定人是否善意均因拍定而取得所有权,但物之所有人对于恶意买受人得主张侵权行为,台湾有学者认为,强制执行法上之拍卖为公法上之处分,法院认为系私法上买卖。依私法买卖说,拍定人得依"民法"第801条及第948条规定即时取得标的物所有权,自无问题,但主倡公法上处分说者尚有认为,拍定人亦受民法即时取得之保护,其说前后未能一贯,甚为显然,盖强制执行法上之拍卖,既为公法上之处分,自理论以言,固应认为拍定人无论善意与否,均能取得拍卖标的物之所有权。诸说之间,余意认为,公法拍卖说较合强制执行法上拍卖之本质。此项问题,非本文范围,兹略而不论。②

买受人之债权人明知或因过失而不知其所强制执行之标的物,出卖人尚保留所有权时,应依第184条规定负侵权行为责任。1960年台上字第2322号判决谓:"侵权行为所发生之损害赔偿请求权,以有故意或过失不法侵害他人权利为其成立要件,若其行为并无故意或过失,即无赔偿之可言,第三人所有之财产,如有足以信其属债务人所有之正当理由,则请求查封之债权人,尚不得谓之有过失。"是亦承认债权人查封错误,有故意过失时,应负侵权行为责任。

---

① 关于契约附随义务(Nebenpflicht)有关资料,参见 Stoll, Die Lehre von den Leistungsstörungen, 1936; Larenz, Schuldrecht Ⅰ, S. 89(附有参考资料);Esser, Schuldrecht Ⅰ, S. 53ff.; Thiele, Leistungsstörung und Schutzpflichtverletzung, JZ 1967, 1490.

② 参见 Dunkel, Öffentliche Versteigerung und gutgläubiger Erwerb, 1970;拙文:《强制拍卖非属债务人之财产与拍定人之地位》。

保留所有权人之出卖人于其标的物被拍卖后,是否有不当得利返还请求权,如若有之,则究应以强制执行债权人抑或以债务人为返还义务人,尚值检讨。台湾判例学说对此问题,论述甚少。德国通说认为,丧失所有权者对债权人就拍卖标的物所得价金,有不当得利返还请求权,盖债权人对其债务人虽有债权,但对因拍卖标的物而丧失所有权之人而言,并无任何法律关系,足为其受领卖得价金之法律原因。①

2. 对期待权为强制执行

买受人之债权人对于附条件买卖之标的物为强制执行时,因出卖人提起异议之诉,明了标的物之权属状态之真相后,得转而向买受人之期待权为强制执行。期待权得为强制执行之客体,在德国已成通说。② 在台湾亦应采肯定之见解,盖此种期待地位,既经承认为权利且具有财产价值,其为一种财产权,得为强制执行之标的,自属当然。

买受人之债权人对买受人之期待权,为强制执行时,应如何实施,德国学者见解不一。有主张应依动产执行方式者(Sachpfändung),有主张依权利执行方式者(Rechtspfändung),亦有认为应就期待权连同标的物一起执行者,学者称之为双重执行(Doppelpfändung)。德国判例系采双重执行说。债权人对期待权之执行(参阅《德国民事诉讼法》第857条),可避免买受人处分期待权及排除出卖人提起异议之诉。对物之执行(参阅《德国民事诉讼法》第808条),因债务人并非为物之所有人,债权人尚不能立刻取得扣押质权,但可于所有权移转于买受人时,即发生扣押质权,若仅对期待权为执行,则不能发生此种效果,盖通说认为,对期待权之质权,不能以"物之质权"继续存在于标的物之上。③

此种双重执行程序,非仅手续繁重复杂,自理论而言,亦不足采取。期待权系属"强制执行法"第4章所称之其他财产权,所谓其他财产权,分为下列三种:① 债务人对于第三人之金钱债权("强制执行法"第115条)。② 债务人基于债权或物权,得请求第三人交付或移转动产或不动产之权利("强制执行法"第116条)。③ 不动产或动产及上述第一、二两项除外之财产权,买受人之期待权,依其性质,应属此种权利,极为显然。

---

① 参见蔡秀雄:《不当得利之研究》,第171页,对此问题论述甚详,足资参考。
② Baur, S. 580f.; Raiser, S. 86ff.; Serick, Bd. Ⅰ, S. 303ff.; Georgiades, S. 13f.
③ 同上注所引诸书章节。

此项权利之执行,依"强制执行法"第117条规定,除准用"强制执行法"第115条或第116条之规定外,执行法院并得酌量情形,命令让与或管理,而以让与或管理之收益清偿债权人。

对买受人之期待权为强制执行,将之拍卖或变价,在法律上,固属可能,但因缺少市场,其结果并不乐观。就期待权为强制执行,在台湾实务上,尚无其例,即在德国,保留所有权买卖已盛行数十年,关于买受人期待权之拍卖,亦寥寥可数,据Holtz报导,Zwickau简易法院(Amtsgericht)曾对其价值数百马克之期待权拍卖,但仅以10马克成交①,由斯可知,对期待权强制执行,实益甚小。

买受人之债权人对期待权为强制执行后,因买受人清偿价金而取得所有权时,债权人对于标的物可否径予执行,不无疑义。如德国立法例,对于多数债权人,就因强制执行所得之金额,应如何受偿,系采质权主义,即先声请查封之债权人,对查封物有质权存在,得排除其他债权人就查封物之卖得价金优先受偿。因此,于条件成就,买受人取得所有权时,其债权人对期待权之查封质权,是否变为对于物之查封质权,关系甚巨。通说系采否定说,其所以认为除权利之执行外,尚须物之执行理由,亦在于此。"强制执行法"对于价金之受偿,系采分配主义,问题较为简单,依吾人见解,买受人因条件成就取得标的物所有权时,其债权人应再依动产执行之程序,对标的物为强制执行,其他债权人就对期待权或标的物强制执行所得之金额,皆得依法参与分配,自不待言。

3. Raiser氏"出卖人优先受偿说"之检讨

前面所述关于买受人之债权人对标的物为强制执行时,所涉及之各种法律问题,系依据台湾之规定,并参照比较德国之判例学说,试加阐释说明。最近Raiser教授基于其出卖人与买受人共有标的物之理论,对通说若干论点,曾严厉抨击,其说颇值参考。Raiser教授谓:"双重执行,手续繁杂,耗时费力,对于债权人,实多困扰,近年来学说致力于寻求简便之方法,实有其道理。吾人若能明白认识整个责任法(Haftungsrecht)之基本思想,即任何人应以其财产之全部,对其债权人负责,则问题将易于解决。处于期待权下之标的物,非仅为保留所有权出卖人之财产,实亦为买

---

① Holtz, Das Anwartschaftsrecht aus bedingter Übereignung als Kreditmittel, Dissertation Kiel (1932), S. 1969; BGH NJW 1954, 1325(1326), kritisch dazu, Bauknecht, NJW 1954, 1749.

受人之财产,在期待权所及之范围内,应对其债权人负责。通说对标的物此种双重属性,认识未够充分,致将其全部归于出卖人之财产,而允许其以所有人之资格,提起异议之诉,其结果买受人所享有者,仅系一空洞之权利,对其扣押,虽亦可能,但不能就标的物为之。实则,在保留所有权买卖,标的物之所有权系分属于出卖人与买受人,期待权为所有权之部分(Eigentumsfragment),自亦及于标的物本身,并因此而成为期待权人之财产,故债权人依《德国民事诉讼法》第808条等规定,在期待权人处对买卖标的物为扣押,系属合法。出卖人所享有者,仅系一种受拘束、分裂之所有权,此时若尚能依《德国民法》第771条规定,提起异议之诉,迫使债权人解除查封或对其清偿价金,则其所享有者,远超过依法所应得之部分。吾人所应致力者,系如何调整保留所有权出卖人,与期待权人及债权人间之利益。现行"民事诉讼法"第805条对此种利益之调节设有合理之规定,即不占有标的物之质权或优先权之权利人,不能阻止对物之扣押,仅能请求优先受偿。此项规定,在保留所有权之情形,亦可类推适用之,故买受人之债权人对标的物为强制执行时,出卖人不得提起异议之诉,亦不得要求在变卖标的物前完全受偿,其所得主张者,系对拍卖价金之优先受偿权。"①

Raiser 所主倡保留所有权之出卖人于买受人之债权人对标的物为物之执行时,不得提起异议之诉,仅可主张优先受偿之理论,在德国学界,虽颇受重视,但并不为通说所采纳。然则依台湾现行"民法",可否采此观点? 不无研究余地。有在原则上赞成此种理论者,其说略谓:买主之债权人对标的物为强制执行时,出卖人不得提起第三人异议之诉("强制执行法"第15条),盖以标的物在交付以后属于买主之责任财产,买主之一般债权人可对之强制执行,但如此则对卖主显有不利,故往往在约款里,有鉴于此,以被他人执行为解除契约或期限利益丧失之事由,故标的物有受执行之虞时(特约中课予买主通知义务),得解除契约取回标的物,如订有当然解除契约款则,标的物经他人执行时,契约当然解除,以之缓和卖主之不利益。② 依此见解,出卖人虽不得提起异议之诉,但得约定解除契约,其未为约定者,出卖人得依"强制执行法"第38条规定,就拍卖价金

---

① Raiser, S. 91, 92.
② 参见刘得宽:《政大学报》,第20期,第109页。

请求优先受偿。①

Raiser 氏理论之重点,系以优先受偿权代替异议之诉。此种见解,难予赞同,盖在保留所有权买卖,出卖人于价金清偿前,仍为标的物之所有人,此种事实,在法律上更难否认;再者剥夺出卖人所保留之所有权,将其贬为类似质权人之地位,与当事人之意思,亦难谓合。诚然,Raiser 氏对此亦提出辩解,认为出卖人之所有权虽应受尊重,但因已受期待权之拘束,故其所受保护者,自不应超过其利益所及之范围,又出卖人所享有之权能,亦非仅系质权人之地位,盖其尚可于买受人支付价金迟延时,解除契约,使期待权归于消灭,而后再提起异议之诉。此项辩解,虽有若干值得参考之论点,但无论从法律之观点,或当事人之意思而言,皆难赞同,已有前述,兹不重赘。

从调整当事人间之利益之观点言,承认买受人之债权人对标的物查封拍卖时,出卖人得对之提起异议之诉,亦无何不当之处,因债权人可就期待权为执行,若恐期待权缺少市场,变卖不易,则尚可依第三人清偿之规定,向出卖人清偿价金,使条件成就,再对标的物为强制执行,此项清偿,对于债权人具有利害关系,买受人纵有异议,出卖人亦不得拒绝。("民法"第 311 条第 2 项)。依此观点解释适用法律,体系严密清楚,且能顾及当事人间之权义,实无另辟途径,以优先受偿权取代异议之诉之必要。至主张以解除契约代替异议之诉,更难苟同。此种见解,无异承认,因他人对标的物为强制执行时,出卖人必须自贬其地位,自甘放弃其因买卖可获得之利益,盖契约一旦解除,当事人双方应互负恢复原状之义务,即出卖人必须返还其所受领金钱,而取回业已使用多时,或已破旧不堪之物品,保留所有权之出卖人,愿为此种约定者,似不多见。②

九、买受人期待权在破产法上之地位

(一) 买受人破产

1. 买卖契约之履行问题

(1) 双务契约履行问题。在附条件买卖,债权关系与物权关系在概

---

① 参见刘得宽,前揭书,第 110 页。
② Georgiades, S. 136ff.; Serick, Bd. Ⅰ, S. 319f.

念上固应严予区别,但于解决实际问题时,二者却又彼此牵连,互相影响。此种事实在破产程序中尤为显著。保留所有权出卖人之法律地位,一方面常依存于买卖契约本身之命运,但在另一方面,与破产管理人处理买卖契约之权限又具有重大之关系。基此认识,兹先论述在破产程序中买卖契约之履行问题。

买卖契约系典型之双务契约,破产人于破产前与他人所订立之双务契约,于破产宣告时未履行完毕者,应如何处理,立法例多设有一般规定。例如《德国破产法》第17条规定,于破产宣告时,双务契约之当事人,迄未履行或尚未完全履行时,破产管理人得代替破产人履行或请求对方当事人履行契约;对方当事人要求时,纵履行期迄未届至,破产管理人亦应即表示是否请求履行契约,若不即为表示,不得再为履行之请求。① 又依《日本破产法》第59条及第60条规定,破产人与他人所订立之双务契约,于破产宣告时双方尚未履行完毕者,破产管理人得解除契约或履行破产人之债务而请求对方当事人履行其债务;对方当事人得定相当期间,催告破产人确答究竟解除抑或请求履行契约,破产人如于期间内不为确答,即视为解除。台湾"破产法"并未设一般规定,仅于第77条规定承租人受破产宣告时,虽其租赁契约定有期限,破产管理人得终止契约。因此破产人于宣告前,与他人订立双务契约所生之法律关系,于破产后应如何解决,殊待检讨。②

关于此项问题,法律有特别规定者,自应从其规定,此外仅能就"现行法"规定,依双务契约之本质,参酌法理,探求解决之道。依此,双务契约于破产宣告时,若仅破产人履行完毕者,破产管理人得向对方当事人请求履行;反之,若仅破产人一方未为履行者,则已履行完毕之对方当事人得以破产人所应履行之给付,为破产债权而行使其权利("破产法"第98条前段)。至若双务契约于破产宣告时,双方均未履行完毕者,破产管理人,可于监查人同意后,履行破产人之债务,以请求对方当事人履行对待给付("破产法"第92条第8款)。日本民法虽规定,在此种情形,破产管理人除请求履行外,尚可解除契约,台湾"破产法"未设相当规定,似难作相同

---

① Bühle/Stamschräder, Kommentar zum Konkursordrung, §17, Anm. 3a; Jaeger/Lent, §17 KO, Randnr. 11, S. 261f.; Lent/Jauring, Zwangsvollstreckungs-und Konkursrecht, 1963, 43 TV. 59 II。

② 参见钱国成:《破产法要义》,第99页以下。

之解释。破产管理人所履行之给付,系财团债务(参阅"破产法"第96条第2款)。对方当事人不履行时所生之损害赔偿请求权及违约金请求权及其他从属权利,均归于破产财团。

(2) 出卖人是否履行完毕。于破产宣告时,双务契约双方当事人是否履行完毕,对于当事人之权义及破产管理人权限之行使,关系甚巨,已见前述。附条件买卖之买受人于条件成就前,价金既未付清,其给付尚未履行完毕,自无疑问,但出卖人已将标的物之所有权附停止条件移转于买受人,并使其占有使用标的物者,其给付是否已履行完毕,颇滋疑义。吾人前于论述出卖人之履行问题时,曾谓关于此项问题之解决,应先分别给付行为与给付结果观察之,然后再依法律规范之意旨,检讨其究竟指何者而言。自破产法之观点以言,出卖人之履行究竟指给付行为抑或指给付结果,应以后者为是,即出卖人虽已完成给付行为,但于条件成就给付效果发生前,仍不得认为已履行完毕,盖于条件成就前,出卖人既仍为标的物之所有人,于买受人破产时,尚得行使权利取回标的物,故不能认为其已完成履行给付。①

(3) 破产管理人之权限。

① 请求履行。保留所有权买卖之买受人于条件成就前宣告破产者,应认为双方当事人均未履行完毕,已见前述。破产管理人得经监查人之同意,以该项价金之支付为财团债务履行之。此项给付,仍应依原来买卖契约所约定之内容为之,自不待言。惟应注意者,在附条件买卖价金系分期为之,尚未到期之价款依"破产法"第100条规定于破产时,视为已到期,故须一次给付,但可扣除自破产宣告时至到期时止之法定利息(参阅"破产法"第101条)。买受人在破产前给付迟延,出卖人依"民法"第254条、第255条、第256条规定解除契约者,如在破产宣告前解除时,对于其可主张之损害赔偿,得依破产债权行使其权利。倘认为破产宣告后亦得解除契约者,条件不能成就遂告确定,破产管理人无权继续占有标的物,故出卖人得自破产财团取回标的物。

② 拒绝履行。破产管理人就双方尚未履行完毕之双务契约可否拒绝履行,拒绝履行之法律效果如何?对此问题,台湾既未设明文,学说判例亦少论及。《日本破产法》规定,破产管理人得拒绝履行而解除契约,

---

① 参见 Savigny, System des römischen Rechts, Bd. 1, 1840, S. 206.

破产法未设相当规定,可否为同一解释,不无疑义。依《德国破产法》,破产管理人是否请求履行,契约有选择权,履行之拒绝并不导致原买卖契约之解除或消灭;契约依然存在,但其内容发生变化,即双方履行请求权(beiderseitige Erfüllungsansprüche)归于消灭,但出卖人(即对方当事人)因破产管理人此项选择权遭受损害时,得请求不履行之损害赔偿(Schadensersatzforderung wegen Nichterfüllung)。此项赔偿请求权系属破产债权。德国判例学说对上述诸点多表赞同,但对出卖人之损害赔偿请求权之性质,尚多争论。帝国法院认为,此系基于民法规定而发生,本质上系属积极侵害债权。Jaeger/Lent 教授认为,其系纯属破产法上之损害赔偿请求权,但关于损害赔偿之范围及其计算之方法,仍应依民法之规定为之。① 上述德国学说,殊值吾人参考。

2. 出卖人之取回权②

取回权者,不依破产程序,由破产财团中取回不属于破产人财产之权利也。破产财团之构成,以破产人所有之财产为限,故如非破产人之财产,致由破产人占有时,法律本着实体法保护财产真正所有人之旨,特赋其以取回标的物之权利。依破产法规定,取回权依其行使之方式,可分为一般取回权(参照"破产法"第110条),及出卖人取回权两种。附条件买卖买受人破产时,出卖人取回标的物之问题,因其情形特殊,兹分列情形说明之:

(1) 出卖人依"破产法"第111条之取回权。破产法对于买卖行为特别规定有出卖人之取回权,即出卖人已将买卖标的物发送,买受人尚未收到,亦未付清全价,而受破产宣告者,出卖人得解除契约,并取回其标的物,但破产管理人得清偿全价,而请求标的物之交付,本条规定于附条件买卖亦有适用余地,自不待言。

(2) 出卖人基于其保留所有权之取回权:对标的物保留所有权之出卖人,于买受人受破产宣告后可否依"破产法"第110条规定行使取回权,应采肯定说,似无疑义。至取回之要件,则应依破产法外一般法律之规定。破产管理人为履行之请求时,其对于标的物之占有系属有权占有,出卖人尚不得主张取回,但破产管理人请求履行后,其本身给付迟延时,出

---

① 参见 Savigny, System des römischen Rechts, Bd. 1, 1840, S. 206.
② 参见钱国成,前揭书,第137页以下;李传唐:《破产法论》,第144页以下。

卖人得于解除契约后,取回标的物,破产管理人拒绝履行时,出卖人亦得行使取回权。有学者认为,买受人受破产宣告契约未被解除时,出卖人虽不得行使取回权,但得行使别除权("破产法"第108条),对其价款优先受偿。① 依吾人见解,出卖人于价金受清偿前,对标的物保留所有权之目的,亦在担保债权,与其他担保物权之功能,虽无二致,但自法律观点言,出卖人仍为标的物之真正所有人,论其地位与质权人,显不相同,在法律上之处理,应加区别,不宜混淆,故不应适用别除权之规定。在现行"民法"上,出卖人于破产管理人给付迟延或拒绝履行时,可不解除契约,而依"动产担保交易法"之规定行使取回权,此种解决方法,对于当事人利益之权衡,亦无何偏悖不当之处,似较可采。

3. 出卖人之赔偿取回权(Ersatzaussonderungsrecht)

破产人或破产管理人将附条件买卖之标的物,让与第三人,其法律效果如何,亦应适用一般规定,即应视受让人是否善意或恶意而定,受让人系属恶意者,出卖人得本于所有权之追及效力,对第三人行使其权利,受让人若属善意,则依"现行法"应视附条件买卖是否登记而定,附条件买卖未经登记时,受让人依即时取得之规定取得标的物之所有权;若已为登记,则出卖人于行使取回权时得对抗之(参阅"动产担保交易法"第5条规定)。总之,在诸此情形下,无论破产财团是否受领其对待给付,标的物已不复存在于财团,应如何保护取回权人,各立法例设有不同规定。② 依《德国破产法》第46条规定:得自破产财团中取回之标的物,于破产程序开始前由破产人或于破产程序开始后由破产管理人让与他人时,权利人得请求移转对待给付请求权,若对待给付已于破产程序开始后归入财团者,权利人并得请求此项对待给付之给付。③ "破产法草案"对此问题,设有详尽规定。现行"民法"则乏明文,如何解释适用不无疑问。余意认为,前述《德国破产法》之规定,可资采取,盖破产法既承认标的物所有人有取回权,自应进而承认其亦得取回因原标的物丧失而产生之"代替财产价值",始足贯彻立法意旨。实则,此项赔偿取回权,并非一种新的请求

---

① 参见 Raiser, S. 92,刘得宽:《政大学报》,第20期,第110页。
② 参见李传唐,前揭书,第150页。
③ Vgl. Bühler/Stamschräder, §46; Fritz, Ersatzaussonderungsrecht des Verkäufers beim verlängerten Eigentumsvorbehalt, BB, 1956, S. 943, 944f.; Jaeger/Lent, §46 KO, Randnr. 6, S. 671; Metzel/Kuhn, §46 Anm. 5, S. 324.

权,仅系强化原有之取回请求权,使之能取回原标的物之价值而已。

(二) 出卖人破产

1. 破产管理人请求买受人履行契约

附条件买卖出卖人于买受人清偿价金,完成条件,取得标的物所有权前,宣告破产时,如前所述,买卖契约双方当事人皆未履行完毕,破产管理人可于监查人同意后,请求买受人履行契约,所受领之价金应归入破产财团。买受人取得标的物所有权之请求权系属财团债权,并于清偿价金完成条件时,即取得其所有权,买受人依约支付价金者,系属有权占有,故破产管理人不得主张取回标的物;反之,买受人虽经请求而不依约履行债务者,破产管理人得行使出卖人之权利,解除契约,或依动产担保交易法规定取回标的物。

2. 破产管理人拒绝履行之问题

附条件买卖之出卖人破产时,破产管理人可否拒绝履行,颇值研究,兹先就正反见解分析之。破产管理人得拒绝履行者,则于其为此项意思表示时,条件即不能成就,买受人之占有以及期待权均归消灭,故破产管理人得取回标的物。破产管理人拒绝履行后,原契约仍继续存在,买受人虽不得请求让与标的物之所有权,但得请求因不履行而生之损害赔偿,此项损害赔偿请求权,系属破产债权,买受人对于其所支付之价金,不得主张取回权,但基于其法律关系,就标的物于民法上可成立留置权,故买受人对破产管理人得主张别除权。① 论者亦有认为,破产管理人若得拒绝履行,则可依其一方之意思表示毁灭买受人之期待权,对买受人实属不利,与法律保护附条件法律行为之目的,显有违背,故出卖人之破产管理人不得拒绝履行,买受人之期待权不因出卖人之破产而受影响,买受人于依约向破产财团偿还价金,完成条件时,即取得标的物之所有权。②

前述正反二说,应以肯定说较为可采。在破产法,破产管理人于双方皆未履行完毕之双务契约,得请求对方当事人履行给付,是则自法律观点以言,是否请求履行双务契约,应由破产管理人斟酌破产财团之利益决定

---

① Vgl, Crisolli/Ostler, §5 AbZG Anm. 69; Jaeger/Lent, §24 KO, Randnr. 15, S. 391; Serick, Bd. Ⅰ, S. 354ff.

② Raiser, S. 94ff.;刘得宽:《政大学报》,第20期,第110页。

之。倘若买受人得主动履行契约,则此种给付,若不利于破产财团,破产人只有被迫接受,别无选择余地。至出卖人破产时,买受人已给付大部分价金,而破产管理人拒绝履行,若严重损害其利益时,可认为破产管理人拒绝履行,仍系属权利滥用,有违诚信原则,故不得行使。①

十、买受人期待权之消灭

(一) 附条件买卖契约之消灭

附条件买卖此种现代特殊交易制度,自其结构形态而言,包括三个因素:① 具有债权性质之买卖契约;② 附停止条件移转标的物所有权之物权行为,即出卖人于价金完全清偿前尚保留其对标的物之所有权;③ 与出卖人之所有权处于相对状态并形成消长关系之买受人期待权。基此法律关系,关于附条件买卖之消灭,亦应就此三者分别观察,始能窥其全貌。于此,先应强调者,系前述三项因素相互间之关系,极为密切,例如买受人依约定支付全部价金,完成条件而取得标的物之所有权时,买卖契约即因双方当事人皆已履行完毕而归于消灭,出卖人所保留之所有权亦同时消灭,而买受人之期待权则强化为所有权。又如出卖人因买受人迟延给付解除契约后,买卖契约即归消灭,条件终无法成就,买受人之期待权亦归消灭,标的物之所有权仍保留于出卖人。

以"分期付款,保留所有权"为内容之买卖契约,本质上既仍为一种契约,故关于买卖契约消灭之原因,例如清偿、解除契约、法律行为之撤销等原则上皆应适用之,固不待言。此外学者认为,尚有特殊消灭原因者,此即"动产担保交易法"第31条所规定之附条件买卖因以业经设立动产抵押之标的物为客体而无效之情形。② 吾人认为,契约之消灭与契约之无效,二者性质不同,契约消灭系以契约一度成立为前提,即"先存而后灭",契约无效并不具此性质,故在概念上,二者宜加区别。

---

① Vgl. Serick, Bd. Ⅰ, S. 361.
② 参见林咏荣,前揭书,第79页。

(二) 出卖人所保留所有权消灭

1. 买受人完成条件

在附条件买卖,通常系以买受人清偿一部或全部价金为其取得标的物所有权之条件。条件成就时,标的物之所有权,即移转于买受人,出卖人所保留之所有权即归消灭。关于所有权之移转,当事人不必再为同意,外部之公示亦无必要,故买受人于条件成就时,纵未再占有标的物,亦当然取得其所有权,出卖人于附停止条件让与标的物后死亡或丧失能力者,对于买受人完成条件取得所有权亦不生任何影响。换言之,即出卖人移转标的物所有权之意思,于条件成就时,不必存在。德国帝国法院于早期若干判决中①曾持相反见解,但其说实不足采取,盖买受人是否取得标的物之所有权,应依民法有关附条件法律行为之规定定之,条件成就,其法律行为即生效力,出卖人之意思如何,在所不问。②

至于买受人支付一部价金为其取得标的物之条件者,则买受人于支付所约定一部价金时,即取得标的物之所有权。其余部分价金虽仍应依约清偿,但出卖人对此价金债权,并无任何"物上担保权利",仅能依一般规定,主张权利,故买受人给付迟延时,仅能依民法规定解除契约,不能依"动产担保交易法"规定行使其取回占有标的物之权利。若以完成清偿价金外之事实,为买受人取得标的物所有权之条件者,买受人于完成条件后,价金若尚未付清,仍应继续清偿。由是可知,买受人履行契约上清偿价金之义务与其因完成条件取得标的物所有权,并非一致,宜注意焉。

买受人之价金,由自己支付,固为原则,但于例外情形,亦有由第三人代为清偿者。第三人之清偿,有基于自己负担原因而清偿者,亦有无负担原因而清偿者。属于前者之情形,如保证人代偿价金债务,属于后者之情形主要有两种:① 买受人之债权人于对标的物为强制执行时,为避免出卖人提起异议之诉,由该债权人代为清偿。② 由期待权受让人清偿。在此两种情形,第三人对债之履行,具有利害关系,出卖人不得提出异议(第311条)。

---

① Vgl. RG 20, 10; RG 64, 204; RG 95, 105(107).
② Vgl. RG 140, 223(226); RG 66, 344(349); Siebert, JW 1933, 2440, 2441.

2. 第三人善意取得

买受人经出卖人授权,于条件成就前再让与标的物者,出卖人之所有权,归于消灭,固无问题,至买受人未经授权或逾越授权之范围,擅将标的物让与他人者,出卖人所保留之所有权是否消灭,应视附条件买卖是否登记而定,附条件买卖未经登记时,善意第三人得依即时取得规定,取得标的物之所有权,出卖人所保留之所有权即归消灭。反之,附条件买卖业经登记者,受让人纵为善意,出卖人仍得对之行使取回权。

3. 出卖人抛弃保留所有权

出卖人抛弃其对标的物所保留之所有权时,买受人即取得所有权。抛弃之性质如何,学者间颇有争议,有谓为意思表示,有谓为非意思表示,前者为通说,吾人从之,认为抛弃系属单方之处分行为,不需要任何方式,其表示于到达相对人时,即生效力。出卖人抛弃其所保留之所有权,对于其基于买卖契约所得主张之权利,尤其是价金请求权,并无影响。买受人债务之免除,尚需出卖人另为意思表示。

4. 添附

附条件买卖标的物因与他物发生添附,由买受人或第三人单独取得其所有权时,出卖人所保留之所有权即归消灭。关于此点,俟于以下讨论添附与买受人期待权之关系时,再为详述,于兹不赘。

5. 再让与条款、加工条款与延长保留所有权

(1) 延长保留所有权之方式。附条件买卖之买受人于条件成就前,不得将标的物出卖或为其他处分,"动产担保交易法"第 28 条设有明文。买受人系最后消费人时,此项限制,固无大碍,惟买受人为中间商者,依此规定,其营业势将无法进行,故于此种情形,出卖人必授权买受人得再让与标的物。同理,买受人为制造商者,依其情形,出卖人亦必同意买受人对标的物得为加工。在此两种情形,出卖人对于标的物之所有权常可因出卖或加工而归于消灭,出卖人借保留所有权以保障债权之目的,亦将随之丧失。故出卖人势必另寻他法以保障其未获清偿之价金债权。"动产担保交易法"实施未久,保留所有权买卖迄未普遍,厂商采取何种措施保障债权,缺少实例,可供研究。德国工商业,通常于一般契约条款内订定加工或再让与条款时,同时约定所谓之"延长保留所有权"(verlängerter Eigentumsvorbehalt),将其价金之担保,延伸至其他标的物或新债权之上,兹就加工及让与两种情形,分述如后:

① 制造商购买货品,非供自己消费,其目的系变更其形体,制成新物,再予出卖。例如纺织厂购买棉纱,其目的即在织之成布;皮鞋公司购买皮革,其目的即在制之成鞋。依"民法"第 814 条规定,加工物之所有权,原则上属于材料所有人。但因加工所增之价值,显逾材料之价值者,则其加工物,属于加工人,惟《德国民法》则认为,加工物系因人工而成之新物体,应以其所有权属加工人(参阅《德国民法》第 950 条)。故在前例中之棉布及皮鞋,原则上分别属于纺织厂及皮鞋公司所有,从而附条件买卖出卖人于标的物上所保留之所有权,亦归于消灭。出卖人为保障其债权,可依契约变更《德国民法》第 950 条关于加工物权属之规定或约定买受人系为"材料所有人而加工",使出卖人成为该条所称之加工人。① 在此两种情形,加工物取代原买卖标的物成为保留所有权关系之客体。Flume 及 Bauer 两位教授认为:在依契约变更《德国民法》第 950 条内容之情形,原则上应类推适用《德国民法》第 947 条之规定,使出卖人与买受人依其物之价值,共有标的物,惟出卖人之取得加工物之所有权,系附解除条件,于买受人付价金时,归于消灭。②

② 附条件买卖之出卖人授权买受人得再让与标的物者,通常约定买受人将其因出卖标的物对第三人所可得主张之债权,为担保之目的,让与出卖人。按将来之债权,亦得让与,故此项约定,应属有效,因而学说判例之争论,多集中于债权确定性之问题。帝国法院时代判例之态度较趋保守(RG 2, 149, 100; 155, 29),要求事先让与之债权,须其范围于任何可想象之情况(für jeden denkbaren Fall)皆属确定,略无疑义,始为有效。德国联邦法院 BGHZ 7, 365 变更了此项观点,认为为担保目的让与之债权是否确定或可确定,应依个别情形定之,通说亦采此观点。

(2) 延长保留所有权与总括债权担保让与之冲突及其解决。保留所有权人于授权买受人得再让与标的物,借前述债权让与以保障其债权之方式,在实务上,常会与总括之债权担保让与(Globalzession)发生冲突。例如生生皮鞋公司于 9 月 1 日向第一银行借款,以其现有及未来对购货者所得主张之债权,为担保之目的,让与银行,该皮鞋公司所用之皮革,系

---

① 因添附所生之物,原则上使为一物而存续,不认有复旧请求权,此系强行规定,但因添附而生之物应属何人,系任意规定,当事人得依契约自由原则,任意定之。参见 Westermann, S. 249f. , 254. 史尚宽:《物权法论》,第 128 页。

② Flume, NJW 1959, 913, 916 m. w. N. ; Baur, S. 559.

于9月2日以附条件买卖方式购自大洋皮革厂,当事人并约定,为担保之目的,生生皮鞋公司让与大洋皮鞋厂其将来对购货者之债权。设于银行借款及皮革货款清偿前,生生公司宣告破产,则皮革之出卖人与信用银行之间,势必发生权利之冲突。

解决此项权利冲突之理论甚多,有学者认为,应以债权让与时间之先后,定其效力之优劣者。故在前例,皮革之交付,系在9月1日之后者,则由第一银行优先取得债权,有学者认为,此种结果,根据情理,难谓公平,盖出卖人对于标的物本来保留所有权,今因授权买受人得再让与,而改以因出售标的物所可主张之价金债权,为其担保之客体,论其关系,自较银行为近,故原则上应优受保护。Flume教授力倡此说①,德国联邦法院从之。② 今日学者多认为,二说之间,以前者为可采,其所持理由,系认为解决此类问题,应以实体法为基础,始能维护法律之安定性,德国民法关于担保权人间之冲突,既采优先主义,例如抵押权以登记先后,定其次序,则延长保留所有权与总括债权让与间之冲突,亦应依此原理加以处理。③

(三) 买受人期待权之消灭

关于买受人期待权之消灭,有两种情形,应予区别。① 期待权因买受人完成条件或因其他事由取得标的物所有权而消灭。在此情形,标的物之所有权于买卖当事人间互易其主体。② 期待权自体归于消灭,即不因其消灭而强化为所有权。

此种情形,较为特殊,其主要原因有二:① 出卖人再让与标的物;② 添附。分述如下:

1. 出卖人再让与标的物

出卖人再让与标的物时,对于买受人之期待权之命运影响如何? 应视附条件买卖已否登记而定。附条件买卖因已登记,具备公示方法而得对抗善意第三人者,出卖人之处分行为于损害附条件权利(即买受人期待权)之范围内,应属无效。反之,附条件买卖若未经登记,应再视出卖人之让与方式究为现实交付抑或为指示占有;如属前者,善意第三人得完全取

---

① Flume, NJW 1950, 841, 847; NJW 1959, 913, 1918.
② Vgl. BGH 30 149; BGH NJW 1960, 1003; BGH NJW 1960, 1716; BGHZ 32, 361.
③ Baur, S. 561f.

得标的物之所有权,买受人之期待权即归消灭,如属后者,期待权仍继续存在于标的物之上,并不消灭。

2. 添附

(1) 概说。附条件买卖标的物常因与他物附合、混合或加工而发生所有权变动,于论述其所涉及之各种问题之前,拟先略述现行"民法"关于添附之基本原则,并澄清若干疑义,以作为以下论述之基础。

① 所有权归属问题。数物因添附结合成一物或形成新物时,其所有权谁属,解决方法甚多,各立法例亦互有出入。台湾现行"民法"系以维持合成物、混合物及新物之现状,使专归某人独有为原则,并于若干情形斟酌情势,使各物主形成共有关系。依现行"民法"规定,动产因附合而为不动产之重要成分者,不动产之所有人取得动产所有权("民法"第 811 条)。动产与他人动产附合,非毁损不能分离或分离需费过巨者,各动产所有人,按其动产附合时之价值,共有合成物,但附合之动产,有可视为主物者,该主物所有人取得合成物之所有权("民法"第 812 条)。动产与他人动产混合不能识别或识别需费过巨者,其所有权之归属,准用动产上附合之规定("民法"第 813 条)。加工于他人之动产者,其加工物之所有权属于材料所有人,但因加工所增之价值显逾材料之价值者,其加工物之所有权属于加工人("民法"第 814 条)。

② 添附物上权利之存续。依"民法"第 815 条规定,因添附而致动产所有权消灭者,该动产上之其他权利,如质权、租赁权等亦同归消灭,惟数物主共有合成物或混合物时,附随于原动产之权利,例如质权,并不消灭,仍继续存在于原动产所有人对共有物之应有部分之上。关于此点,《德国民法》第 949 条设有规定,台湾现行"民法"虽无明文,但就第 815 条之文义观之,解释上亦应相同。① 至若由设有负担之动产所有人单独取得所有权时,该动产上之权利非仅不消灭,且应扩张及于附加物之上,虽无明文规定,解释上应属如此。②

③ 求偿问题。因添附丧失权利而受损害者,依"民法"第 816 条规定,得依关于不当得利规定请求偿金。所谓依关于不当得利规定请求偿金,非谓关于价金求偿之内容,依不当得利之规定。依正确的看法,因添

---

① 参见史尚宽:《物权法论》,第 128 页。
② 参见史尚宽,前揭书,第 128 页;郑玉波:《民法物权》,第 108 页。

附丧失动产所有权者,得向取得所有权之一方,请求偿金,系法定特殊类型不当得利,故其成立,亦必须符合"民法"第179条所规定之要件,即他方取得所有权者之受利益必须无法律之原因,关于此点,易引起误会,特以实例阐释之①:某建材行(甲)以保留所有权之方式将大批建材出卖于某营造厂(乙),该营造厂用之于丙之土地上修建房屋,成为不动产之重要成分,而由不动产所有人取得所有权。在此种情形,甲、乙、丙三人之关系,可简述如下:第一,甲与乙之买卖契约无效:甲与乙之买卖契约无效时,甲可否依"民法"第816条规定向丙主张不当得利请求偿金?依吾人见解,应采否定说。建材商甲虽因其建材与丙之不动产附合而丧失所有权,但丙之取得建材系基于其与乙所缔结之建筑契约,其取得所有权系有法律原因,故甲不能向丙主张不当得利,仅能向营造商乙主张因契约无效而生之权利。第二,乙与丙之建筑契约无效:若乙与丙之建筑契约无效时,甲亦不能向丙依"民法"第816条规定,请求偿金,因甲得基于其与乙所订之买卖契约向乙请求价款,其财产并无损失,但营造商乙得向丙依"民法"第179条规定,主张不当得利。第三,甲与乙、乙与丙之契约皆为无效:甲与乙之买卖契约、乙与丙之建筑契约皆为无效时,丙因不动产之附合而取得甲建材之所有权,系无法律之原因,受损害之甲得根据"民法"第816条,依不当得利规定向丙请求偿金。

综据上述,附条件买卖标的物,因添附而发生所有权之变动,可区别为共有与单独所有两个类型,单独所有亦可再分为第三人单独所有,出卖人单独所有与买受人单独所有。共有亦可别为三种情形,即:第一,出卖人与第三人共有。第二,出卖人与买受人共有。第三,出卖人与买受人与第三人共有。兹据之分述如次:

(2) 单独所有

① 第三人单独所有。附条件买卖标的物因与第三人之不动产附合或与第三人之动产附合、混合或加工,而由该第三人单独取得所有权时,出卖人所保留之所有权消灭,买受人亦同时丧失其取得标的物所有权之期待权,第三人之取得所有权欠缺法律上之原因时,究应由标的物之所有人或享有期待权之买受人依不当得利规定请求偿金,不无疑问,自标的物形式上权属状态以言,似应由保留所有权之出卖人请求偿金,惟就当事人

---

① 关于此项问题之详细论述,参见 Baur, S.463ff.

间实质之权益关系观察之,买受人对于标的物已享有期待权,且已给付部分价款,故应斟酌当事人之权利,类推民法上连带债权之规定,使出卖人和买受人共同向第三人请求偿金,似较妥适。①

② 出卖人单独取得所有权。附条件买卖标的物与买受人自己所有之物发生添附,而由出卖人单独取得所有权时,于条件成就未定期间,买受人自不能请求偿金,盖其期待权仍然存在于合成物、混合物或加工物之上,其价值实有所增加也。惟于条件不成就时,买受人期待权消灭,其受损害,乃告确定,故得依不当得利规定向出卖人请求偿金。

与附条件买卖标的物发生添附而丧失所有权之物,若属第三人所有时,则该第三人究应向买受人或出卖人请求偿金,颇待斟酌。于此,应予考虑者有二:其一,买受人之期待权之价值因添附而增加;其二,条件成就前,利益归谁,尚未确定,条件不成就时,利益归出卖人,反之条件成就时,则由买受人取得标的物之所有权,利益亦归其取得。因此应适用"民法"第292条规定,使买受人及出卖人负连带债务责任,似较允洽。

③ 买受人单独取得所有权。附条件买卖标的物,因与买受人之物发生添附,而由买受人单独取得所有权者,因买受人通常占有标的物,容易发生。在此情形,出卖人虽丧失其保留之所有权,但于条件成就与否未定前,尚不得向买受人请求偿金,条件成就时,买受人本应取得标的物之所有权,根本不发生不当得利问题。反之,条件不成就时,买受人之取得标的物所有权,欠缺法律之原因,终告确定,出卖人得请求返还偿金,自无疑义。

(3) 共有

① 出卖人与第三人共有。附条件买卖标的物与第三人之动产添附,而由出卖人与第三人共有附合物或混合物时,买受人之期待权,是否受影响,不无疑问。如前所述,数物因混合或附合而由数物主共有时,存在于原物上之权利,例如质权,并不消灭。依吾人之见解,此时买受人之期待权,应视同此种权利,仍存在于共有物出卖人应有部分之上,从而买受人于条件成就时,取得出卖人在其物之应有部分,而与第三人共有标的物。

② 出卖人与买受人共有。附条件买卖标的物,因与买受人之动产附合或混合,而形成共有关系时,则如上所述,买受人之期待权仍然存在于

---

① Vgl. Serick, Bd. Ⅰ, S. 447.

出卖人应有部分之上,并于条件成就时,单独取得混合物或附合物之所有权,条件不成就时,则与出卖人共有之。

③ 出卖人与买受人及第三人共有。附条件买卖之标的物与买受人及第三人之动产附合或混合者,买受人之期待权仍存在于出卖人应有部分之上,于条件成就时,并取得其应有部分,而与第三人维持共有关系。条件若不成就,则由出卖人、买受人及第三人依原物之价值共有附合物或混合物。

十一、结　　论

自"动产担保交易法"施行后,附条件买卖之制度已广被利用,日趋普遍。适用之际,疑义甚多,如何解决,遂成为实务上之重要课题。其关键核心问题,系买卖标的物所有权于条件成就移转于买受人前,买卖当事人间之权利义务关系。本文特以买受人期待权为中心,就重要基本问题,从事有系统之初步研讨。又台湾附条件买卖制度之若干规定,系仿自美国法,如何将之纳入既有法律体系,尤为致力之所在。附条件买卖此项制度对于促进工商企业活动及提高人民生活水准,贡献甚巨,殊值重视,本文研究在法律解释适用及立法政策上,或有可供参考之处。兹将主要论点归纳如下:

(1)"动产担保交易法"所规定之附条件买卖,其买卖契约系完全成立,而以保留所有权为其约款,其本身并不附条件,附条件者,系物权行为,即当事人约定买受人虽先占有标的物,但在价金一部或全部清偿或完成其他特定条件前,仍不能取得其所有权,故其所附之条件为停止条件。

(2)在附条件买卖,标的物所有权之移转附停止条件,其成就系于买受人之支付价金或完成其他特定条件,买受人并先占有标的物,其地位受法律保护,具有财产价值,实有使其成为法律交易客体之必要,故特赋予权利性质,称之为期待权。此种期待权因系以取得标的物之所有权为目的,故又属物权期待权,精确言之,更可称为所有权之期待权。此种买受人之期待权就其发生言,因买卖契约而成立,并与买卖契约同其法律上之命运;就其目的言,旨在取得标的物之所有权,故买受人之期待权可谓系取得所有权之前阶段,因条件成就变为所有权,在现行法之体系上,横跨债权与物权两个领域,兼具债权与物权两种因素之特殊权利,系一种物权,但具有债权上之附从性,系一种债权,但具有物权之若干特性,在法律交易上应特别斟酌此种特殊权利之特色及功能,解决其所涉及之各项问题,务期能符合当事人间之利益状态。

(3) 在附条件买卖,于条件成就前,出卖人仍为标的物之所有人,但买受人已先占有标的物。买受人之占有标的物系基于附有保留所有权约款之买卖契约,而非基于期待权。买受人于条件成就前,虽享有期待权,但尚非为标的物之所有人,故为他主占有,并为直接占有,在其依约定履行契约时,并为有权占有,出卖人不得请求返还标的物。

(4) "动产担保交易法"关于附条件买卖所规定之取回制度,在解释上应认为系出卖人就物求偿价金之特别程序。出卖人保留所有权之目的既在于保障价金债权,故出卖人基于保留之所有权,取回标的物者,其目的亦在满足未偿之价金债权。再从整个取回制度以言,其内容与强制执行,基本上殆无差异。"动产担保交易法"之取回,类似"强制执行法"之查封;买受人之回赎类似"强制执行法"之撤销查封;出卖程序亦类似"强制执行法"之拍卖程序。至于"动产担保交易法"第19条第2项及第20条规定,系分别参照"强制执行法"第72条、第74条拟定,立法理由书曾有说明,因此无论从保留所有权之功能及制度之内容而言,"动产担保交易法"关于附条件买卖出卖人取回标的物之规定,系属实现价金债权之程序。

(5) 买受人之期待权具有让与性,其让与之方式,应类推适用关于动产所有权之规定,应以交付标的物为要件。期待权之让与,既须交付标的物,故标的物通常系由受让人占有之,买受人非经出卖人同意原不得将标的物移离买方之现住址,违反此者,出卖人得解除契约或取回标的物。职是之故,关于期待权之让与,应得出卖人之同意,否则出卖人得对占有人行使取回权,唯此,对期待权让与之效力,并不生影响。至于买受人依让与担保之方式,即为担保债权之目的,依信托约款将期待权让与债权人时,则不在此限,盖此时买受人仍占有标的物,并未违反契约上之义务。

(6) 附条件买卖买受人期待权,系属"民法"第184条第1项所称之权利,应受保护。出卖人于条件成就前,将标的物让与第三人时,附条件买卖业经登记者,得对抗善意第三人,其损害附条件权利之处分无效。第三人侵害买受人之期待权者,构成侵权行为,应负损害赔偿责任。

(7) 在附条件买卖,出卖人于价金受清偿前,保留其对标的物之所有权,故尚为标的物之所有人,故其债权人原则上得基于此种权属关系对标的物为强制执行。在此情形,买受人得依"强制执行法"第15条规定,提起异议之诉。买受人之期待权系取得标的物所有权之先阶段,于条件成就时,即变为所有权,出卖人之债权人对标的物之强制执行,势必侵害期待权人之利益,一方面剥夺买受人占有使用标的物之权利,而占有使用标的物,原系买受人分期付款支付高价之主要目的;在他方面,于标的物拍卖后,买受人纵依约定支付价金,亦无法取得其所有权。"强制执行法"第15条规定,第三人异议之诉之法理,旨在使权利人之占有不因强制执行而受侵害,而维护其利益,因此买受人之期待权于解释上,应认为系属该条所称足以排除强制执行之权利。

(8) 买受人之债权人对于附条件买卖之标的物为强制执行时,因出卖人提起异议之诉,明了标的物之权属状态之真相后,得转而向买受人之期待权为强制执行。期待权得为强制执行之客体,在德国已成通说。在台湾地区亦宜采肯定之见解,盖此种期待地位,既经承认为权利,且具有财产价值,亦为一种财产权,应得成为强制执行之标的。

(9) 保留所有权买卖之买受人于条件成就前破产者,应认为当事人均未履行完毕,破产管理人得经监查人之同意,以约定价金之支付为财团债务履行之。破产管理人为履行之请求时,或给付未迟延者,出卖人尚不得主张基于保留所有权而生之取回权。

出卖人于买受人清偿价金,完成条件,取得标的物所有权前,已宣告破产,买受人应破产管理人之请求履行契约者,于清偿一部或全部价金,完成条件之际,即取得标的物之所有权。

(10) 附条件买卖此种现代特殊交易制度,自其结构形态言,包括三个因素,① 买卖契约;② 附停止条件移转标的物所有权之物权行为;③ 买受人之期待权。基此法律关系,关于附条件买卖之消灭,亦应就此三者分别观察。前述三项因素相互间之关系,极为密切,例如买受人依约定支付全部价金,完成条件而取得标的物所有权时,买卖契约即因双方当事人皆已履行完毕而归于消灭,出卖人所保留之所有权亦同归消灭,而买受人之期待权则强化成为所有权。

关于买受人期待权之消灭,有两种形态,应予区别。① 期待权因买受人完成条件或因其他事由取得标的物之所有权而消灭。在此情形,标的物之所有权于买卖当事人间互易其主体。② 期待权自体归于消灭,即不因其消灭而强化为所有权,其主要之原因,计有出卖人再让与标的物及添附两种情形。